M.q. p 171-17?

Nov. 1916

Y
4706.4.
B.2.

Réserve

1884

LES
ODES DE P. DE
RONSARD GENTIL-
HOMME VANDOMOIS,

AV ROY HENRY II. DE CE NOM.

TOME DEVXIESME.

A PARIS,
Chez Gabriel Buon au cloz Bruneau, à
l'enseigne S. Claude.

1571.

AVEC PRIVILEGE DV ROY.

Extrait du priuilege du Roy.

PAR priuilege du Roy, doné à S. Germain en Laye, le xx. iour de Septembre, l'an mil cinq cens soixante, il est enioint à P. de Ronsard, gentil-homme Vandomois, de choisir & commettre tel Imprimeur, docte & diligent qu'il verra & connoistra estre suffisant pour fidellement imprimer, ou faire imprimer les œuures ia par luy mises en lumiere, & autres qu'il composera & fera par cy apres. Inhibant (ledit Seigneur) à tous Imprimeurs, Libraires, Marchans & autres quelconques, qu'ils n'ayent à imprimer ou faire imprimer aucunes des œuures, qui par ledit Ronsard ont esté & seront cy apres faittes & composées, ny en exposer aucunes en vante, s'elles n'ont esté & sont imprimées par ses permission, licence & congé, ou de l'Imprimeur par luy choisi & commis à l'impression d'icelles. Et ce sur peine de confiscation des liures ia imprimez, ou à imprimer, & d'amende arbitraire, tant enuers le Roy qu'enuers ledit Rosard, & des interests & dommages de l'Imprimeur par luy choisi & esleu: Le tout pour les causes & raisons contenuës & amplement declarées audit priuilege. Ainsi signé sur le reply, Par le Roy, Vous present de Lomenie, & seellé à double queuë du grand seau, de cire iaune.

Ledit Ronsard a permis à Gabriel Buon, Libraire Iuré de l'Vniuersité de Paris, d'imprimer ou faire imprimer, son Liure des Odes, iusques au terme de huit ans, finis & acomplis, à commencer du iour que ledit Liure sera acheué d'imprimer.

TABLE DES ODES
de Pierre de Ronsard.

LIVRE PREMIER.

Av Roy Henry II. de ce nom sur la paix faitte entre luy & le Roy d'Angleterre, l'an 1550. Ode 1. Fueil. 9
A luy-mesmes. 33
A la Royne. 35
A madame Marguerite du chesse de Sauoye. 40
A reuerendissime Prince Charles Cardinal de Lorraine. 44
La victoire de François de Bourbon côte d'Anguyen à Cerizolles. 46
Au seigneur de Carnaualet. 50
Vsure à luy-mesme. 56
La victoire de Guy de Chabot seigneur de Iarnas. 57
A Monsieur de l'Hospital. 62
A Ioachin du Bellay Angeuin. 95
A bouiu Angeuin. 104

A Iehan Dorat. 107
A Anthoine de Baïf. 108
A Iehan Martin. 110
A Bertrād berger de Poictiers. 113
A Cassandre. 117
A Ioachin du Bellay Angeuin. 118
Auant-uenuë du printéps. 120
Vœu à Phœbus Apollon. 124
A Pierre Paschal. 127
A sa Lyre. 129

Liure Second.

Av Roy Henry II. de ce nom. 132
A Calliope. 136
Cōsolation à la Royne de Nauarre sur la mort de Charles de Valois duc d'Orleans. 139
Contre les auaritieux & ceux qui prochains de la mort bastissent. 142

A ij

A Caſſandre. 145
Prophetie du dieu de la Charâte aux mutins de Guienne. 146
A Caſſandre. 149
A Macée. 151
A la Fontaine Bellerie. 152
Sur la mort d'vne haquenée. 154
Du retour de Maclou de la haye à ſon page. 154
A Marguerite. 155
A Abel de la hurteloire. 156
Sur les miſeres des hommes à Ambroiſe de la porte pariſien. 158
O terre fortunée. 160
A ſa guyterre. 163
Epitaphe de François de Bourbon Conte d'Anguyen. 166
Contre Deniſe Sorciere. 167
A la foreſt de Gatine. 170
A Caſſandre. 171
A elle-meſmes. 173
Corydon verſe ſans fin. 175
Pour boire. 176
I'ay l'Eſprit tout ennuié. 177
Hé mō dieu que ie te hay. 178
Laiſſe moy ſommeiller

Amour. 179
Du malheur de receuoir. 180
A ſon Luc. 183
Soyons conſtans. 188
Puis que la mort. 191
Quand ie ſeray. 193
Maclou amy des Muſes. 196
A René Macé. 201
Qu'on me dreſſe vn autel. 202
Lors que ta mere. 203
Palinodie à Deniſe. 204
A ſon lict. 208
Si i'ayme. 209
A la fleur de la vigne. 210
Les painctures d'vn païſage. 212
A Remy Belleau. 216
A Ioachin du Bellay. 217
Si mes vers ſemblēt doux. 218
Nous viuons. 219
La Nature a donné. 219
A Martial de Lomenie vers heroïques. 221

Liure Troiſieſme.

AV Roy Henry II. de ce nom. 223
A la Royne ſa femme. 229
A Monſeigneur le Dauphin. 233

TABLE.

A la Royne d'Escosse. 245
A monseigneur d'Orleās. 246
A monseigneur d'Angoulesme. 254
A mes dames. 261
A Diane de Poictiers duchesse de Valentinois. 265
A Charles de Pisseleu. 268
A Phœbus luy voüant ses cheueux. 270
A Madeleine. 271
A la fonteine Bellerie. 272
A Lambin. 273
Epipalinodie. 274
A la venuë de l'esté au seigneur de Boniuet. 276
Sur la naissance de François Daulphin de France à present Roy treschrestien, A Calliope. 279
A Ianne. 280
A Ioachin du Bellay Angeuin. 282
De la conualescence de Ioachin du Bellay, l'an 1550. 284
Des baisers. 286
A Maclou de la haye. 287
Vous faisant de mon escriture. 288
A Cupidon. 289
Aux mousches à miel. 292
A vn Rossignol. 293
Complainte de Glauque à Scille Nymphe. 294
A Anthoine Chasteigner. 296
La defloration de Lede. 298
A Mercure. 306
A Michel Pierre de Mauleon Protenotaire de Durban. 310
A Gaspard d'Auuergne. 311
Celuy qui est mort auiourd'huy. 314
Quand ie dors ie ne sens rien. 315
Mais d'ou vient cela. 316

Liure Quatriesme.

AV Roy Henry II. de ce nom. 319
Epitalame d'Anthoine de Bourbon à present Roy de Nauarre. 320
Au pays de Vandomois. 324
De l'election de son sepulchre. 328
Au fleuue du Loir. 332
A Guy pecate. 333
A Cassandre fuyarde. 337
Vœu à Lucine. 338
Du iour natal de Cassandre. 339
Au reuerendissime Cardi-

A iij.

nal du Bellay. 341
Vœu au somme. 342
Mais que vaut d'entretenir. 343
Quand ie suis. 346
Des Roses plantées pres vn blé. 346
A Cassandre. 347
A la sourse du Ioir. 349
Le rauissement du Cephale diuisé en trois poses. 351
Ma douce Iouuence. 361
Pourquoy chetif. 362
Les espics. 363
Le petit enfant. 363
A René d'Vruoy. 365
Aux Muses, à Venus. 367
Naguere chanter. 368
Chere Vesper. 369
Dieu vous gard. 370
Bel Aubepin. 371
Du grand Turc. 372
Lors que Bacchus. 374
A Melin de Saint Gelais. 374
Venus est par cent mille noms. 380
T'oseroit bien. 381
I'auois les yeux. 383
Les Muses lierent vn iour. 385
Pourtant si i'ay le chef. 386
La terrre les eaux va boyuant. 387

Si tu me veux conter. 387
Plusieurs de leurs corps. 388
Pourquoy comme. 389
Ha si l'or pouuoit. 390
Pipé des ruses d'Amour. 390
Tu me fais mourir. 394
Celuy qui n'ayme. 395
Iane en te baisant. 396
Verson ces Roses. 396
L'vn dit la prinse. 398
Ie suis homme. 399
Belleau s'il est permis. 399
Cinq iours sont ia passez. 400
Ode en dialogue des Muses & de Ronsard. 402

Liure Cinquiesme.

AV Roy Henry II. de ce nom sur les ordonnances faittes l'an 1550. 404
A madame Margueritte. 409
Quand les filles. 419
Sur le trespas de la Royne de Nauarre. 424
Hymne triomphal d'elle-mesmes. 425
A elle-mesme Ode Pastoralle. 442
A Robert de la Haye. 446

Qui par gloire. 449	moisin. 477
Bien que le reply. 454	Certes par effect. 481
Sur toute fleurette déclo-	Ma maiitresse. 482
se. 458	Ah fieureuse maladie.
Ie veux Muses. 459	483
Boy Ianin à moy. 466	Quand au temple. 484
Nous ne tenons. 467	D'ou viens-tu douce Co-
Mon Choi seul. 468	lombelle. 486
Mon Nepueu, soy. 471	En vous donnant. 488
Puis que tost ie doy. 472	Le boyteux mary de Ve-
Quād ie veux en amours.	nus. 489
473	Si tost ma doucette. 490
Si tost que tu sens arriuer.	Plus à sa Muse. 491
474	A Mōsieur de Verdun se-
Ta seule Vertu. 475	cretaire & cōseiller du
La belle Venus. 475	Roy. 491
A André Theuet Angoul-	A son Liure. 495

FIN DE LA TABLE DES ODES.

A iiij

Tel fut Ronsard, autheur de cét oulrage,
Tel fut son œil, sa bouche & son visage,
Portrait au vif de deux crayons diuers:
Icy le Corps, & l'Esprit en ses vers.

AV ROY.

APres auoir sué long temps sous le
harnois
Bornant plus loin ta France, &
fait boire au François
Au fond des morrions, en lieu de
l'eau de Seine
Les Ondes de la Meuse, & sacagé la plaine
Des Flamens mis en rotte, & l'antique surnom
Des chasteaux de Marie échangez en ton nom:
Apres auoir gaigné vne bataille heureuse,
Et veu Cesar courir d'vne fuite poureuse:
Et apres auoir fait comme vn bon marinier,
Lequel se souuenant de l'orage dernier,
Quand il est dans le port songneusemēt prēd garde
S'il faut rien à sa Nef: maintenant il regarde
Si le Tillac est bon, si la Carene en bas
Est point entre-fandue, il contemple le Mas,
Maintenant le Timon, il cherche si les coutes
Ouuertes par l'orage aux flācs sont point dissoutes:
Et bien qu'il soit au port, il n'a moindre soucy
De sa nef, qu'en la mer, & se rempare ainsi

Que s'il alloit pour pendre au millieu de l'orage,
Et ne se veut fier au tranquille visage
Du ciel, ny de la mer pour se donner à l'eau
Que premier il n'ait bien calfeutré son vaisseau.
   Ainsi apres auoir (la guerre estant finie)
De viures & de gents ta frontiere garnie,
Fait nouueaux bastions, flanqué chasteaux & forts,
Remparé tes citez, fortifié tes ports:
   Bref, apres auoir fait ce qu'vn Prince doit faire
Et en guerre & en paix vtile & necessaire
Pour tenir ton païs en toute seureté:
I'offencerois par trop contre ta magesté
Si comme vn importun ie venois d'auenture
Entre-rompre tes yeux d'vne longue écriture:
Maintenant que tu dois pour quelque peu de temps
Apres mille trauaux, prendre tes passe-temps
Pour retourner plus frais aux œuures de Bellonne:
Toutesfois le desir qui le cœur m'éguillonne
De te montrer combien ie suis ton seruiteur,
Me fait importuner ta Royalle grandeur:
Et si en ce faisant ie commets quelque vice,
Il vient du seul desir de te faire seruice,
Qui pressant me cõtraint de mettre vn œuure mien
Sous la protection de ton nom treschrestien,
Le sacrant à tes pieds: C'est, Sire, vn liure d'Odes
Qu'autresfois ie sonné suiuant les vieilles modes
D'Horace Calabrois, & Pindare Thebain,
Liure trois fois heureux, si tu n'as à dédain
Que ma petite Lyre ose entre tes trompettes

Rebruire les chansons de ces diuins Poëtes,
Et que mon petit myrthe ose atoucher le rond
Des lauriers, que la guerre à mis dessus ton front.
   Mais que dy-ie à dédain ! i'ay tant de confiance
En ta simple bonté, que ta magnificence
Bien que graue elle soit, ne refusera pas
Mon ouurage donné, tant soit-il humble & bas,
Imitateur des Dieux qui la petite offrande
Prenēt d'aussi bō cœur qu'ils prenent la plus grāde,
Et biē qu'ilz soient Seigneurs iamais n'ont à mépris
Des pauures les presens, tant soient de petit pris.
Ce fils de Iupiter, ce foudre de la guerre,
Hercule, qui tua les Monstres de la terre,
Allant pour estre fait d'Olympe citoien
Ne refusa d'entrer au toict Molorchien:
Et mesme Iupiter, qui la tempeste iette,
De Bauce, & Philæmon entré dans la logette:
(Comme d'vn cerne d'or) son chef enuironna
D'vn chapelet de fleurs que Bauce luy donna,
Et tousiours à sa feste en Lybie honorée
Ne luy tombe vn toreau à la corne dorée,
Mais souuent vn aigneau, car sa grande bonté
Ne prend garde aux presens, mais à la volonté.
   Ainsi suiuant les Dieux, ie te suply' de prendre
A gré ce petit don pour l'vsure d'atendre
Vn present plus parfait & plus digne d'vn Roy,
Que ia dedans l'esprit ie patronne pour toy:
   Ce pendant ie priray ta puissance diuine,
Ainsi que Iupiter Callimache en son hymne,

» Donne moy (ce dit il) des vertus & du bien:
» Car la seule vertu sans le bien ne sert rien,
» Le bien sans la vertu : ô Iupiter assemble
» Tous ces deux points en vn, & me les donne en-
　　semble.

Les vertus & le bien que ie veux receuoir,
C'est le moyen bien tost en armes de pouuoir
Amener ton Francus auec vne grand' trope,
De guerriers, pour donter la plus part de l'Europe.
Mais il te faut payer les frais de son arroy,
Car il ne veut venir qu'en magesté de Roy,
Bien qu'il soit fugitif, & qu'il n'ait en partage
Sinon du pere sien la force & le courage.

Aussi tu porterois la honte sur les yeux,
Si luy qui fut iadis l'aieul de tes aieulx,
Le fils d'vn si grand Roy venoit seulet en France
Donner à tes aieulx la premiere naissance.

Puis qu'il a donc trouué le vent si à prepos,
Ne le laisse languir en casanier repos
Aux riuages de Troye, ou sur les bords d'Epire,
Fraudé de son chemin par faute de nauire,
De viures & de gens, car ouurier ie suis prest
De charpenter sa nef & dresser tout l'aprest,
Pourueu que ta grandeur Royalle fauorise
A ton aieul Francus, & a mon entreprise.

LE PREMIER LIVRE DES
ODES DE P. DE RONSARD GENTIL-HOMME
Vandomois,

Au Roy Henry II. de ce nom,

Ode Premiere.

Sur la Paix faite entre luy, & le Roy d'Angleterre, l'an 1550.

STROPHE I.

» Oute royauté qui dedaigne
» La vertu pour humble com-
»   paigne,
» Dresse toufiours le front trop
»   hault,
» Et de son heur outrecuidée
» Court vague, sans estre guidée
» De la raison qui luy défaut.
O Roy par destin ordonné
Pour commander seul à la France,
Dieu tout-puissant, Dieu t'a donné

Ce double honneur de ton enfance.
Dieu seul (apres la longue horreur
De Mars vomissant sa fureur,
Et l'âpre venin de sa rage
Sur ton païs noircy d'orage)
Par l'effort d'vn bras souuerain
A faict r'aualer la tempeste,
Et ardre alentour de ta teste
Vn air plus tranquille & serain.

Antistro.

Certainement tousiours le sage
Accroist les vertus dauantage
Que ieune il a tiré des cieux.
Ta maiesté ieune & prudente,
Au double les siennes augmente
D'vn artifice ingenieux:
Aussi mille felicités
Ont bien-heuré toute ta race,
Et toy R O Y de tant de Cités
Qui se courbent deuant ta face,
Des long temps tu fus honoré
Comme seul Prince decoré
De biens & de vertus ensemble
Que le destin en vn t'assemble:
Mais ce bien qu'ores tu nous fais
Te donne l'honneur en partage,
Pour auoir faict reuerdir l'âge,
Où florissoit l'antique paix.

Epode.

La paix ôta le debat
Du Chaös, quand la premiere
Aſſoupit le lourd combat
Qui aueugloit la lumiere.
Elle ſeule oza tenter
D'effondrer le ventre large
Du grand Tout, pour enfanter
L'obſcur fardeau de ſa charge.
Puis demembrant l'vniuers
En quatre quartiers diuers,
Sa main Artizane & ſainte
Les lia de cloux d'aimant,
Et en eux alla formant
Vne paiſible contrainte.

Stro.   2.

Adonc meſlant dans ce grand Monde
Sa douce force vagabonde,
Les aſſura d'vn doux repos:
Elle fit bas tumber la terre,
Et tournoïer l'eau qui la ſerre
De ſes bras vagues & diſpos.
Du Soleil alongea les yeux
En forme de fléches volantes,
Et d'ordre fit baler aux cieux
L'ordre des etoilles roulantes.
Elle courba le large tour
De l'air qui cerne tout autour

Le rond du grand Par où nous sommes,
Peuplant sa grande rondeur d'hommes,
D'vn mutuel accroissement:
Car par tout où voloit la belle,
Les amours volloient auecq'elle,
Chatouillans les cœurs doucement.

Antistro.

Lors pour sa iuste recompense
Le saint Monarque qui dispense
Tout en tous (dont le graue front
En se clinant pour faire sine,
Croulle la terre & la racine
Du firmament iusques au fond)
Fit soir la Paix au destre flanc
De son grand throne d'excellence,
Puis au costé du gauche rang
Logea le Dieu de violence.

De l'vne les Princes il oint,
De l'autre durement les point
Tous effroiés d'ouïr les armes
Craquer sus le dos des gendarmes:
De l'vne iadis honora
Les vieux Peres du premier âge,
Et de l'autre il aigrit la rage
Contre Ilion, que deuora.

Epode.

Le feu Grec, quand mille Naufs,
Ainçois mille & mille foudres,

Eclaterent

Eclaterent mille maux
Deſſus les Troiennes poudres.
Tandis que le feu tournoit
Forcenant parmi la ville,
Et que l'étranger s'ornoit
De la dépouille ſervile:
Vne âpre fureur d'eſprit
Le cœur de Caſſandre eprit,
Et comme toute inſenſée,
Son corps tremblant çà & là,
Au fils d'Hector apella
Pour luy chanter ſa penſée.

Stro. 3.

Bien que le feu gregeois nous ardë,
Tant ſoit violent, il n'a garde
D'etoufer pourtant ton renom,
Enfant dont la race fatalle,
Dedans la terre occidentalle
Fera regermer nôtre nom.
Deſia la Dunouë t'atend
Sur le bord de ſa riue humide,
Et ce grand Mareſt qui s'étend
Pres des leures de l'eau Pontide:
C'eſt là, c'eſt là, c'eſt où tu dois
Pour quelque temps donner tes Lois
C'eſt où l'arrêt des Dieus t'otroïe
Fonder encore vne autre Troie,
Reſuſcitant par ton moyen

B

L'honneur des tiens, & leur proëſſe,
Aiant vangé deſſus la Grece
L'outrage fait au ſang Troïen.

Antiſtro.

Apres le cours de quelque annéé,
L'ire de Ceres forcenée
Pour deuot n'auoir ſatisfait
A ſes honneurs, toute mutine
Te contraindra par la famine
De quitter ton mur imparfaict.
Horriblant ton corps de la peau
D'vn tigre, deſia ce me ſemble
Ie te voy guider vn troupeau
De vin mile Troïens enſemble:
Ie voy ce troupeau pelerin
Deſia bien loin outre le Rhin
Enrichir Troïe de louanges,
Et du butin des Rois étranges,
Aiant trompé mile peris,
Ains que baſtis aus bords de Seine
Les murs d'vne ville hautaine
Du nom de mon frere Paris.

Epode.

Là tes enfans donteront
Les Rois francs d'obeiſſance,
Et iuſqu'au ciel porteront
L'empire de leur puiſſance.
Donc, ce pendant que les Grecs

Chargent leur dos de bagage,
Nous de cris & de regres,
Donne voile au nauigage:
Sus l'echine de la mer
Fay les vagues écumer,
Pour replanter nôtre race
Où te traineront les cieus,
Et le forçant vueil des Dieus
Qui ia t'ont borné ta place.

Stro. 4

Atant acheua la Prétresse,
Et folle du Dieu qui luy presse
L'estomach chagrin & felon,
En rechignant s'en est allée
Nus piés, & toute écheuelée
Dessous l'image d'Apollon:
Andromache qui remâcha
Les mots de Cassandre euolée,
Son fils secretement cacha
Dessous figure recelée,
Car Iunon qui ne vouloit plus
Que le nom Troien reuint sus,
Ardoit d'en abatre la race,
Et Francus tuer sur la place,
Sans Iupin qui soudain faignit
Vne idole à luy ressemblante,
Dont Pyrre d'vne main ardante
En lieu de Francion taignit.

Antistro.

La terre de sang, & la Feinte
Garda le vray, puis apres mainte
Fortune dont il se sauua,
Enterra le corps de sa mere
Dans le vain tombeau de son Pere
Qu'entre les Grecs elle esleua.
Son cœur elle ouurit d'vn cousteau
Aiant sceu la fauçe merueille,
Comme l'orage auoit sous l'eau
Noié son fils pres de Marseille,
De pleurs la tombe il honora,
Et de beaus ieux la decora
Par ioustes esprouuant l'adresse
De la Phrygienne ieunesse,
En fin à terre il se coucha,
Et d'vne grand' coupe dorée
Sur la vuide tombe Hectorée
Du laict par trois fois repancha.

Epode.

Lors la tombe en deux s'ouurit,
Et l'obscur de ses creuasses
Hors des enfers découurit
Vne ombre de quinze brasses:
Tout le sang qui luy froidit
Le cœur que la peur enserre
Le corps tout plat luy roidit
Dessus l'estrangere terre:

Vne voix par l'air s'ouit
Qui les sens luy éblouit
Luy chantant sa destinée,
Qui ia desia le hastoit
D'autant qu'au ciel el'étoit
Par arrest determinée.

Stro. 5.

Mon fils (dit l'ombre) pren bien garde
Que ce pais ne te retarde,
Ny tes labeurs tant soient ils durs:
Mais fuy ces champs, mais fuy ces riues,
Afin que paresseus ne priues
Les tiens de leurs honneurs futurs,
Ie voy desia fleurir ton los
En ce pais où la Dunouë
Traine en la Mer ses larges flos,
Et par les champ où Seine nouë.
Sus l'vne tu dois maçonner
Vne autre Troye & luy donner
Le nom de Sicambre, où ta race
Vsera quelque temps d'espace.
Mais sus l'autre, non seulement
Mile ans borneront sa demeure.
Car le Ciel veut qu'elle y demeure,
Et demeure eternellement.

Antistro.

Apres que par le vueil celeste
La palle famine & la peste
Auront tes soldars éclercis,
Eux quittans la ville malade
Sous toy fais nouuelle peuplade,
Peupleront des champs mieus assis.
Ton bras adonque poussera
Si courageusement tes bandes
Qu'à ses piés il abaissera
Les Rois des terres Alemandes:
Et comme vn guide diligent
Bien plus loin conduiras ta gent
Outre le Rhin, tant qu'elle arriue
De Seine à la fertile riue,
Dans la Gauloise nation:
Et la sera sa demourance,
Changeant le nom de Gaule, à France,
Pour l'honneur de toy Francion.

Epode.

Si le ciel m'a faict bien seur
Des paroles qu'il m'inspire,
Tu auras pour successeur
Maint néueu digne d'empire:
Mains Rois de toy sortiront,
Dont les vertus manifestes,
Parmy les Princes luiront
Comme au ciel les feus celestes.

Entre eus vn HENRY ie voy
Des meileurs le meileur Roy,
Qui finira sa conqueste
Aus deus bords, où le Soleil
S'endort, & fait son reueil,
Panchant & dressant sa teste.

Stro. 6.

France par luy victorieuse,
Ne sera point tant glorieuse
De son Clouis, ny de Martel,
Ny de son Charlemagne encore,
Comme ie voy qu'elle s'honore
Dans les vertus d'vn Prince tel.
C'est ce HENRY qui bastira
Les Pergames de nostre ville,
Qui plus iamais ne sentira
Le fer meurtrier d'vn autre Achille.
Aussi le destin ne veult pas
Que le Grec là retombe à bas,
A fin que ta race eternelle,
Eternellement viue en elle,
Grosse d'Empires & d'honneur,
Enfantant triomphes & gloires,
Mile Lauriers, mile victoires,
Aiant tel Roy pour gouuerneur.

Antistro.

Ainsi dit l'ombre; & le tonnerre

Tombant du du costé gauche à terre
Qui de trois feus la tombe éprit,
Elança trois flammes subites,
Ratifiant les choses dites
Et par Cassandre & par l'Esprit.

   Adonc Francion etonné,
De dans son cœur pense & reuire
L'augure qui luy est donné,
Pour le hâter en son nauire:
Aiant son oncle interrogué
En haute mer il à vogué,
Tant & tant l'ardeur l'importune
De courir apres sa fortune,
Pour le vueil des Dieus éprouuer.

   Fuy donc Troien, toy & ta bande,
Si ton néueu me le commande
J'iray bien tôt pour te trouuer.

Epode.

Muse repren l'auiron,
Et racle la prochaine onde,
Qui nous baigne à l'enuiron
Sans étre ainsi vagabonde:
„ Touſiours vn propos deplaist
„ Aus oreilles attendantes,
„ Si plein, outre reigle, il est
„ De parolles abondantes:
„ Celuy qui en peu de vers
„ Etraint vn suiet diuers,

» *Se met au chef la couronne:*
» *De cette fleur que voici,*
» *Et de celle, & celle aussi,*
» *La mouche son miel façonne.*

Stro. 7.

Diuersement, ô paix heureuse,
Tu es la garde vigoreuse
Des peuples, & de leurs cités.
Des roiaumes les clefs tu portes,
Tu ouures des villes les portes,
Serenant leurs aduersités,
Bien qu'vn Prince vouluſt darder
Les flos armés de son orage,
En tu le viennes regarder,
Ton œil appaise son courage.
L'effort de ta diuinité
Commande à la necessité
Ploiant sous ton obeissance:
Les hommes sentent ta puissance
Alechés de ton dous-amer:
De l'air la vagabonde troupe
T'obeit, & celle qui coupe
Le plus creus ventre de la mer.

Antistro.

C'est toy qui dessus ton échine
Souſtiens ferme cette machine,
Medecinant chaque élement,

Quand vne humeur par trop abonde,
Pour ioindre les membres du monde
D'vn contrepois egalement.
    Ie te saluë heureuse paix,
Ie te saluë, & resaluë:
Toy seule Déesse tu fais
Que la vie soit mieus vouluë.
Ainsi que les champs tapissés
De pampre, ou d'épics herissés
Desirent les filles des nuës
Apres les chaleur suruenuës,
Ainsi la France t'attendoit,
Douce nourriciere des hommes:
Douce rousée qui consommes
La chaleur qui trop nous ardoit.

Epode.

Tu as éteint tout l'ennuy
Des guerres iniurieuses,
Faisant flamber auiourd'huy
Tes graces victorieuses,
En lieu du fer outrageus,
Des menaces & des flammes,
Tu nous rameines les ieux
Le bal, & l'amour des Dames,
Trauaus mignars & plaisans
A l'ardeur des ieunes uns.
    O grand Roy non imitable
Tu nous aumonnes cecy,

Ayant creu Montmorancy,
Et son conseil veritable.

Stro. 8.

Qui seul mettant en éuidence
Les sains tresors de sa prudence,
Ne s'est iamais acompaigné
Du sot enfant d'Epimethée,
Mais de celuy de Promethée
Par longues ruses enseigné:
  Et certes vn tel seruiteur
Merite que ta main royalle,
Rencontre-balance vn grand'heur
A sa diligence loyalle.
Il me plaist or' de décocher
Mes trais Thebains pour les lacher
Montmorancy dedans ta gloire,
Afin que ie te face croire
Que la nourriture d'vn Roy
De bien loin nos rimeurs surmonte,
Lors que hardie elle raconte
Vn vaillan-sage comme toy.

Antistro.

  " Nul n'est exent de la fortune,
  " Car sans egard elle importune
  " Et peuples, & Rois, & seigneurs:
Cadme sentit bien sa secousse,
Et dequel tonnerre elle pousse

Les grands Princes de leurs honneurs.
Mais tout ainsi que les flambeaus,
Ou du Soleil ou d'vne étoille,
Tout soudain reluisent plus beaus
Apres qu'ils ont brisé leur voile:
Ainsi apres ton long seiour
Tu nous éclaires d'vn beau iour,
Ayant connu par ta presence,
Combien nous nuisoit ton absence,
Priués de ton œil qui sçait voir
Les piés boyteus de la malice,
Si pres œilladant la police
Que rien ne le peut deceuoir.

Epode.

» Et qu'est-ce que des mortels?
» Si au matin ils fleurissent,
» Le soir ils ne sont plus tels,
» Pareils aux champs qui fenissent:
Nul iamais ne s'est vanté
D'euiter la bourbe noire,
Si la Muse n'a chanté
Les himnes de sa memoire.
C'est à toy, Roy, d'honorer
Les vers, & les decorer
Des presens de ta hautesse,
Soufle ma nef, ie seray
Le premier qui passeray
Mes compaignons de vitesse.

Stro. 9.

Plus tost que les feus ne s'eslancent,
Quand au ciel les foudres nous tancent,
Ie courray dire aus étrangers,
Combien l'effort de ta main destre
Maniant le fer, est adestre
A briser l'horreur des dangers:
Et de quel soin prudent & caut,
Ton peuple iustement tu guides,
Apris au mestier comme il faut
Luy lascher & serrer les brides.
Ta vielle ieunesse, & tes ans
En mille vertus reluisans,
M'inspirent vne voix hardie,
Et me commandent que ie die
Ce regne heureux & fortuné,
Sous qui l'heureuse destinée
Auoit chanté des mainte année
Qu'vn si grand prince y seroit né.

Antistro.

Pour gouuerner comme vn bon pere
La France heureusement prospere
Par les effaits de sa vertu,
Rien icy bas ne s'acompare
A l'Equité saintement rare
Dont vn Monarque est reuestu:
„ *Aussi rien n'est tant vitieux*
„ *Qu'vn grand gouuerneur de prouince,*

,, Quand il faut, d'autant que mille yeux
,, Auisent la faute d'vn Prince.
　Ne preste l'oreille aux menteurs,
Et fuy de bien loin les flateurs
S'ils veulent oindre tes oreilles,
De fausses & vaines merueilles,
Fardans sous vaine autorité
Le vain abus de leurs vains songes,
Subtils artizans de mensonges,
Et bons pipeurs de verité.

Epode.

L'vn se ronge le cerueau,
L'autre médit & rapporte,
S'il sent qu'vn esprit nouueau
Nouuelles chansons aporte.
　Cependant l'innocent fait
Preuue de sa patience,
Sachant que Dieu tout parfaict
(Dieu la mesme sapience)
Ne sauroit iamais laisser
L'orgueil sans le rabaisser
Pour leuer la chose basse:
,, Otant l'honneur d'vn qui l'a
,, Il le donne à cestuy la
,, Qui par raison se compasse.

Stro. 10.

Il faut qu'en me parant i'euite

L'escrime de leur langue vite
A tirer l'estoc dangereux:
Si est-ce que i'oy tousiours dire
„ Qu'vn homme engressé de medire,
„ Mégrist à la fin malheureux.
Ils n'ont point le iaper si beau
Que leur caquet te force à croire,
Qu'vn blanc habit orne vn corbeau
Ou bien que la neige soit noire:
Ton iugement connoist assez
Les vers qui sont bien compassez,
Et ceux qui trainent vne enuie,
Et ceux qui languissent sans vie,
Enrouez, durs, & mal plaisans:
Par trét de temps les flateurs meurent,
Mais les beaux vers tousiours demeurẽt,
Opiniatres sur les ans.

Antistro.

Prince, ie t'enuoye cette Ode,
Trafiquant mes vers à la mode
Que le marchant baille son bien,
Troque pour troq', Toy qui es riche,
Toy, Roy des biens, ne sois point chiche
De changer ton present au mien.
Ne te lasse point de donner,
Et tu verras comme i'accorde
L'honneur, que ie promets sonner
Quand vn present dore ma corde.

Presque le los de tes ayeux
Est pressé du temps enuieux,
Pour n'auoir eu l'experience
Des Muses, ne de leur science:
Mais le rond du grand Vniuers
Est plein de gloire eternelle
Qui fait flamber ton pere en elle.
Pour auoir tant aimé les vers.

Epode.

Dieu vueille continuer
Le sommet de ton empire,
Et iamais ne le muer
Eschangeant son mieux au pire:
Dieu vueille encor dessous toy
Donter l'Espagne affoiblie,
Grauant bien auant ta loy
Dans le gras champ d'Italie.
Auienne aussi que ton fils,
Suruiuant ton iour prefis,
Borne aux Indes sa victoire,
Riche de gain & d'honneur,
Et que ie soy le sonneur
De l'vne & de l'autre gloire.

DES ODES.
A LVY MESME.
ODE II. Strophe.

Comme vn qui prend vne coupe
Seul honneur de son tresor,
Et de rang verse à la troupe
Du vin qui rit dedans l'or :
Ainsi versant la rousée,
Dont ma langue est arrousée,
Sus la race des VALOIS,
En son doux Nectar i'abreuue,
Le plus grand Roy qui se treuue,
Soit en armes ou en Lois.

Antistro.

Heureux l'honneur que i'embrasse,
Heureux qui se peut vanter
De voir la Thebaine grace
Qui sa vertu veut chanter :
Ie vien pour chanter la tienne
Sur la corde Dorienne,
Et pour estre desormais
Celuy, qui de tes victoires
Ne souffrira que les gloires
En l'oubly tombent iamais.

Epode.

De ce beau trait decoché
Dy, Muse mon esperance,

Quel Prince sera touché
Le tirant parmy la France?
Sera-ce pas nostre Roy,
De qui la divine oreille
Boira la douce merueille
Qui n'obeist qu'à ma loy?

Stro. 2.

De Iupiter les antiques
Leurs escrits embelissoient,
Par luy leurs chants poëtiques
Commençoient, & finissoient,
Resiouy d'entendre bruire
Ses louanges sur la lyre:
Mais Henry sera le dieu
Qui commencera mon metre,
Que seul i'ay voué de metre
A la fin & au milieu.

Antistro.

« Le ciel qui ses lampes darde
« Sur ce Tout qu'il apperçoit,
« Rien de si grand ne regarde
« Qui vassal des Rois ne soit,
« D'armes le monde ilz étonnent,
« Sur le chef de ceux ilz tonnent
« Qui les viennent depiter,
« Leurs mains toute chose ateignent,
« Et les plus rebelles craignent

DES ODES.

« *Les Rois filz de Iupiter.*

Epode.

Mais du nostre la grandeur
Les autres d'autant surpasse,
Que d'vn rocher la hauteur
Les flans d'vne riue basse.
Puisse par tout l'vniuers
Deuant ses ennemis croistre,
Et pour ma guide apparoistre
Tousiours au front de mes vers.

A LA ROYNE SA femme.

ODE III. Stro. 1.

IE suis troublé de fureur,
  Le poil me dresse d'horreur,
D'vn effroy mon ame est pleine:
Mon estomach est pantois,
Et par son canal ma vois
Ne se dégorge qu'à peine,
Vne deité m'emmeine:
Fuiez peuple qu'on me laisse,
Voicy venir la déesse,
Fuiez peuple ie la voy,
Heureux ceux qu'elle regarde,
Et plus heureux qui la garde
Dans l'estomach comme moy.

Antistro.

Elle esprise de mes chans,
Loin, me guide iusqu'aux chams
Où iadis sur le riuage
Apollon Florence aima,
Lors que ieune elle s'arma
Pour combatre vn loup sauuage:
L'art de filer ny l'ouurage
Ne plaisent à la pucelle
Ny le lit mignard: mais elle
Deuant le iour s'éueillant
Cherchoit des loups le repaire
Pour les beufs d'Arne son pere,
Sans repos se trauaillant.

Epode.

Ce Dieu qui du ciel la vit
Si valleureuse, & si belle,
Pour sa femme la rauit,
Et surnomma du nom d'elle
La ville qui te fit naistre,
Laquelle se vante d'estre
Mere de nostre Iunon,
Et qui par les gens estranges
Pour ses plus grandes louanges
Ne celebre que ton nom.

Stro. 2.

Là, les faits de tes ayeux

DES ODES.

Vont flamboyant comme aux cieux
Flamboye l'Aurore claire,
Là l'honneur de ton Iulien
Dans le ciel Italien
Comme vne planette esclaire:
Par luy le gros populaire
Pratiqua l'experience
De la meilleure science.
Et là reluisent aussi
Tes deux grands Papes, qui ores
Du ciel où ilz sont, encores
Te fauorisent icy.

Antistro.

On ne conte les moissons
De l'esté, ny les glaçons
Qui l'Hiuer tiennent la trace
Des eaus roides à glisser,
Ainsi ie ne puis penser
Les louanges de ta race.
Le ciel t'a peint en la face
Ie ne sçay quoy qui nous montre
Dés la premiere rencontre
Que tu passes par grand heur
Les princesses de nostre aage,
Soit en force de courage,
Soit en royale grandeur.

Epode.

Le comble de ton sçauoir,

Et tes vertus ensemble,
Dit qu'on ne peut icy voir
Rien que toy qui te resemble:
Quelle Dame a la pratique
De tant de mathematique,
Quelle princesse entend mieux
Du grand monde la peinture,
Les chemins de la nature,
Et la musique des cieux?

Stro. 3.

Ton nom que mon vers dira,
Tout le monde remplira
De ta louange notoire:
Vn tas qui chantent de toy,
Ne sçauent si bien que moy
Comme on doit sonner ta gloire
Iupiter ayant memoire
D'vne vieille destinée
Autrefois determinée
Par l'oracle de Themis,
A commandé que Florence,
Dessous les loix de la France,
Te courbe le chef soubmis.

Antistro.

Mais il veult que ton enfant
En ait l'honneur triomphant,
D'autant qu'il est tout ensemble

Italien & François,
Qui de front, d'yeux, & de voix,
A Pere & Mere resemble.
Desia tout colere il semble
Que sa main tante les armes,
Et qu'au milieu des alarmes
Ia dédaigne les dangers:
Et seruant aux siens de guide,
Veinqueur, atache vne bride
Aux royaumes estrangers.

Epode.

Le ciel qui nous l'a donné
Pour estre nostre lumiere,
Son empire n'a borné
D'vn mont, ou d'vne riuiere,
Le destin veut qu'il enferme
Dans sa main toute la terre,
Seul Roy se faisant nommer,
D'où Phebus les Indes laisse,
Et d'où son char il abbaisse
Tout panché dedans la mer.

I. LIVRE

A MADAME MARGVERITE
Sœur du Roy, Duchesse de Sauoye.

ODE IIII.   Stro. 1.

IL faut aller contenter
L'oreille de Marguerite,
Et dans son palais chanter
Quel honneur elle merite.
   Debout Muses qu'on m'atelle
Vostre charette immortelle,
Afin qu'errer ie la face
Par vne nouuelle trace,
Chantant la vierge autrement
Qu'vn tas de rimeurs barbares,
Qui ses louanges si rares
Luy souilloient premierement.

Antistro.

I'ay sous l'esselle vn carquois
Gros de flesches nompareilles,
Qui ne font bruire leurs voix
Que pour les doctes oreilles :
Leur roideur n'est apparente
A telle bande ignorante,
Alors que ma fleche annonce
L'honneur que mon arc enfonce.
Entre toutes i'esliray
La mieux sonante, & de celle

Par la terre vniuerselle
Ses vertus ie publiray.

Epode.

Sus ma Muse, ouure la porte
A tes vers plus doux que miel,
Afin qu'vne fureur sorte
Pour la rauir iusqu'au ciel.
Du croc arrache la Lyre
Qui tant de gloire t'aquit,
Et vien sus ses cordes dire
Comme la vierge nasquit.

Stro.

Par vn miracle nouueau
Vn iour Pallas de sa lance
Ouurit le docte cerueau
De François seigneur de France:
Alors, estrange nouuelle!
Tu naquis de sa ceruelle,
Et les Muses qui là furent
Dans leur giron te reçeurent:
Mais quand le temps eut parfait
L'accroissance de ton aage,
Tu pensas en ton courage
De mettre à fin vn grand fait.

Antistro.

Ta main prist pour son renfort

L'horreur de deux grandes haches,
D'vn plastron d'acier bien fort
Tout l'estomac tu te caches :
Vne menassante creste
Flottoit au haut de ta teste,
Refrappant la gueule horrible
D'vne Meduse terrible :
Ainsi tu allas trouuer
Le vilain monstre Ignorance,
Qui souloit toute la France
Dessous son ventre couuer.

Epode.

L'ire qui la Beste élance
En vain irrita son cœur
Poussant son musle en defense
Contre ton bras son vainqueur,
Car le fer pront à l'abatre,
Dedans son ventre est caché,
Et ia trois fois voire quatre,
Le cœur luy a recherché.

Stro. 3.

Le monstre gist étandu,
L'herbe en sa playe se souille,
Aux Muses tu as pendu
Pour Trophée sa dépouille :
Puis versant de ta poitrine
Mainte source de doctrine,

Aux François tu fis connoistre
Le miracle de ton estre,
Et pource ie chanteray
Ce bel hymne de victoire,
Et sur l'autel de Memoire
L'enseigne i'en planteray.

Antistro.

Mais moy qui suis le tesmoin
De ton los qui le monde orne,
Il ne fault ruer si loin
Que mon trait passe la borne:
Frappe à ce coup Marguerite,
Par le blanc de son merite,
Qui luit comme vne planette
Souz la nuict claire brunette:
   Respandon deuant ses yeux
Ma musique toute neuue,
Et le Nectar dont i'abreuue
Les honneurs dignes des cieux.

Epode.

Afin que la Nymphe voye
Que mon luth premierement
Aux François montra la voye
De sonner si proprement:
   Et comme imprimant ma trace
Au champ Attiq' & Romain,
Callimaq', Pindare, Horace,
Ie desterray de ma main.

A REVERENDISSIME
Charles Cardinal de Lorraine.

ODE V. Stro. I.

Quand tu n'aurois autre grace
　　Ny autre present des cieux,
Que d'estre né de la race
De tant de Rois tes ayeux,
J'aurois encor trop de lieux
Pour te bastir vne gloire,
Car si ie veux raconter
De ton grand Billon l'histoire,
Qui peut les Turcs surmonter
Par vne heureuse victoire,
Ou la fameuse memoire
De ses freres, ou les Rois
Tes ayeux, dont la Sicile
A leur obeir docile
Escouta les saintes lois.

Antistro.

Leur nom qui le temps surmonte
Te feroit seul immortel,
Mais ta vertueuse honte
Rougiroit d'vn honneur tel.
Ie te veux faire vn autel
Où maugré l'an qui tout mange
Ton propre los ie peindray

D'vne encre qui ne se change,
Et là, ce vœu ie pendray
Qui au pelerin estrange
Racontera ta louange,
Et la vertu qui reluit
Par les ans de ta ieunesse,
Comme l'or sur la richesse,
Ou la Lune par la nuit.

Epode.

Tout l'honneur qui seul en France
Du sein des Dieux s'écoula,
Pour illustrer ton enfance
Dessus ton front s'enuola
Et depuis s'est planté là.
Donques, Prelat de bon heur,
Qui tiens le sommet d'honneur,
En qui nostre Roy contemple
Des vertus le vray exemple,
Sois content d'vn si grand bien,
Et ne souhaite plus rien :
Car toy qui ta vie arroses
Du miel des heureuses choses,
D'auantage à qui ie donne
Vne louange si bonne
Qui te celebre en tout lieu,
Cesse de plus rien attendre,
Et ne vueilles point apprendre,
A te faire vn nouueau Dieu.

LA VICTOIRE DE FRANçois de Bourbon, Comte d'Anguien, à Cerizoles.

ODE VI. Stro: I.

L'Hymne qu'apres tes combas
Marot fit de ta victoire,
Prince heureux, n'egala pas
Les merites de ta gloire:
Ie confesse bien qu'à l'heure
Sa plume estoit la meilleure
Pour designer simplement
Les premiers traits seulement.
   Or moy nay d'vn meilleur age
Et plus que luy studieux,
Ie veux parfaire l'ouurage
D'vn art plus laborieux.

Antistro.

Moy donc qui tien dans le poing
L'arc des Muses bien peignées,
Ie ruray l'honneur plus loing
De tes victoires gaignées,
Et iusqu'aux pays estranges
Ie darderay tes louanges,
Tes coups de masse, & l'horreur
De ta vaillante fureur
Qui tonnoit en ton ieune age,

DES ODES.

Moissonnant les ennemis
Que le martial orage
Deuant ta foudre auoit mis.

Epode.

Voy voler mon dart estrange
De ma Muse emmiellé,
Et de ta couronne ailé
Qui vient ficher ta louange.
Ores il ne faut pas dire
Vn bas ton dessus ma lyre:
Mais bien nos meilleurs fredons,
Haut, celebrant par cette Ode
Ditte à la Thebaine mode
François, l'honneur des Bourbons.

Stro. 2.

Qui, dés la ieune saison,
Que la iouuence dorée
Frise la crespe toison,
Sur la iouë colorée,
Par la pointe de sa lance
Réueilla l'honneur de France,
Lors que mattant la vertu
Du vieil Marquis combatu,
Trancha les peuples d'Espaigne
Abas sans ame ruez,
Lors qu'il ioncha la campaigne
De tant de Soldats tuez.

Antistro.

Comme vn afamé Lion
Qui de soif la gorge a cuite,
Tout seul donte vn million
De cerfs legers à la fuite :
Ainsi roüant sa grand' masse
A grands coups de Coustelace,
Emmena pour son butin
Le traistre Aleman mutin,
Et ardent de la victoire,
Luy graua dessus le dos
En lettres rouges, la gloire
De la France & de son los.

Epode.

« Iamais la Muse ne soufre
« Qu'vn silence sommeillant
« En ses tenebres engoufre
« Les faits d'vn homme vaillant.
La France ne voit encore
De nul Prince qu'elle honore
La gloire si bien empraint,
Comme i'ay la tienne painte,
Poussant le nom par mes vers
De toy Prince, qui es digne
D'estre seigneur de mon hymne,
Voire de tout l'vniuers.

Stro. 3.

Muses ne vaut-il pas mieux
Que le son de ma Lyre aille
Aux vieux Bourbons ses ayeux
Annoncer cette bataille?
Seule douce recompense
Des cousts & de la despense:
Car la poudre des tombeaux
N'engarde que les faits beaux
Des fils ornez de merueilles,
N'aillent là bas resiouir
De leurs peres les oreilles
Egayez de les ouïr.

Antistro.

Fille du neueu d'Atlas,
Poste du monde où nous sommes,
Qui n'eus oncques le bec las
D'euanter les faits des hommes,
Va-t'en là bas sous la terre
Et à Charles, & à Pierre,
Dy que Françoys leur neueu
Auiourd'huy vainqueur s'est veu
De l'Imperialle audace,
Et dy que sa ieune main
N'a point démanty sa face
Par vn fait couard & vain.

Epode.

Autour de la vie humaine

» Maint orage va volant,
» Qui ores le bien ameine
» Ores le mal violant:
» La rouë de la Fortune
» Ne se monstre aux Roys toute vne,
» Et iamais nul ne se treuue
» Qui iusqu'à la fin épreuue
» L'entiere felicité.
» Les hommes iournaliers meurent,
» Les Dieux seulement demeurent
» Francs de toute aduersité.

AV SEIGNEVR DE Carnaualet.

ODE VII. Strophe. I.

Ma promesse ne veut pas
Carnaualet, que là bas
Ton nom erre sans honneur,
Ne sans auoir connoissance
Quelle force a ma puissance,
Et quel vers ie suis donneur:
Muses filles du grand Dieu
Par qui la foudre est lancée,
Venés chanter en quel lieu
Ie l'ay paint dans ma pensée.

Il est vray que i'auois mis
En long oubly la memoire,
Qu'autrefois ie luy promis

D'épandre au monde sa gloire:
Mais ores vostre main forte
Chasse l'iniure, de sorte
Qu'il voye parfaictement,
Que nulle mortelle chose
Ferme ne fut oncques close
Sous l'huis de l'entendement.

Antistro.

Le temps venant de bien loin
M'a blasmé comme témoin
De n'aquitter mon deuoir:
Au pis aller vne vsure
Raclera toute l'iniure
Que i'en pourroy receuoir.
» C'est vn trauail de bon heur
» Chanter les hommes louables,
» Et leur bastir vn honneur,
» Seul vainqueur des ans muables,
» Le marbre, ou l'erain vetu
» D'vn labeur vif par l'enclume,
» N'animent tant la vertu
» Que les Muses par la plume.
Or donc ta renommée
Voyrra le monde, animée
Par le labeur de mes doits.
Telle immortelle largesse,
Passe en grandeur la richesse
Du plus grand de tous les Rois,

D ij

Epode.

Quelle louange premiere
Ma Lyre te sonnera,
Réiouy de la lumiere
Que mon vers te sonnera?
Direy-ie l'experience
Que tu as en la science,
Ou ta main qui sçait l'adresse
D'acheminer la ieunesse
Par tes vertus à bon train,
Ou ton art qui amonneste
L'esprit de la fiere beste
Se rendre docile au frain?

Stro. 2.

Qu'aporta du ciel Pallas
A Bellerophon trop las
De vouloir en vain donter
Le fils ailé de Meduse,
A coups de pié qui refuse
Le laisser sur luy monter.
 Quand la nuit il entendit
Pallas des Soudars la guide,
Qui en songe luy a dit,
Dors-tu la race Æolide?
 Pren le secours de tés maux
Cette medecine douce,
Elle seule des chevaux
Le gros courage repousse:

DES ODES.

Iuy qui soudain se reueille
De voir vn frain s'émerueille,
Et le prenant, la caché
Dans l'opiniatre bouche
Du cheual, non plus farouche
L'ayant vn petit maché.
Antistro.
Lors le touchant de plus pres
Osa tanter l'air apres
Monté sus le dôs volant,
   En se iouant en ses armes
Fit de merueilleus alarmes:
Déuoutant l'arc violant,
La puante ame il embla
A la Chimere à trois formes,
Et le col luy dessembla
Hors de ses testes difformes,
   A terre morte il rua
Des guerriers la vaillance,
Mais quel méchef le tua
Ie le passe sous silence:
Dix & huict astres receurent
Le cheual qu'ell' aperceurent
Culbuter le maistre à bas
,,   L'homme qui vient entreprendre
,, Tanter les cieux doit aprendre
,, A s'éleuer par compas.
Epode.
Automedon, ne Stenelle,

Dont la longue antiquité
Chante la gloire éternelle,
La tienne n'ont merité:
Soit pour molir le courage
Au cheual d'vne main saige,
Ou soit pour le faire adestre
A la gauche & à la destre
Obeissant à tes lois,
Afin que par ta conduite
Puisse vn iour tourner en fuyte
Le camp ennemy des Rois.

Stro. 3.

Tes ancestres maternels,
Et tes ayeus paternels
Diuers champs ont habité,
Si bien, que qui fils t'apelle
De deux terres, il ne cele
Ta race à la verité.
,, Quand la bize vient fascher
,, La nef que trop elle vire,
,, Alors il fait bon lascher
,, Deux ancres de son nauire.
La France te va louant
Pour son fils, & la Bretaigne
De t'aller sien auouant
En si grand honneur se baigne:
Mais tu es fils legitime
De la vertu, que i'estime

Plus que tes honneurs divers,
C'est pour cela que ma corde
Parlant ta gloire s'accorde
Avecq' le son de mes vers.

Antistro.

Lesquels en douceur parfaits
Apparoistre se sont faits
Sur le riuage du Loir,
Pour sacrer à la memoire
Les vertueus, qui leur gloire
Ne mettent en nonchaloir.
Comme le fils qu'vn pere a
De sa femme en sa vieillesse,
Ce vers Thebain te plaira
Bien que tard ie te le laisse.
,, L'homme veuf n'a tant d'ennuy
,, De quitter son heritage
,, Aus etrangers, qui de luy
,, Auront le bien en partage,
,, Comme l'homme qui deuale
,, Dedans la barque infernale
,, De mes hymnes déuestu:
,, En vain l'on trauaille au monde
,, Si la lyrique faconde
,, Fait muéte la vertu.

Epode.

Mais la mienne emmiellée

Qui sçait les lois de mon doy,
Auecq' les flustes meslée
Chassera l'oubly de toy.

 Les neuf diuines Pucelles
Gardent la gloire chés elles,
Et mon Lut qu'ell' ont fait estre
De leurs secrés le grand prestre,
Par cet hymne solennel
Répendra dessur ta race
Ie ne sçay quoy de sa grace
Qui te doit faire éternel.

VSVRE A LVY-MESME.
ODE VIII.

NE pilier, ne Terme Dorique
D'histoyres vieilles decoré,
Ne marbre tiré de l'Afrique
En colonnes élabouré,
Ne te feront si bien reuiure
Apres auoir passé le Port,
Comme la force de mon liure
Te fera viure apres ta mort.
 Le compaignon des Dieux ie vante
Celuy qui se peut faire amy
Du Lut Vandomois qui le chante
Contre le silence endormy:
 Le dous acord de son murmure
Fredonnant ton bruit nompareil,

DES ODES.

Le respendra pour mon vsure
De l'vn iusqu'à l'autre Soleil.

LA VICTOIRE DE GVY
de Chabot, Seigneur de Iarnac.
ODE IX. Stro. I.

O France mere fertile
D'vn peuple à la guerre vtile,
Terre pleine de grand heur,
Pren cette douce couronne
Que Chabot pour son vœu donne
Au temple de ta grandeur:
   Lequel ains que son espée
Au sang hayneus fust trempée,
Du miel de sa langue molle
Se desaygrit le soucy,
Et de sa douce parolle
Flatta sa chere ame ainsi.

Stro.

» Vne ame lache & couarde
» Au peril ne se hazarde,
» Et d'où vient cela que ceus
» Qui pour mourir icy viuent,
» L'honneste danger ne fuyuent
» A la vertu paresseus?
»   Miserable qui se laisse
» Engloutir à la vieillesse,

,, *Heureux deus & trois fois l'homme*
,, *Qui dédaigne les dangers,*
,, *Tousiours vaillant on le nomme*
,, *Par les peuples étrangers.*

Epode.

Disant tels mots il appreste
Au combat ses membres fors,
D'vn armet couurit sa teste
Et d'vn plastron tout son corps:
Il prist l'espée en la destre,
Le bouclier en la senestre,
Et horrible à l'approcher
Eclairoit comme vne foudre
Qui chet pour ruer en poudre
Le haut sourcy d'vn rocher.

Stro. 2.

,, *Ie iuger par coniecture*
,, *La fin de l'heure future*
,, *Nous rend le cœur plus hautain,*
,, *Donnant, à qui bien y pense,*
,, *Vne grande recompense*
,, *D'auoir preueu l'incertain:*
Mesmes c'est le tout que d'estre
Des mains aux armes adestre
Qui doiuent meurdrir la face
De l'aduersaire odieux,
Et qui font au vainqueur place
Au plus haut siege des Dieux.

Antistro.

Toy, dauant les yeux de France
Per à per en camp d'outrance,
As remis dessus ton front
Ce qu'on embloit de ta gloire,
Et i'y grauay la victoire
Que mille ans ne déferont:
Tes vertus & ton audace
Et le maintien de ta grace
Eussent desaigry la rage
Du plus foible belliqueur,
Si la fureur du courage
Ne luy eust sillé le cœur,

Epode.

,, Vne nuë d'erreur pleine
,, Qui nous trouble, volontiers
,, Couurant la raison, nous meine
,, Esgarez des beaux sentiers:
,, Nous fians (sots que nous sommes)
,, Aux vents incertains des hommes,
,, Qui souflent pour nous tromper
,, En cent sortes & manieres,
,, Et aux faueurs iournalieres
,, Que le fer ose couper.

Stro. 3.

,, Toutes-fois la pasle enuie
,, Espie tousiours la vie

» De l'homme, à qui le bon-heur
» De la victoire honorable,
» Par sa face venerable
» A paint l'image d'honneur.
»   La loy de nature tourne,
» Rien de ferme ne seiourne,
» Diuers vents sont en mesme heure:
» Ore Yuer, ores Printemps:
» Tousiours la vertu demeure
» Constante contre le temps.

Antistro.

Ah! ce labeur que i'acorde
Dessus ma Thebaine corde
Ne cesse de me tanter,
Afin qu'au iour ie le montre,
Et que ie marche à l'encontre
Du vainqueur pour le chanter,
Le mariant aux haleines
Des trompettes qui sont pleines
D'vn son furieux & graue:
    Qui mettroit à nonchaloir
La victoire que ie laue
Dedans les ondes du Loir?

Epode.

» Qu'on chante les nouueaux hymnes,
» Mais qu'on vante les vins vieux:
» Ceux qui font les vertus dinnes

DES ODES.

» Sont engrauez dans les cieux,
» Du couard la renommée
» Ne fut oncques estimée
» (Quoy qu'il face du vaillant,)
» Soit au camp parmy les troupes,
» Soit sur la mer dans les poupes
» Lors que l'on va bataillant.

Stro. 4.

Mer laquelle a conneu ta race,
Humble apaisant son audace
Sous ton oncle, gouuerneur
Du flot qui venteux arriue
Contre la Françoise riue
Bruyant encor son honneur.
»　O Chabot bien peu ie prise
» De gaigner vne entreprise
» Que la fortune deliure
» A chacun également:
» Mais c'est beaucoup que de viure
» Par elle éternellement.

Antistro.

Ta vertu seroit trompée,
Et non-plus que ton espée
Mist à vaincre l'ennemy,
Non-plus viue seroit elle
Si ie n'auoy coupé l'aile
Du long silence endormy:

Monstre qui a de couſtume
De crouer deſſous ſa plume,
La vertu qui s'eſt parfaite
En l'honneur d'vn acte beau,
Mais celle que tu as faite
N'ira pas ſous le tombeau.

Epode.

I'ay iuré de faire croiſtre
Ta gloire contre les ans,
Faiſant par elle aparoiſtre
Combien mes vers ſont plaiſans,
Qui teſmoignent à la France
Comme ta braue aſſeurance
Te fit marcher glorieux,
Veſtu d'honneur & de gloire,
Ayant rauy la victoire
Par le fer victorieux.

A MICHEL DE L'HOSPI-
tal, Chancelier de France.

ODE X. Stro. 1.

ERrant par les champs de la Grace
Qui peint mes vers de ſes couleurs,
Sus les bors Dircéans i'amaſſe
L'eſlite des plus belles fleurs,
Afin qu'en pillant, ie façonne
D'vne laborieuſe main,

DES ODES.

La rondeur de ceste couronne
Trois fois torse d'vn ply Thebain:
    Pour orner le haut de la gloire
    Du plus heureux Mignon des Dieux,
    Qui çà bas ramena des Cieux
Les filles qu'enfanta Memoire.

Antistro

Memoire Roine d'Eleuthere,
Par neuf baisers qu'elle receut
De Iupiter qui la fit mere,
D'vn seul coup neuf filles conceut.
    Mais quand la Lune vagabonde
    Eut courbé douze fois en rond,
    (Pour renflammer l'obscur du monde)
    La double voute de son front:
Memoire de douleur outrée,
Dessous Olymphe se coucha,
    Ncriant Lucine, acoucha
De neuf filles d'vne ventrée:

Epode.

En qui répendit le ciel
Vne musique immortelle,
Comblant leur bouche nouuelle,
Du iust d'vn Atique miel.
    Et à qui vraiment aussi
    Les vers furent en soucy,
    Les vers dont flatez nous sommes,

Afin que leur doulx chanter,
Peut doucement enchanter
Le soing des Dieux, & des hommes.

Stro. 2.

Aussi tost que leur petitesse,
Courant auec les pas du temps,
Eut d'vne rampante vitesse
Touché la borne de sept ans :
 Vn sang naturel, qui commande
De voir ses parens, vint saisir
Le cœur de ceste ieune bande
Chatouillé d'vn noble desir :
 Si qu'elles mignardant leur Mere,
Neuf & neuf bras furent plians
Autour de son col, la priant
De voir la face de leur Pere.

Antistro.

Memoire impatiente d'aise,
Délaçant leur petite main,
L'vne apres l'autre les rebaise,
Et les presse contre son sein.
 Hors des poumons à lente peine
Vne parole luy montoit,
De souspirs alegrement pleine,
Tant l'affection l'agitoit.
 Pour auoir desia connoissance
Combien ses Filles auront d'heur,

Ayant

Ayant de pres veu la grandeur
Du Dieu qui planta leur naissance.
Epode.
Apres auoir relié
D'vn tortis de violettes,
Et d'vn cerne de fleurettes,
L'or de leur chef delié:
Apres auoir proprement
Troussé leur acoutrement,
Marcha loin deuant sa trope,
La hastant & iour & nuit
D'vn pié dispos, la conduit
Iusqu'au riuage Æthiope.
Stro. 3.
Ces vierges encore nouuelles,
Et mal aprises au labeur,
Voyant le front des eaux cruelles
S'effroyerent d'vne grand peur:
Et toutes pencherent arriere
(Tant elles s'aloient esmouuant)
Comme on voit dans quelque riuiere
Vn ionc se pencher sous le vent.
Mais leur Mere non estonnée
De voir leur sein qui babatoit,
Pour les asseurer les flatoit,
De cette parole empennée.
Antistro.
Courage mes Filles (dit-elle)

Et filles de ce Dieu puissant,
Qui dedans sa main immortelle
Soutient le foudre rougissant:
   Ne craignez point les vagues creuses
De l'eau qui bruit profondement,
Sur qui vos chansons doucereuses
Auront vn iour commandement:
   Mais dedaignez ses longues rides,
Et ne vous souffrez deceuoir
Que vostre Pere n'ailliez voir,
Dessous ces royaumes humides.

Epode.

Disant ainsi, d'vn plein saut
Toute dans les eaux s'alonge
Comme vn Cygne qui se plonge
Quand il voit l'Aigle plus haut:
Ou ainsi que l'Arc des cieux
Qui d'vn grand tour spatieux
Tout d'vn coup en la Mer glisse,
Quand Iunon haste ses pas,
Lors qu'il va porter là bas
Vn message à sa Nourrice.

Stro. 4.

Elles adonc voyant la trace
De leur Mere, qui ia fondoit
Le creux du plus humide espace,
Qu'à coups de bras elle fendoit

A chef baissé sont deualées,
Penchant bas la teste & les yeux
Dans le sein des Plaines salées:
L'eau qui ialit iusques aux cieux,
Grondant sus elles se regorge,
Et frisant deçà & delà
Mille tortis, les aualla
Dedans le goufre de sa gorge.

Antistro.

En cent façons de mains ouuertes,
Et de piés voutez en deux pars,
Sillonnoient les campagnes vertes
De leurs bras vaguement espars.
Comme le plomb, dont la secousse
Traine le filet iusqu'au fond,
L'extreme desir qui les pousse
Auale contre bas leur front,
Tousiours sondant ce vieil repaire,
Iusques aux portes du chateau
De l'Ocean, qui dessous l'eau
Donnoit vn festin à leur Pere.

Epode.

De ce Palais eternel
Braue en Colonnes hautaines,
Sourdoient de toutes fontaines,
Le vif Sourgeon perennel.
  Là, pendoit sous le portail.

E

Lambrissé de verd email,
Sa charéte vagabonde,
Qui le roule d'vn grand tour
Soit de nuit, ou soit de iour
Deux fois tout au rond du monde.

Stro. 5.

Là, sont diuinement encloses
Au fond de cent mille vaisseaux,
Les semences de toutes choses,
Eternelles filles des eaux:
  Là, les Tritons chassant les fleuues
Par la terre, les escouloient
Aux canaus de leurs riues neuues,
Puis tout soudain les rapeloient.
  Là, cette troupe est arriuée
Desur le point qu'on desseruoit,
Et que desia Portonne auoit
La premiere nape leuée.

Antistro.

Phebus, du milieu de la table,
Pour resiouïr le front des Dieux,
Marioit sa voix delectable
A son archet melodieux:
  Quand l'œil du Pere qui prend garde
Sus vn chacun se coutoiant,
A l'écart des autres, regarde
Ce petit troupeau flamboiant,

DES ODES.

De qui l'honneur, le port, la grace
Qu'empreint desur le front portoit:
Publiot assez qu'il sortoit
De l'heureux tige de sa race.

Epode.

Luy qui debout se dressa,
Et de plus pres les œillade,
Les serrant d'vne acolade
Mille fois les caressa:
Tout esgaié de voir peint
Dedans les trais de leur teint,
Le naif des graces siennes:
  Puis, pour son hoste esiouïr,
Les chansons voulut ouïr
De ces neuf Musiciennes.

Stro. 6.

Elles ouurant leur bouche pleine
D'vne douce Arabe moisson,
Pa l'esprit d'vne viue haleine
Donnerent l'ame à leur chanson:
Fredonnant sur la chanterelle
De la Harpe du Delien,
La contentieuse querelle,
De Minerue & du Cronien:
Comme elle du sein de la terre
Poussa son Arbre palissant,
Et luy son Cheual hanissant
Futur augure de la guerre.

Antistro.

Puis, d'vne voix plus violante
Chanterent l'Enclume de fer,
Qui par neuf & neuf iours roulante,
Mesura le Ciel, & l'Enfer,
Qu'vn rampart d'airain enuironne
En rond s'alongeant à l'entour,
Auecque la nuit qui couronne
Sa muraille d'vn triple tour.
 Là, tout debout deuant la porte
Le filz de Iapet fermement
Courbé dessous le firmament,
Le soutient d'vne eschine forte.

Epode.

Dedans ce gouffre béant,
Hurle la troup' Heretique,
Qui par vn assaut bellique
Assaillit le Tu-geant.
 Là, tout aupres de ce lieu,
Sont les garnisons du Dieu
Qui sur les meschans eslance
Son foudre pirouëtant,
Comme vn Cheualier gétant
Sur les ennemis sa lance.

Stro. 7.

Là, de la Terre, & là de l'Onde
Sont les racines iusque au fond

De l'abyſme la plus profonde
De cét Orque le plus profond,
La nuit d'étoiles acoutrée
Là saluë à son rang le iour.
D'ordre parmy la meſme entrée
Se rencontrant de ce ſeiour:
Soit lors que ſa noire carriere
Va tout le monde embruniſſant,
Ou quand luy, des eaux ialiſſant,
Ouure des Indes la barriere.

Antiſtro.

Apres, ſus la plus groſſe corde,
D'vn bruit qui tonnoit iuſqu'au cieux,
Le pouce des Muſes acorde
L'aſſaut des Geans, & des Dieux.
Comme eux ſur la croupe Othryenne
Rangeoient en armes les Titans,
Et comme eux ſus l'Olympienne
Leur firent teſte par dix ans:
Eux, dardant les roches briſées,
Hauſſoient en la guerre cent bras,
Eux, ombrageant tous les combas
Gréloient leurs fleches aiguiſées.

Epode.

D'aile doubteuſe vola
Lon temps ſus eux la Fortune,
Qui or' ſe montroit commune

A ceux-cy, or' à ceux-là.
　Quand Iupiter fit sonner
La retraitte, pour donner
A ces Dieux vn peu d'haleine,
Si qu'eux, en ayant vn peu
Prins du Nectar, & repeu,
Plus fors retantent la peine.

Stro. 3.

Il arma d'vn foudre terrible
Son bras qui d'éclairs rougissoit,
En la peau d'vne cheure horrible
Son estomach se herissoit:
Mars renfrongné d'une ire noire
Branloit son bouclier inhumain:
Le Lemnien d'vne machoire
Garnit la force de sa main:
Phebus souillé de la poudriere,
Tenoit en rond son arc vouté,
Et le tenoit d'autre costé
Sa Sœur la Dictynne guerriere.

Antistro.

Bellone eut la teste couuerte
D'vn acier sur qui rechignoit
De Meduse la gueule ouuerte,
Qui pleine de flammes grongnoit:
En son poing elle enta la hache
Par qui les Rois sont irritez,

DES ODES.

Alors que depitte elle arrache
Les vieilles tours de leurs citez.

 Styx d'vn noir halecret rampare
Ses bras, ses iambes, & son sein,
Sa fille amenant par la main
Contre Cotte, Gyge, & Briare.

Epode.

Rhete, & Myme, cruelz Souldars,
Pour mieux fournir aux batailles,
Brisoient les dures entrailles
Des rocs, pour faire des dards:
Typhé hochoit arraché,
Vn grand Sapin esbranché
Comme vne lance facile:
Encelade vn mont auoit,
Qui bien tost porter devoit
Le grand mont de la Secile.

Stro. 9.

Vn tonnerre ailé par la Bise,
Ne choque pas l'autre si fort,
Qui sous le vent Aphricain brise
Mesme air par vn contraire effort,
Comme les Camps s'entreheurterent
A l'aborder de diuers lieux,
Les poudres sous leurs piés monterent
Par tourbillons iusques aux cieux:
 Vn cry se fait, Olympe en tonne,

Othrye en bruit, la Mer tressaut,
Tout le Ciel en mugle là haut,
Et là bas Enfer s'en étonne.

Antistro

Voicy le magnanime Hercule,
Qui de l'arc Rhete à menacé,
Voicy Myme qui le recule
Du heurt d'vn rocher eslancé:
Neptune à la fourche étofée
De trois crampons, vint se mesler
Par la troupe, contre Typhée
Qui roüoit vne fonde en l'air:
Icy, Phebus d'vn traict qu'il iette
Feit Encelade trebucher,
Là Porfyre luy feit bruncher
Hors des poings l'arc, & la sagette.

Epode.

Adonc le Pere puissant,
Qui d'os & de nerfs s'efforce,
Ne mist en oubly la force
De son foudre punissant:
Mi-courbant son sein en bas,
Et dressant bien haut le bras
Contre eux guigna la tempeste,
Qui leurs cheueux foudroiant
Sisloit aigu, tournoiant
Comme vn fuzeau, sus leur teste.

DES ODES.

Stro. 10.

De feu les deux piliers du monde
Bruſlez iuſqu'au fond chanceloient,
Le Ciel ardoit, la Terre & l'Onde
Tous petillans étinceloient:
Si que le ſouffre, amy du foudre,
Qui tomba lors ſur les Geans,
Iuſqu'auiourd'huy noircit la poudre
Qui put par les champs Phlegreans.
  A-tant les filles de Memoire
Du Lut apaiſerent le ſon,
Finiſſant leur douce chanſon
Par ce bel hymne de victoire.

Antiſtro.

Iupiter qui tendoit l'oreille,
La combloit d'vn aiſe parfait,
Rauy de la voix nompareille
Qui ſi bien l'auoit contrefait:
Et retourné, rid en arriere
De Mars, qui tenoit l'œil fermé,
Ronflant ſur la lance guerriere,
Tant la Chanſon l'auoit charmé.
  Baiſant ſes filles leur commande,
De luy requerir pour guerdon
De leurs chanſons, quelque beau don
Qui ſoit digne de leur demande.

Epode.

Ios ſa race s'aprocha,

Et luy flattant de la destre
Les genoux, de la senestre
Le souz-menton luy toucha:
Voyant son graue sourcy,
Long temps fut beante ainsi
Sans parler, quand Calliope
De la belle voix qu'elle a,
Ouurant sa bouche parla,
Seule pour toute la trope.

Stro. II.

Donne-nous, mon Pere, dit elle,
Pere, dit elle, donne-nous,
Que nostre chanson immortelle
Passe en douceur le sucre dous.
Fay-nous Princesses des Montagnes,
Des Antres, des Eaux, & des Bois,
Et que les Prez, & les Campagnes
S'animent dessous nostre voix:
Donne-nous encor d'auantage,
La tourbe des Chantres diuins,
Les Poetes, & les Deuins
Et les Prophetes en partage.

Antistro.

Fay, que les vertueux miracles
Des vers medecins enchantez
Soient à nous, & que les Oracles
Par nous encore soient chantez:

Donne-nous cette double grace
De fouler l'Enfer odieux,
Et de sçauoir la courbe trace
Des feux qui dancent par les cieux:
Donne-nous encor la puissance
D'arracher les ames dehors
Le sale bourbier de leurs corps,
Pour les rejoindre à leur naissance.

Epode.

Donne-nous que les Seigneurs,
Les Empereurs, & les Princes,
Soient veux Dieux en leurs prouinces
S'ilz reuerent nos honneurs.
   Fay, que les Rois decorez
De nos presents honorez,
Soient aux hommes admirables,
Lors qu'ilz vont par la cité,
Ou lors que pleins d'équité
Donnent les lois venerables.

Stro. 12.

A-tant acheua sa requeste,
Courbant les genoux humblement,
Iupiter d'vn seul clin de teste
L'acorda liberalement.
   Si toutes les femmes mortelles
Que ie donte dessous mes bras,
Me conceuoient des Filles telles,

(Dit-il) il ne me chaudroit pas
Ny de Iunon, ny de sa rage:
Tousiours pour me faire honteux,
M'enfante, ou des Monstres boiteux,
Ou des filz de mauuais courage.

Antistro.

Comme Mars: mais vous troupe chere,
Que i'ayme trop plus que mes yeux,
Ie vous planté dans vostre mere
Pour plaire aux hommes & aux dieux.
Sus doncques retournez au monde,
Coupez moy derechef les flos,
Et là, d'vne langue faconde
Chantez ma gloire, & vostre los:
Vostre mestier, race gentille,
Les autres mestiers passera,
D'autant qu'esclaue ne sera
De l'art, aux Muses inutile.

Epode.

Par art, le Nauigateur
Dans la Mer manie, & vire
La bride de son nauire:
Par art, plaide l'Orateur,
Par art, les Rois sont guerriers,
Par art, se font les ouuriers:
Mais si vaine experience
Vous n'aurez de tel erreur,

Sans plus ma sainte fureur
Polira vostre science.

Stro. 13.

Comme l'Aimant sa force inspire
Au fer qui le touche de pres,
Puis soudain ce fer tiré, tire
Vn autre qui en tire apres:
Ainsi du bon filz de Latonne
Ie rauiray l'esprit à moy,
Luy, du pouuoir que ie luy donne
Rauira les vostres à soy:
Vous, par la force Apolinée
Rauirez les Poetes saincts,
Eux, de vostre puissance atains,
Rauiront la tourbe estonnée.

Antistro.

Afin (ô Destins) qu'il n'auienne
Que le monde apris faucement,
Pense que vostre métier vienne
D'art, & non de rauissement:
Cét art penible, & miserable
S'élongnera de toutes pars,
De vostre métier honorable
Démembré en diuerses pars,
En Prophetie, en Poësies,
En mysteres, & en Amour,
Quatre fureurs, qui tour à tour
Chatouilleront vos fantasies.

Epode.

Le trait qui fuit de ma main,
Si tost par l'air ne chemine,
Comme la fureur diuine
Vole dans vn cœur humain:
Pourueu, qu'il soit preparé,
Pur de vice, & reparé,
De la vertu precieuse.
« Iamais les Dieux qui sont bons,
« Ne respandent leurs sains dons
« Dans vne ame vicieuse.

Stro. 14.

Lors que la mienne rauissante
Vous viendra troubler viuement,
D'vne poictrine obeissante
Tremblez dessous son mouuement:
Et souffrez qu'elle vous secoüe
Le corps & l'esprit agité,
Afin que dame elle se iouë
Au temple de sa Deité.
Elle de toutes vertus pleine,
De mes secrets vous remplira,
Et en vous les acomplira
Sans art, sans sueur, ne sans peine.

Antistro.

Mais parsustout, prenés bien garde,
Gardés-vous bien de n'emploier

Mes presents, dans vn cœur qui garde
Son peché, sans le nétoyer:
Ains deuant que de luy répandre,
Purgés-le de vostre douce eau,
Afin que bien net puisse prendre
Vn beau don dans vn beau vaisseau:
Et luy purgé, à l'heure à l'heure
Tout rauy d'esprit chantera
Ie ne sçay quel vers, qui fera
Au cœur des hommes sa demeure.

Epode.

Celuy qui sans mon ardeur
Voudra chanter quelque chose,
Il voirra ce qu'il compose
Veuf de grace, & de grandeur:
Ses vers naistront inutis,
Ainsi qu'enfans abortis,
Qui ont forcé leur naissance:
« Pour montrer en chacun lieu
« Que les vers viennent de Dieu,
« Non de l'humaine puissance.

Stro. 15.

Ceus, que ie veux faire Poëtes
Par la grace de ma bonté,
Seront nommés les interpretes
Des Dieus, & de leur volonté.
Mais ils seront tout au contraire

Apellés sots, & furieus,
Par le caquet du populaire
De sa nature iniurieus,
Tousiours pendra deuant leur face
Quelque Démon, qui au besoin,
Comme vn bon valet, aura soin
De toutes choses qu'on leur face.

Antistro.

Allés mes Filles, il est heure
De fendre les champs écumeus,
Allés ma gloire la meilleure,
Allés mon los le plus fameus,
Vous ne deués dessus la terre
Long temps ceste fois seiourner,
Que l'Ignorance auec sa guerre
Ne vous contraigne retourner:
Pour retomber sous la conduite
D'vn guide, dont la docte main
Par vn effroy Grec, & Romain,
Tournera l'Ignorance en suite.

Epode.

A tant Iupiter enfla
Sa bouche rondement pleine,
Et du vent de son haleine
Son bon esprit leur soufla,
Apres leur auoir donné
Le Luth qu'auoit façonné

L'ailé Courrier Atlantide,
D'ordre par l'eau s'en reuont,
En tranchant l'onde, elles font
Ronfler la Campaigne humide.

Stro. 16.

Dieu vous gard, Ieuneſſe diuine,
Rechaufés-moy l'afection
De tordre les plis de cét hymne
Au comble de perfection.
 Deſillés-moy l'ame aſſoupie
En ce gros fardeau vicieux,
Et faites que touſiours i'épie
D'œil veillant les ſecrets des cieux:
Donnés-moy le ſauoir d'eſlire
Les vers qui ſauent contenter,
Et mignon des Graces, chanter
Mon F R A N C I O N ſus voſtre lyre.

Antiſtro.

Elles trenchans les ondes bleuës,
Viennent du creus des flos chenus,
Ainſi que neuf petites nuës
Parmy les peuples inconnus:
Puis, dardant leurs flammes ſubtiles,
Du premier coup ont agité
Le cœur Prophete des Sybiles,
Epoint de leur diuinité:
Si bien, que leur langue comblée

D'vn son douteusement obscur,
Chantoit aus hommes le futur,
D'vne bouche toute troublée.

Epode.

Apres par tout l'Vniuers
Les responses profetiques
De tant d'Oracles antiques,
Furent écrites en vers:
En vers se firent les lois,
Et les amitiés des Rois
Par les vers furent acquises:
Par les vers on fit armer
Les cœurs, pour les animer
Aus vertueuses emprises.

Stro. 17.

Au cry de leurs saintes paroles
Se réueillerent les Deuins,
Et disciples de leurs écoles
Vindrent les Poëtes diuins:
Diuins, d'autant que la nature
Sans art, librement exprimoient:
Sans art, leur naïue écriture
Par la fureur ils animoient:
Eumolpe vint, Musée, Orphée,
L'Ascrean, Line, & cetuy-la
Qui si diuinement parla
Dressant à la Grece vn trophee.

Antistro.

*Eus, piqués de la douce rage
Dont ces Filles les tourmentoient,
D'vn demoniacle courage
Les secrets des Dieus racontoient:
Si que paissant par les campaignes
Les troupeaus dans les champs herbeux,
Les Démons, & les Sœurs compagnes
La nuit s'aparoissoient à eux:
Et loin sus les eaus solitaires:
Carolant en rond par les prés,
Les promouoient Prestres sacrés
De leur plus Orgieus misteres.*

Epode.

*Apres ces Poëtes saincts,
Auec vne suite grande
Arriua la ieune bande
D'autres Poëtes humains
Dégenerant des premiers,
Comme venus les derniers,
Par vn art melancolique
Trahirent, auec grand soin
Les vers, éloignés bien loin
De la sainte ardeur antique.*

Stro. 18.

L'vn sonna l'horreur de la guerre

Qu'à Thebes Adraste conduit,
L'autre comme on tranche la terre,
L'autre les flambeaus de la nuit:
L'vn sus la flute departie
En ses tuiaus Seciliens
Chanta les beus, l'autre en Scythie
Fit voguer les Thessaliens:
L'vn fit Cassandre furieuse,
L'vn au ciel poussa les debas
Des Rois chetis, l'autre plus bas
Traina la chose plus ioyeuse.

Antistro.

Par le fil d'vne longue espace,
Apres ces Poëtes humains,
Les Muses soufleront leur grace
Dessous les Profetes Romains:
Non pas comme fut la premiere,
Ou comme la seconde étoit,
Mais comme toute la derniere
Plus lentement les agitoit:
Eus toutesfois pinçant la lyre
Si bien s'assouplirent les dois,
Qu'encor le fredon de leur vois
Surpasse l'honneur de l'Empire.

Epode.

Tandis l'Ignorance arma
L'aueugle fureur des Princes,

Et leurs aueugles Prouinces
Contre les Sœurs anima.
Ia desia les enferroit,
Mais plus tot les enferroit,
Quand les Muses détournées
Voyant du fer la rayeur,
Haletantes de frayeur
Dans le Ciel sont retournées.

Stro. 19.

Aupres du Throne de leur Pere
Tout à l'entour se vont assoir,
Chantant auec Phebus leur Frere,
Du grand Iupiter le pouuoir.
Les Dieux ne faisoient rien sans elles,
Ou soit qu'ils voulussent aler
A quelques nopces solenneles,
Ou soit qu'ils voulussent baler:
   Mais si tost qu'arriua le terme,
Qui les hastoit de retourner
Au monde, pour y seiourner
D'vn pas eternellement ferme.

Antistro.

Adonc Iupiter se deuale
De son Throne, & graue conduit
Grauement ses pas en la sale
Des Parques filles de la nuit:
Leur roquet pendoit iusqu'aus hanches,

Et vn Dodonien feuillard
Faifoit ombrage aus treffes blanches
De leur chef triftement vieillard:
Elles ceintes fous les mamelles
Filoient affifes en vn rond
Sus trois carreaus, ayant le front
Renfrongné de groffes prunelles.

Epode.

Leur pezon fe heriffoit
D'vn fer étoillé de roüille,
Au flanc pendoit la quenoille
Qui d'airain fe roidiffoit.
Au milieu d'elles eftoit
Vn cofre, où le Temps mettoit
Les fuzeaus de leurs iournées,
De cours, de grans, d'alongés,
De gros, & de bien dougés
Comme il plaift aus Deftinées.

Stro. 20.

Ces trois Sœurs à l'œuure ententiues
Marmotoient vn charme fatal,
Tortillans les filaces viues
Du corps futur de L'HOSPITAL
Clothon qui le filet replie,
Ces deus vers macha par neuf fois,
IE RETORDS LA PLVS-BELLE VIE
QV'ONQVE RETORDIRENT MES DOIS,

Mais si tost qu'elle fut tirée
A l'entour du fuzeau humain,
Le Destin la mist en la main
Du fils de Saturne, & de Rhée.

Antistro.

Luy tout gaillard print vne masse
De terre, & deuant tous les Dieus,
Il feignit dedans vne face,
Vn corps, deux iambes, & deux yeus,
Deux bras, deux flancs, vne poitrine,
Et l'acheuant de l'imprimer
Soufla dans sa bouche diuine
Le saint filet pour l'animer.
Luy donnant encor' d'auantage
Cent mille vertus : apella
Ses neuf Filles qui çà & là
Entournoient la nouuelle image.

Epode.

Ore vous ne craindrés pas,
Seures sous telle conduite,
De reprendre encor la fuite,
Pour redescendre là bas:
Suiués donc ce guide icy,
C'est celuy (Filles) aussi,
De qui la docte asseurance
Franches de peur vous fera,
Et celuy qui defera

Les soldars de l'Ignorance.

Stro. 21.

Lors à terre volla le Guide,
Et elles, d'ordre le suiuant,
Fendoient le grand vague liquide,
Hautes sur les ailes du vent:
Ainsi qu'on voit entre les nuës
De rang vn escadron voler,
Soit de Cygnes, ou soit de Gruës
Suiuant leur guide parmy l'air.
    Atant, pres de terre éleuées
Tomberent au monde, & le feu
Qui flamber à gauche fut veu
Fit signe de leurs arriuées.

Antistro.

Ha chere Muse, quel Zefire
Souflant trop violentement,
A fait écarter mon nauire
Qui fendoit l'eau si droitement?
Tourne à riue douce Nourrice,
Ne vois-tu MOREL sus le bord,
Lequel, afin qu'il te cherisse,
T'œillade pour venir au port?
N'ois-tu pas sa Ninfe ANTOINETE
Du front du haure t'apeler,
Faisant son œil étinceler.
Qui te sert d'heureuse Planette?

Epode.

Hate toy donc de plier
Ta chanson trop pourſuiuie,
De peur (Muſe) que l'enuie
N'ait matiere de crier,
Qui ſeulle veut abimer
Nos noms au fond de la Mer,
Par ſa langue ſacrilege:
Mais plus el' nous veut plonger,
Et plus el' nous fait nager
Haut deſſus l'eau comme vn liege.

Stro. 22.

Contre céte Lice execrable
Reſiſte d'vn dos non plié:
" C'eſt grand mal d'eſtre miſerable,
" Mais c'eſt grand bien d'eſtre enuié,
Ie ſçay que tes peines ancrées
Au port de la diuinité,
Seront malgré les ans ſacrées
Aus piés de l'Immortalité:
Mais les vers que la chienne Enuie
En ſe rongeant fait auorter,
Iamais ne pourront ſuporter
Deus Soleils, ſans perdre la vie.

Antiſtro.

Ourdis, ô douce Lyre mienne

Encor' vn chant à cestuy-cy,
Qui met ta corde Dorienne.
Sous le trauail d'vn doùs soucy.
Il n'y à ne torrent, ne roche,
Qui puisse engarder vn sonneur,
Que pres des vertueux n'aproche
Courant pour chanter leur honneur,
Puissé-ie autant darder cét hymne
Par l'air, d'vn bras presomptueus,
Comme il est sage, & vertueus,
Et comme il est de mes vers digne.

Epode.

Faisant parler sa grandeur
Aus sept langues de ma Lyre,
De luy ie ne veus rien dire
Dont ie puisse estre menteur:
Mais veritable, il me plaist
De chanter bien haut, qu'il est
L'ornement de nostre France,
Et qu'en fidele equité,
En iustice, & verité,
Les vieus siecles il deuance.

Stro. 23.

C'est luy dont les graces infuses
Ont ramené par l'vniuers
Le Chœur des Pierides Muses,
Faites illustres par ses vers.

Par luy leurs honneurs s'embelissent,
Soit d'écris rampans à deus piés,
Ou soit par des nombres qui glissent
De pas tous francs & deliés:
C'est luy qui honore, & qui prise
Ceus qui font l'amour aux neuf Sœurs,
Et qui estime leurs douceurs,
Et qui anime leur emprise.

Antistro.

C'est luy (chanson) que tu reueres
Comme l'honneur de nostre Ciel,
C'est celuy qui aux lois seueres
A fait gouter l'Attique miel:
C'est luy que la sainte balance
Connoist, & qui ne bas, ne haut,
Iuste, son pois douteus n'élance,
La tenant droite comme il faut:
C'est luy, dont l'œil non variable
Notte les méchans, & les bons,
Et qui, contre le heurt des dons
Opose son cœur imploiable.

Epode.

I'auise au bruit de ces mos
Toute France, qui regarde
Mon trait, qui droitement darde
Le riche but de ton los.
  Ie trahirois les vertus,

Et les hommes reuétus
De vertueuses louanges,
Sans publier leur renom,
Et sans enuoyer leur nom
Iusques aus terres étranges.

Stro. 24.

L'vn, d'vne chose ébat sa vie,
L'autre, par l'autre est surmonté:
Mais ton ame n'est point rauie
Sinon de iustice & bonté.
Pour cela nostre MARGVERITE
L'vnique Sœur de ce grand ROY,
De loin épiant ton merite,
Bonne, à tiré le bon à soy.
Bien que son Pere ait par sa lance
Donté le Suysse mutin,
Et que de l'or Grec & Latin,
Ait redoré toute la France:

Antistro.

Il ne fit iamais chose telle
Que d'auoir engendré la fleur
De la MARGVERITE *immortelle*
Pleine d'immortelle valleur:
Princesse que le Ciel admire,
Et afin que de tous côtés
Dedans ses graces il se mire,
Sus elle tient ses yeus voutés:

DES ODES.

Laquelle d'vn vers plein d'audace
Plus hautement ie décriray,
Lors que hardy ie publiray
Le tige Troyen de sa race.

Epode.

Mais la loy de la chanson,
Ores ore me vient dire,
Que par trop en long ie tire
Les replis de sa façon:
Ore donque ic ne puis
Vanter la Fleur, tant ie suis
Pris d'vn ardeur nompareille
D'aller chés toy, pour chanter
Ceste Ode, afin d'enchanter
Ton soin charmé par l'oreille.

A IOACHIM DV BELLAY,
Angeuin.

ODE XI. Stro. 1.

Aviourd'huy ie me vanteray
Que iamais ie ne chanteray
Vn homme plus aymé que toy
Des neuf pucelles & de moy,
Poste qui cornera ta gloire
Que toute France est apreuuant,
Dans les delices s'abreuuant
Dont tu flates l'orgueil de Loire:

Car si vn coup elle apperçoit,
Qu'à du BELLAY mon hymne soit,
Par monceaux elle acourra toute
Autour de ma lyre, où degoute
L'honneur distilant de ton nom
Mignardé par l'art de mon pouçe
Et pour cueillir la gloire douce
Qui emmielle ton renom.

Antistro.

Sus auant Muse, ores il faut
Le guinder par l'air aussi haut
Que ses vertus m'ont mis icy
Dessous le ioug d'vn dous soucy:
Il le merite ma mignonne,
Nul tant que luy n'est honorant
Les vers dont tu vas redorant
La gloire de ceus que ie sonne:
Il s'égaie de tes chansons,
Et de ces nouuelles façons,
Au parauant non imitables
Qui font émerueiller les tables,
Et les gros sourcis renfonçer
De cette ialeuse Ignorance,
Qui ose desia par la France
L'honneur de mes vers offenser.

Epode.

L'homme est fol qui se trauaille

« Porter en la Mer des eaux,
A Corinthe des vaisseaux,
Et fol qui des vers te baille:
Si t'envoyray-ie les miens
Pour rencherir plus les tiens,
Dont les douceurs nompareilles
Sçauent flatter les oreilles
Des Rois ioyeux de t'ouir:
Seule en France est nostre Lyre
Qui les fredons puisse eslire
Pour les Princes reiouir.

Stro. 2.

Le bon Poëte endoctriné
Par le seul naturel bien né
Se haste de rauir le pris:
Mais ces rimeurs qui ont apris
Auec trauail, peines, & ruses,
A leur honte, enfantent des vers
Qui tousiours courent de trauers
Outre la carriere des Muses:
Eus comparés à nos champs beaux
Sont faits semblables aus corbeaux
Qui dessous les fueilles caquettent
Contre deus aigles, qui aguettent,
Aupres du throne de leur Roy,
Le temps de ruer leurs tempestes
Dessus les miserables testes
De ces criards palles d'éfroy.

Antistro.

« *Voyans l'aigle: mais ny les ans,*
« *Ny l'audace des vens nuysans,*
« *Ny la dent des pluyes qui mord,*
« *Ne donne aus vers doctes la mort:*
Par eus la Parque est deuancée,
Ils fuyent l'eternelle nuit,
Tousiours fleurissans par le fruit
Que la Muse ente en leur pensée:
Le temps qui les suit de bien loin
En est aus peuples le témoin,
Mais quoy! la Muse babillarde
L'honneur d'vn chacun ne regarde,
Animant ores cestui-cy,
Et ores ces deux-là, car elle
Des hauts Dieux la Fille éternelle
Ne se valette pas ainsi.

Epode.

L'ayant prise pour ma guide
Auec le chant inconnu
De mon Luth, ie suis venu
Où Loire en flottant se ride
Contre les champs plantureux
De tes ancestres heureux,
Puis sautelant me rameine
De ton Aniou, iusqu'au Maine.
(De mon Vandomois voisins)

Afin que là ie decore
Et Guillaume, & Ian encore,
L'ornement de tes cousins.

Stro. 3.

Qui ont suporté si souuent,
La fureur de l'horrible vent
Quand d'vn orage redoublé
Nostre grand Prince auoit troublé.
  Bien que matin le iour s'éueille
Pour voir tout, il ne vit iamais
Et ne pourra voir desormais
De freres la couple pareille,
A qui les François doiuent tant
De Lauriers qu'ilz vont meritant.
Ou soit pour refroidir l'audace
De l'Espaignol s'il nous menace,
Ou soit pour amolir les cœurs
Par la douceur de leur faconde,
Des Anglois separez du monde,
Ou des Allemans belliqueurs.

Antistro.

Rome s'yurant de leur parler
(Dont le Nectar sembloit couler)
Beante en eux s'émerueilla,
Puis à l'vn d'eux elle bailla
Le saint chapeau dessus la teste,
Flamboyant autour de son front

Ainsi que les deux Iumeaux font
Quand ils sereinent la tempeste.
A l'autre nostre Roy donna
L'ordre qui son col entourna,
Auecque la puissance d'estre
Sous luy des Piémontois le maistre,
Balançant d'equitable pois
Son auis & sa vigilance,
Ensemble l'effort de sa lance
Iointe auec vne docte vois.

Epode.

cc Nul terme de nostre vie
cc Par nous ne se iuge pas,
cc Ignorans le iour qu'en bas
cc Elle doit estre rauie:
Dessus l'Esté de ses ans,
Rongé de soucis cuisans,
Ton grand Langé rendit l'ame,
Enterrant sous mesme lame
L'honneur ensemble abatu,
Ne laissant rien de vallable
Sinon vn frere, semblable
Au portrait de sa vertu.

Stro. 4.

Sache que le sang de ceux-cy
Et leur race, est la tienne aussi.
    Mais repren l'art, Muse, il est temps

Guigner au blanc où tu pretens:
Puis que sa louange foisonne
En cent vertus propres à luy,
A quoy par les honneurs d'autruy
Remply-ie ce que ie luy donne?
Sa gloire sufit pour borner
Les vers qui le veulent orner.
 O bons Dieux, on ne sçauroit faire
Que la vertu se puisse taire.
Bien qu'on tache de l'obscurcir:
« Maugré toute Enuie elle est forte,
« Et sur le front la lampe porte
« Qui seule la peut esclarcir.

Antistro.

La tienne est tant estincelant,
Qu'encores s'on l'alloit celant
Sous le silence elle croistroit,
Et plus sa flamme aparoistroit:
Car tout ainsi que la Mer passe
L'honneur d'vn chacun élement,
Et le Soleil semblablement
Les moindres feux du ciel éface,
Ainsi aparoissent les traits
Dont tu émailles les portraits
De la riche peinture tienne
Naiuement sœur de la mienne,
Monstrant par ton commencement
Que mesme fureur nous afolle,

Tous deux disciples d'vne escolle
Où l'on forcene doucement.

Epode.

Par vne cheute subite
Encor ie n'ay fait nommer
Du nom de Ronsard la mer,
Bien que Pindare i'imite:
Horace harpeur latin
Estant fils d'vn libertin
Basse & lente auoit l'audace,
Non pas moy de franche race,
Dont la Muse enfle les sons
Auecques plus forte haleine,
Afin que Phebus rameine
Par moy ses vieilles chansons.

Stro. 5.

Lequel, m'encharge de chanter
Son du Bellay, pour le vanter
Sur tous ses enfans qui ont bien
Maché le laurier Delphien:
Obeissant à la voix sainte,
Mon trait par le ciel galopant
L'air Angeuin n'ira coupant
Sans que ta gloire en soit attainte,
Chantant l'homme estre bien-heureux,
Qui en ton Nectar doucereux
Ses belles louanges enyure

Mille fois nommé dans ton liure.
Que diray plus! le ciel t'a fait
(Te fortunant de main non chiche)
Ieune, dispost, sçauant, & riche,
Dessus son moule plus parfait.

Antistro.

Mes doids ne pourroient se lasser
De faire mon bateau passer
Par les vagues de ton renom,
Et ramerois encor, sinon
Que i'ay desia preueu l'orage
Des mesdisans impetueux,
Qui contre les plus vertueux
Desgorgent volontiers leur rage,
Qui sotte en babil s'estendant
Comme vn grand tonnerre grondant,
De son murmure m'amonneste
De tromper l'horrible tempeste
Aboyante tant seulement
Les nourriçons des neuf Pucelles,
Qui se sont mis au dos des ailes
Pour voler eternellement.

Epode.

Ore doncque freres d'Heleine,
Les Amycleans flambeaux,
Du Ciel monstrez vous iumeaux,
Et mettez but à ma peine:

G iiij

Faittes ancrer à ce bord
Ma nauire en quelque port
Pour finir mon nauigage:
Et destournez le langage
Du mesdisant que ie voy,
Qui toussours sa dent trauaille
De me mordre, afin qu'il aille
Pincer vn autre que moy.

A BOVIV ANGEVIN
ODE XII. Stro. I.

« LE potier hayt le potier,
« Le feuure, le charpentier,
« Le poëte tout ainsi
« Hayt celuy qui l'est aussi,
(Ainsi dit la voix sucrée
Du vieil habitant d'Ascrée)
Mais tu as par ta vertu
Ce vieil prouerbe abatu,
Vantant mon petit merite
(Sans te monstrer enuieux)
Deuant nostre Marguerite
Le rare present des cieux.

Antistro.

« Phebus rauist les neuf sœurs,
« Puis leurs piquantes douceurs
« Rauissent les beaux espris

« Qui d'elles se sont épris:
Et mon ame n'est rauie
Que d'vne brulante enuie
D'oser vn labeur tenter
Pour mon Prince contenter,
Afin que mon petit œuure
Sa grand main flate si bien,
Que quelquefois ie la treuue
Ingenieuse à mon bien.

Epode.

Celuy qui d'vn rét pourchasse
Les poissons, ou cestuy-là
Qui par les montaignes chasse
Les bestes deçà & là,
C'est afin qu'vn peu de proye
La fortune luy otroye:
Mais l'homme plein de bon-heur
Qui suit comme moy les Princes,
Et les grans Dieux des Prouinces,
C'est pour se combler d'honneur.

Stro. 2.

Laissant au peuple ignorant
Vn creuecœur deuorant,
Béant apres la vertu
Dont le sage est reuetu.
« Les vns en cecy excedent,
« Les autres cela possédent,

« Mais les Roys portent sur eux
« le sommet des biens heureux.
Au poëte qui s'amuse
Comme moy de les vanter,
Calliope ne refuse
De l'ouïr tousiours chanter.

Antistro.

Quand Phebus s'esleue aux cieux
L'ombre fuit deuant ses yeux,
Ainsi où ta muse luit
La sourde ignorance fuit,
Rendant les bouches muétes
De noz malheureux poëtes,
Qui souloient comme pourceaux
Souiller le clair des ruisseaux :
Les beaux vers que i'ay veu naistre
Si heureusement de toy,
Te rendent digne pour estre
Prisé de la Sœur d'vn Roy.

Epode.

Ta fameuse renommée
Qui doit voir tout l'vniuers,
Me prie d'estre nommée
Par la trompe de mes vers,
Et le feray : car ta gloire
Est digne de la memoire,
Puis les Dieux conte ne font

DES ODES.

De nul papier, s'il ne porte,
A la Dorienne sorte,
Ton beau nom dessus le front.

A IAN D'AVRAT,
Lecteur du Roy.

ODE XIII.   Stro. 1.

« *LE medecin de la peine,*
« *Est le plaisir qui ameine*
« *Le repos auecque luy,*
Et les Odes qui nous flatent
Par leurs douceurs qui abatent
La memoire de l'ennuy :
Le bain ne soulage pas
Si bien les corps qui sont las,
Comme la louange douce
Nous soulage, que du pouce
Faisons sur le Luth courir,
Par qui les playes de l'ame
(Lors qu'vn desplaisir l'entame)
Nous oignons pour la guerir.

Antistro.

Certes ma chanson sucrée
Qui les grans Princes recrée
Te pourra bien desrider,
Apres ta peine publique
Où ta faconde s'aplique

Pour la ieuneſſe guider.
Le haut bruit de ton ſçauoir
Par ce ſiecle nous fait voir
Que tu briſes l'Ignorance,
Renommé parmy la France
Comme vn oracle des Dieux,
Pour deſnouer aux plus ſages
Les plus ennouez paſſages
Des liures laborieux.

Epode.

Tant d'ames ne courent pas
Apres Alcée là bas,
Quand hautement il acorde
Les guerres deſſus ſa corde:
Comme ta douce merueille
Emmoncelle par milliers
Vn grand peuple d'eſcoliers
Que tu tires par l'oreille.

A ANTOINE DE BAIF.

ODE XIIII. Stro. 1.

I'Ay touſiours celé les fautes
Dont mes amis ſont tachez,
I'ay touſiours teu leurs pechez,
Et non pas leurs vertus hautes:
Car moy qui ſuis le ſonneur
Et le courrier des louanges,

DES ODES.

Je ne porte aux gens estranges
Sinon la gloire & l'honneur,
Que le ciel large donneur,
Ayant quelque soin de toy,
T'a departy comme à moy:
Versant sur ta langue sage
Vn saint tresor de beaux vers,
Afin que son doux message
S'espande par l'vniuers.

Antistro.

Maint chemin nous peut atraire
Pour venir à la vertu,
D'vn bien vn tel est vestu,
L'autre d'vn autre au contraire.
Premier i'ay dit la façon
D'acorder le Luth aux Odes,
Et premier tu t'accommodes
A la tragique chanson,
Espouuantant d'vn grand son
Et d'vn stile tel qu'il faut
Nostre François eschafaut:
Des grans Princes miserables
Trainant en long les regrets,
Par tonnerres execrables
Bruyans és tragiques Grecs.

Epode.

« D'esprit, & d'art, volontiers

« En tout differens nous sommes,
« Ne deux ne quatre mestiers
« Ne nourrissent pas les hommes:
« Mais quiconque a le sçauoir
« Celuy doit l'honneur auoir:
O Baif, la plume pronte
A vouloir monter aux cieux,
D'vn vol qui la mort surmonte
Trompe l'enfer odieux.

A IAN MARTIN.
ODE XV.   Stro. 1.

LA fable élabourée
Descrite heureusement,
D'vne plume dorée
Nous trompe doucement:
A l'vn donnant la gloire
Qu'il n'a pas merité,
Faisant par le faux croire
Qu'on voit la verité.
Car tout ce que la Muse
Lyrique ne refuse
D'emmieler par nous,
Cela flate l'oreille
Qui toute s'émerueille
De le boire si doux.

Antistro.

Il ne faut que i'honore

DES ODES.

Ton renom,ô Martin,
De fables prises ore
Du Grec,ny du Latin:
Ta vertu tresluisante
Comme les feux des Dieux,
Ne sera suffisante
Pour te loger aux cieux?
Quelle terre eslongnée,
Quelle riue baignée
De l'vne & l'autre mer,
Quelle isle descouuerte,
Ne tient la gorge ouuerte
Pour ta vertu nommer?

Epode.

Vous gouuernez les Rois.
Poëtes de la Court,
Et si de vostre vois
La memoire ne court,
Si ta grand main desire
De respandre le bien
C'est à ce Martin,Sire,
Qui le merite bien.

Stro. 2.

cc Certes l'experience
cc N'est vtile sinon
cc Pour sonder la science
cc Si elle est fause ou non.

Le siecle qui doit estre
Ne taira ton bon-heur,
Et comme tu fis naistre
A la France vn honneur:
Toy, & dont la musette
Et dont la voix doucette
Chanta bien haut aussi,
Les beaux pasteurs qu'encore
Naples autant honore
Comme on t'honore icy.

Antistro.

Par toy, le peuple estrange
A peu sentir combien
La France a de louange
Faitte heureuse en ton bien:
Par toy reuient l'vsage
Des outils & compas,
Que mesme le vieil age
Des Romains ne sçeut pas.
Le maçon par ta peine
Son ouurage demeine,
Et, sous toy fait sçauant,
Iusques au ciel égalle
Mainte maison royalle
Ton liure allant deuant.

Epode.

L'œuure est de l'inuenteur:

Et celuy

DES ODES.

Et celuy qui aprend
Est tenu pour menteur
Si grace ne luy rend:
La plume bien aprise
Dresse son vol aux cieux,
Et sa belle entreprise
Ne peut ceder aux lieux.

Fin des Odes Pindariques.

A BERTRAN BERGER,
DE POITIERS.

ODE XVI.

A mercerie que ie porte
Bertran, est bien d'vne autre sorte
Que celle que l'vsurier vend
Dedans ses boutiques auares,
Ou celles des Indes Barbares
Qui enflent l'orgueil du Leuant.
 Ma douce nauire immortelle
Ne se charge de drogue telle,
Et telle de moy tu n'attens,
Ou si tu l'attens tu t'abuses:
Ie suis le trafiqueur des Muses,
Et de leurs biens, maistres du temps.

H

Leur marchandise ne s'estalle
Au plus offrant dans quelque halle,
Car leur bien en vente n'est mis,
Et pour l'or il ne s'abandonne:
Sans plus, liberal ie le donne
A qui me plaist de mes amis.

Reçoy doncque cette largesse,
Et croy que c'est vne richesse
Qui par le temps ne s'vse pas,
Mais contre le temps elle dure,
Et de siecle en siecle plus dure,
Ne donne point aux vers d'apas.

L'audacieuse encre d'Alcée
Par les ans n'est point éfacée,
Et viuent encores les sons
Que l'amante bailloit en garde
A sa Tortuë babillarde
La compaigne de ses chansons.

Mon grand Pindare vit encore,
Et Simonide, & Stesichore,
Sinon en vers, au moins par nom:
Et des chansons qu'à voulu dire
Anacreon desur sa Lyre,
Le temps n'éface le renom.

N'as-tu ouy parler d'Ænée,
D'Achil', d'Aiax, d'Idomenée?
A moy semblables artisans
Ont immortalisé leur gloire,
Et fait alonger la memoire

De leur nom, iusques à noz ans.
  Helene seule estant gaignée
D'vne perruque bien pignée,
D'vn port royal, d'vn vestement
Brodé d'or, ou d'vne grand' suite,
N'a pas eu la poitrine cuite
Par vn amour premierement.
  Hector le premier des Gendarmes,
Et Teucre, n'a vestu les armes
Dardant ses homicides traits,
Non vne fois Troye fut prise,
Maint Prince a fait mainte entreprise
Deuant le camp des deux Rois Grecs.
  Mais leur prouësse n'est conneuë,
Et vne obliuieuse nuë
Les tient sous vn silence étrains,
Engloutie est leur vertu haute
Sans renom, pour auoir eu faute
Du secours des Poetes saints.
  Mais la mort ne vient impunie
Si elle atteint l'ame garnie
Du vers que ma Muse a chanté,
Qui pleurant de dueil, se tourmente
Quand l'homme aux enfers se lamente
De quoy son nom n'est point vanté.
  Le tien le sera, car ma plume
Ayme volontiers la coutume
De loüer les bons comme toy,
Qui prenois l'vn & l'autre terme

H ij

Des deux saisons, constant & ferme
Contre leur inconstante foy.

Plein de vertu, pur de tout vice,
Non bruslant apres l'auarice
Qui tout atire dans son poing,
Chenu de meurs, ieune de force,
Amy d'épreuue, qui s'efforce
Secourir les siens au besoing.

Celuy qui sur la teste sienne
Voit l'espée Sicilienne,
Des douces tables l'appareil
N'irrite sa faim, ny la noise
Du Rossignol qui se degoise
Ne luy rameine le sommeil.

Mais bien celuy qui se contente
Comme toy, la mer il ne tente,
Et pour rien tremblant n'a esté,
Soit que le blé fauce promesse,
Ou que sa vendange se laisse
Griller aux flammes de l'Esté.

De celuy, le bruit du tonnerre,
Ny les nouuelles de la guerre,
N'ont fait chanceler la vertu:
Non pas d'vn Roy la fiere face,
Ny des Pirates la menace
N'ont iamais le cœur abatu.

Taisez vous ma Lyre mignarde,
Taisez vous ma Lyre iazarde,
Vn si haut chant n'est pas pour vous:

Retournez louër ma Cassandre
Et desur vostre Lyre tendre
Chantez la d'vn fredon plus dous.

A CASSANDRE.

ODE XVII.

Mignonne, allon voir si la rose
Qui ce matin auoit déclose
Sa robe de pourpre, au Soleil,
A point perdu, cette vesprée,
Les plis de sa robe pourprée,
Et son teint au vostre pareil.

 Las! voyez comme en peu d'espace,
Mignonne, elle a dessus la place
Las, las, ses beautez laissé cheoir!
O vrayment maratre Nature,
Puis qu'vne telle fleur ne dure
Que du matin iusques au soir.

 Donc, si vous me croiés, mignonne,
Tandis que vostre aage fleuronne
En sa plus verte nouueauté:
Cueillez, cueillez vostre ieunesse,
Comme à cette fleur, la vieillesse
Fera ternir vostre beauté.

A IOACHIM DV BELLAY
Angeuin.

ODE XVIII.

Celuy qui ne nous honore
Comme prophetes des Dieux,
Plein d'vn orgueil odieux
Les Dieux il méprise encore,
Et le ciel qui nous decore
De son tresor le plus beau,
Nous mariant au troupeau
Que le saint Parnasse adore.

Vne sainte ialousie
De leurs presens les plus dous,
Se laissant glisser en nous
Flatte nostre poësie,
Qui darde la fantasie
De leurs prestres agitez,
Iusqu'au sein des deitez
Yures de leur Ambrosie.

De-là, revolans au monde
Comblez de secrets diuers,
Vont chantant par l'vniuers
D'vne voix où Dieu abonde,
Et leur diuine faconde
Sert d'oracles, & sont faits
Les ministres plus parfaits
De la Deité profonde.

*Vn Dæmon les acompaigne
Par sur tous le mieux instruit,
Qui en songes toute nuit
Sans nul trauail les enseigne,
Et demy-dieu ne dédaigne
De les aller informant,
Afin que l'homme en dormant
Toutes sciences appreigne.*

*Ils connoissent la peinture
De ce grand monde, & cela
Qu'il varie çà & là
En chaqu'vne creature:
Ore par leur escriture
Sont pescheurs, sont laboureurs,
Maçons, soudars, Empereurs,
Vrais peintres de la nature.*

*Celuy à qui le ciel donne
Vn tel présent, il peut bien
Dire à tous qu'il a le bien
Qu'a peu d'hommes il ordonne,
Et sa langue qui doux sone,
Quand elle voudra chanter
Se pourra tresbien vanter
Qu'elle est des Dieux la mignonne.*

*En chaque art iadis maint homme
Admirable s'est trouué,
Et admirable approuué,
Par l'âge qui tout consomme:
Quand aux poëtes on nomme*

Vn Homere seulement,
Homere eternellement
Sur les autres se renomme.
    Ce nous est experience
Que Dieu n'est pas liberal
A chaqu'vn en general
D'vne si belle science,
Qui commença l'alliance
De corps & d'ame entre nous,
Et qui loge par sur tous
En tes beaux vers sa fiance.

AVANT-VENVE DV Prin-temps.

ODE XIX.

Toreau, qui dessus ta crope
    Enleuas la belle Europe
Parmy les voyes de l'eau,
Heurte du grand ciel la borne,
Et décrouille de ta corne
Les portes de l'an nouueau.
    Et toy vieillard qui enferre,
Sous ta clef ce que la terre
Produit generalement:
Ouure l'huis à la nature,
Pour orner de sa peinture
Les champs liberalement.

Vous Nimfes des eaus qui estes
Au frain des glaces subiettes,
Leuez vn beau chef dehors:
Et mollissant vostre course
D'vne trepignante source,
Frapez librement vos bords.

Afin que la saison verte
Se montre aux amans couuerte
D'vn tapis marqué de fleurs,
Et que la campagne face
Plus ieune & gaye sa face
Peinte de mille couleurs.

Et deuienne glorieuse
De se voir victorieuse
Sur l'hyuer iniurieux,
Qui l'auoit trop offencée
De mainte gresle eslancée
D'vn aiguillon furieux.

Mais or' en vain il s'efforce,
Car il voit desia sa force
Lentement se consumer,
Sous le beau iour qui s'alonge,
Et qui ia tardif se plonge
Dans le giron de la mer.

Ia le beau Printemps arriue,
Et ia l'herbe de la riue
Sousleue vn petit son chef,
Et mesprisant la froidure
Estale au ciel sa verdure

Pour y fleurir derechef.

Ia le Ciel d'amours s'enflame,
Et dans le sein de sa fame
Iupiter se va lançant,
Et meslant sa force en elle,
De sa rosée eternelle
Va son ventre ensemançant.

Si qu'elle estant en gesine,
Respand sa charge diuine
Sur la terre, à celle fin
Que la terre mesme enfante,
De peur que ce Tout ne sente
En ses membres quelque fin.

Amour, qui Nature esueille,
Amenant pres de l'oreille
Le coche des trais ardans,
Les pousse de telle sorte
Que la poitrine est bien forte
S'ilz ne se fichent dedans.

Du ciel la grand' bande ailée,
De l'eau la troupe escaillée
Contrainte du dard vainqueur,
Ny dans l'eau, ny par les nuës,
N'étaint les flammes venuës
Enflamer leur tendre cœur.

La charrette vagabonde,
Qui court sur le dos de l'onde,
Oisiue au port parauant,
Lachant aux voiles les brides,

Va par les plaines humides
De l'Occident au Leuant.

Nos soldars chargent la pique,
Voire & tant l'honneur les pique,
Qu'auant le temps attendu
Du veillant soldart d'Espaigne,
Ilz ont ia dans la campaigne
Leur camp par tout espandu.

Du printemps la saison belle
Quand la terre estoit nouuelle
L'an paisible conduisoit:
Du Soleil qui nous esclaire
La lampe seulement claire
Tiede par tout reluisoit.

Mais la main des dieux ialouse
N'endura que telle chouse
Suiuit son train contumier,
Ains changeant le premier viure
Fit vne saison de cuiure
En lieu du bel or premier.

Lors le printemps donna place
Au chaut, au vent, à la glace,
Qui renaissent à leur tour,
Et le Sapin des valées
Sauta sur les eaux salées
Qui nous baignent à l'entour.

On ouit sonner ler armes,
On ouit par les alarmes
L'acier tinter durement,

Et les lames acerées
Sur les enclumes ferrées
Craqueter horriblement.
 On inuenta les vsages
D'empoisonner les bruuages,
Et l'art d'espandre le sang:
Les maux du cofre sortirent,
Et les hauts rochers sentirent
La foudre dessus le flanc.

VOEV A PHEBVS
Apollon.

ODE XX.

O *Pere, ô Phebus Cynthien,*
 O *saint Apollon Pythien,*
Seigneur de Déle Isle diuine,
Cyrénean, Patarean,
Par qui le Trepié Thymbrean
Les choses futures deuine.
 Ou soit que Clare, ou que tes Sœurs
Te detiennent de leurs douceurs,
Ou soit que tu laues en l'onde
D'Eurote clerement roulant
Le crespe honneur du poil coulant
Par flocons de ta teste blonde:
 Enten, ô Prince, mon soucy
Et vien pour soulager icy

Celle qui ne m'est moins cruelle,
Que la fieure qui va mordant
D'vn accez, & froid, & ardant
La douce humeur de sa mouëlle.

Quoy, sur elle n'espandras tu
Quelque ius? remply de vertu?
Veux tu pas son medecin estre?
Si feras, ou ie fu deceu
Ayant l'autre iour aperceu
Ton Cigne voller à senestre.

Tu as seul des Dieux cét honneur
D'estre poete, & gouuerneur
De toute herbe, soit de campaigne,
Soit de monts, soit de celles là
Que Tethis deçà & delà
En quelque bord estrange, baigne.

Par toy Æsculape pilla
Les Enfers, lors qu'il resueilla
Hippolyt de la gresle bande,
Et fraudant le Prince inhumain,
Luy arracha hors de la main
Le tribut qu'a tous il demande.

Par toy le doux enchantement
Sçait arrester soudainement
Le corps de l'homme qui desuie,
Par toy le medecin expert
Ayant inuoqué ton nom, pert
Le mal larron de nostre vie.

Helas seigneur escoute moy,

Vien, & apporte auecque toy
Le Moly, & la Panacée,
Et l'herbe que Medée auoit
Quand reuerdir elle deuoit
D'Æson la ieunesse passée.

 Et celle qui boutonne aussi
Sus le plus haut du froid sourcy
De Caucase, estant enfantée
Du poumon tousiours s'allongeant,
Que l'aigle éternel va rongeant,
Cruel bourreau de Promethée.

 Et l'herbe qui forte changea
Glauce si tost qu'il la mangea
Le faisant immortel, d'vn homme,
Qui par la mer entre les dieux
Ne craint que le temps odieux
Le nombre de ses ans consomme.

 Brise les du bout de ton arc,
Puis d'elles pressurant le marc
Fais vn bruuage, & le luy baille,
Ou bien les applique à ses bras,
Et lors, ô Pean, tu rompras
Le mal qui deux ames trauaille.

 Desia son beau coural s'eteint,
Et ia la rose de son teint
Se fanist pálement fletrie,
Et l'œil meurtrier où m'aguettoit
Ne sçay quel archer qui estoit
L'obiect de mon Idolatrie.

Las ! tu peux en la guariſſant
Me ſoulager moy periſſant
Au feu qui ſa fieure reſemble,
Ainſi ratifiant mes vœux,
De meſme cure ſi tu veux
Tu en guariras deux enſemble.

Lors vn temple i'edifiray,
Où ton image ie feray
De longues treſſes honorée,
A ſon dos pendray l'arc turquois,
La Lyre ſœur de ſon Carquois,
A ſon flanc la dague dorée.

A PIERRE PASCHAL.
ODE XXI.

NE ſeroy-ie pas encore
Plus dur qu'vn Scythe cruel,
Ou le flot continuel
Qui ronge le ſablon More,
Si ie n'emplumoy la gloire
De toy mon Paſchal, afin
Qu'elle voltige ſans fin
Dans le temple de Memoire?

La cheſne qui entrelaſſe
Ton eſprit auec le mien,
Et mon nom ſemblable au tien
Commande que ie le face.

Ce m'eſt vne douce peine

Chanter l'homme en qui les cieux
Ont renuersé tout le mieux
De leur influence pleine.

Quand sa clarté merueilleuse
Maugré l'obscur se fait voir
Par les rayons du sçauoir
De sa langue mielleuse.

Certes telle gloire douce
Crie qu'elle est seule à toy,
Que ie chante souz la loy
De ma Lyre & de mon pouce.

Ne vois-tu comme elle volle
C'à bas en dix mille lieux,
Ains comme elle vole aux cieux
Par le vent de ma parole?

Ia ton Languedoc se vante
D'honorer son nourrisson,
Fait immortel par le son
Du Vandomois qui le chante.

Quoy? c'est toy qui m'éternise,
Et si i'ay quelque renom,
Ie ne l'ay, Paschal, sinon
Que par ta voix qui me prise.

Car iamais le temps n'ameine
Comme aux autres, des oublis
Aux escrits qui sont polis
De ta langue si Romaine.

A SA LYRE.
ODE XXII.

Lyre dorée, ou Phebus seulement,
Et les neuf Sœurs ont part également,
Le seul confort qui mes tristesses tue,
Que la dance oyt, & toute s'euertue
De t'obeyr, & mesurer ses pas
Sous tes fredons mignardez par compas,
Lors qu'en bruiant tu marques la cadanse
D'vn auant-ieu, le guide de la danse.

 Le feu armé de Iupiter s'éteint
Sous ta chanson, si ta chanson l'atteint:
Et au caquet de tes cordes bien iointes
Son aigle dort sur la foudre à trois pointes
Abaissant l'aisle : adonc tu vas charmant
Ses yeux aigus, & luy en les fermant
Son dos herisse, & ses plumes repousse
Flaté du son de ta corde si douce.

 Celuy n'est pas le bien aimé des Dieux
A qui déplaist ton chant melodieux,
Heureuse Lyre honneur de mon enfance,
Ie te sonnay deuant tous en la France
De peu à peu, car quand premierement
Ie te trouuay, tu sonnois durement,
Tu n'auois point de cordes qui valussent,
Ne qui respondre aux Loix de mon doigt pussent.

 Moisy du temps ton fust ne sonnoit point,
Et i'eu pitié de te voir mal empoint,

I

Toy qui iadis des grans Rois les viandes
Faisois trouuer plus douces & friandes :
 Pour te monter de cordes, & d'vn fust,
Voire d'vn son qui naturel te fust,
Ie pillay Thebe, & saccagay la Pouille,
T'enrichissant de leur belle despouille.
 Et lors en France auec toy ie chantay,
Et ieune d'ans sus le Loir inuentay
De marier aux cordes les victoires,
Et des grans Rois les honneurs & les gloires :
Puis affectant vn œuure plus diuin
Ie t'enuoiay sous le pouce Angeuin,
Qui depuis moy t'a si bien fredonnée
Qu'à luy tout seul la gloire en soit donnée.
 Certainement celuy que tes chansons
Paissent, rauy du plaisir de leurs sons
Ne sera point haut estimé pour estre
Ou à l'escrime, ou à la lutte adestre,
Ny de Laurier couronné ne sera,
L'espée au poing iamais n'abaissera
L'orgueil des Rois, ny la fureur des Princes,
Portant, vainqueur, le feu dans leurs Prouinces.
 Mais ma Gastine, & le haut crin des bois
Qui vont bornant mon fleuue Vandomois,
Le dieu bouquin qui la Neufaune entourne,
Et le saint Chœur qui en Braie seiourne,
Le feront tel, que par tout l'vniuers
Se connoistra renommé par ses vers
Tant il aura de graces en son pouce.

Et de fredons filz de sa corde douce,
  Desia mon Lut ton loyer tu reçois,
Et ia desia la race des François
Me veut nombrer entre ceux qu'elle louë,
Et pour son Chantre heureusement m'auouë.
O Calliope, ô Cleion, ô les Sœurs
Qui de ma Lyre animez les douceurs
Ie vous saluë, & resaluë encore,
Par qui mon Roy & ses Princes i'honore.
  Par toy ie play, & par toy ie suis leu,
C'est toy qui fais que Ronsard soit esleu
Harpeur François, & quand on le rencontre,
Qu'auec le doigt par la ruë on le montre:
Si ie play donc, si ie sçay contenter,
Si mon renom la France veut chanter,
Et si du front les estoilles ie passe,
Certes mon Lut, cela vient de ta grace.

⁎

I ij

LE SECOND LIVRE DES
ODES DE P. DE RONsard Gentil-homme Vandomois.

AV ROY HENRY.

ODE I.

IE te veux bâtir vne Ode,
La maçonnant à la mode
De tes Palais honorés,
Qui volontiers ont l'entrée
De grands marbres acoutrée
Et de haus piliers dorés,
Afin que le front de l'œuure
Du premier regard, décueure
Tout le riche baſtiment :
Ainſi (PRINCE) ie veux mettre
Au premier front de mon metre
Tes vertus premierement.

Sur deux Termes de Memoire
Ie veux grauer la victoire
Dont l'Anglois fut combatu,
Et veux encore y portrere
Les guerres de feu ton Pere

Soutenu de ta vertu.
　　Lors que ton ieune courage
S'oposa contre la rage
De l'Empereur depité,
Se vantant d'auoir la foudre
Dont il deuoit mettre en poudre
Paris, ta grande cité.
cc　　Le conseil, & la vaillance
cc Par vne égale balance
cc Tousiours veillent à l'entour
cc Des affaires, qui sont pleines
cc Et de perils & de peines,
cc S'entresuiuans à leur tour.
cc　　Ce que la faueur celeste
cc Par toy nous rend manifeste
Comme n'ayant dedaigné
Des ta premiere ieunesse,
De conseil & de Prouësse
Tousiours estre acompaigné.
　　Aussi, Prince, ta main forte
A fait voir en mainte sorte
L'impuissance d'euiter
Les effors de ton armée,
Ee ta colere enflammée
A qui le vient irriter.
　　Sur la Roche Thespienne,
Des Sœurs la plus ancienne
Qui de tes faits a soucy,
Me garde autre melodie,

I iij

Afin qu'vn iour ie la die
Bien plus haut que cette cy.
　De celle aus peuples étranges
Ie sonneray tes louanges
Lors que ton bras belliqueur
Aura foudroyé le monde,
Et que Tethys de son onde
Te confessera vainqueur.
　Et lors que ta main non chiche
M'aura fait heureux & riche,
Me faisant sentir combien
La grand'maieste Royale
D'Auguste, fut liberale
Vers l'auteur Æneyen.
Les Muses ont à leur corde
Deux tons diuers, l'vn acorde
A la guerre des grands Rois,
L'autre plus bas, ne s'alie
Qu'auec le Lut de Thalie
Touché doucement des dois.
　De ce bas ton ie te chante
Maintenant, & si me vante
De ne sonner iamais Roy
Qui en bonté te resemble,
Ne Prince qui soit ensemble
Si preux & sçauant que toy.
　Oy donc ma vois qui s'efforce
De crier a toute force
Que l'honneur qu'on voit escrit

Es oracles poëtiques,
Celebrant les Rois antiques
Est seul propre à ton esprit.
    Sus sus, FRANCE, ouure la bouche
Au son du Lut que ie touche,
Dy que le Ciel t'a donné
Vn Roy dispos à combatre,
Et pront par les Lois, d'abatre
Le peché desordonné.
    Et toy Vandomoise Lyre
Mieus que deuant faut élire
Vn vers pour te marier,
Afin que tu faces croire
Que veritable est la gloire
Qu'on t'a voulu dedier.
    Tu réiouis nostre Prince,
Tu contentes sa prouince,
Et mille furent épris
De contrefaire ta grace,
Et suiuans ta mesme trace
Ont voulu gaigner le pris.
    Mais, ô Phebus, autorise
Mon chant, & le fauorise
Qui ose entonner le los
De ce grand Roy qui t'honore,
Et ses beaux blasons decore
De l'arc qui charge ton dos.
    Et fay tant que sa hautesse
Daigne voir ma petitesse

I iij

Qui vient des riues du Loir
Criant sa force & iustice,
Afin que l'âge qui glisse
Ne les mette à non-chaloir,
   Et qui doit chanter la gloire
De sa future victoire
« S'elle auient, car en tout lieu
« De la chose non tissuë,
« L'heureuse fin, & l'issuë
« Se cache en la main de Dieu.

A CALLIOPE.

ODE II.

Descen du Ciel, Calliope, & repousse
Tous les ennuis de moy ton nourrisson,
Soit de ton Lut, ou soit de ta vois douce,
Et mes soucis charme de ta chanson.
    Par toy ie respire,
    C'est toy qui ma Lyre
    Aux honneurs conduis,
    C'est toy, ma Princesse,
    Qui me fais sans cesse,
    Fol comme ie suis.
Certainement auant que né ie fusse,
Pour te chanter tu m'auois ordonné:
Le Ciel voulut que cette gloire i'eusse,
Estre ton chantre auant que d'estre né.

La bouche m'agrée,
Que ta vois sucrée
De son miel a peu,
Et qui sur Parnase
De l'eau de Pegase
Gloutement a beu.
Heureux celuy que ta folie afole,
Ta douce erreur ne le peut faire errer,
Voire & si doit par sa douce parole
Hors du tombeau tout vif se deterrer.
Ton bien sans dessertes
Tu m'as donné certes,
Qui n'eu iamais soin
D'aprendre la lettre,
Toutesfois mon metre
S'entend d'assés loin.
Dieu est en nous, & par nous fait miracles,
Si qu'vn poëte & ses vers furieux
Sont du haut Ciel les plus secrets oracles
Que par sa bouche annoncent à nos yeux.
Si dés mon enfance,
Le premier de FRANCE
I'ay pindarizé,
De telle entreprise
Heureusement prise,
Ie me voy prisé.
Chacun n'a pas les Muses en partage,
Ne leur fureur tout estomac ne point,
A qui le Ciel a fait tel auantage,

Veinqueur des ans son nom ne mourra point.
  Durable est sa gloire,
  Tousiours la memoire
  Sans mourir le suit,
  Comme vent, grand' erre
  Par mer & par terre
  S'écarte son bruit.
C'est toy qui fais que i'ayme les fontaines
Tout éloigné du vulgaire ignorant,
Tirant mes pas sur les roches hautaines
Apres les tiens que ie vais adorant.
  Tu es ma liesse,
  Tu es ma Déesse,
  Tu es mes souhais,
  Si rien ie compose,
  Si rien ie dispose;
  En moy tu le fais.
Dedans quel antre, en quel desert sauuage
Me guides-tu, & quel ruisseau sacré
A ta grandeur, me sera doux breuuage
Pour mieux chanter ta louange à mon gre?
  Nous sçauons bien comme
  Roland de sage homme
  Deuint fol d'aymer:
  Et comme Angelique
  Vierge mal pudique
  Repassa la mer.
Nous connoissons Mandricard à ses armes,
Du bon Roger l'histoire ne nous fuit,

Ny le vieillard qui murmurant ses charmes
Auoit d'airain le vain palais construit.
  Ca, page, ma Lyre
  Ie veux faire bruire
  Ses languettes d'or,
  La diuine grace
  Des beaus vers d'Horace,
  Me plaist bien encor.
Mais tout soudain d'vn haut stile plus rare
Ie veux sonner le sang Hectorean,
Changeant le son du Dircean Pindare
Au plus haut bruit du Poëte Smyrnean.

CONSOLATION A LA
Royne de Nauarre, sur la mort de Charles de Valois Duc d'Orleans.

ODE III.

Vien à moy mon Lut que i'acorde
Vne Ode pour la fredonner,
Dessus la mieux parlante corde
Que Phebus t'ait voulu donner.
Afin de la pouuoir sonner
Si doucement qu'elle contante,
Et puisse le soing détourner
Qui mord vne royale Tante.
 Donques, ô Chimaire inconstante,

Tu as deſſous les ombres mis,
Le Prince qui fut noſtre atante
Et l'effroy de nos ennemis:
En vain donc il auoit promis
De donter la grandeur du monde!
Et de voir ſous Charles ſoumis,
Ce que Tethis ſerre en ſon onde.

   Vne large pluïe feconde
Vous, Muſes, puiſés de vos yeux,
Lamentés la coulonne ronde
Où s'apuioit tout voſtre mieux:
Pour ta vertu deſſus les cieux
O fils d'vn grand Roy tu repoſes,
Et ce bas monde vicieux
Du Ciel tu regis & compoſes.

   Et nouuelles lois luy impoſes
Nouueau citoien de là haut,
Entre les immortelles choſes
Et pres du bien qui point ne faut.
Des Royaumes plus ne te chaut
Dont tu as fait icy la preuue,
Car rien de ce monde ne vaut
Vn trait du Nectar qui t'abreuue.

   Tu as laiſſé la terre veuue
Du vray honneur, au Ciel montant,
Où ta facile oreille apreuue
Nos væux qu'elle va écoutant.
Apaiſe ton cœur lamentant,
Eſſuie ton œil, ma Princeſſe,

Pour neant tu vas regrettant
Dequoy si tost ton neueu cesse.
　Et a pris son heureuse adresse
Vers vne autre habitation,
Changeant l'Auril de sa ieunesse
Auecque l'incorruption,
Aux Dieux sans intermission
Son corps tu requiers par priere,
Qu'il n'eut à la condition,
De voir par deux fois la lumiere.
　Quand ton oraison coutumiere
Sonneroit aussy doucement,
Que la harpe tirant premiere
Les bois en ébaissement:
Encore l'ame nullement
N'animeroit sa froide image,
Puisque la Parque durement
Luy à fait rendre son homage.
　De Pluton l'auare heritage
Ton nepueu n'ira iamais voir,
Que le Ciel pour son auantage
Trop soudain a voulu r'auoir,
Et ialoux, t'a fait receuoir
(Pour s'enrichir de son enfance)
Vn dueil, que le temps n'a pouuoir
D'arracher de ta souuenance.

CONTRE LES AVARI-
cieux, & ceux qui prochains de la mort batissent.

ODE IIII.

Quand tu tiendrois des Arabes heureux,
Des Indiens les tresors plantureux,
Voire & des Rois d'Assyrie la pompe;
Tu n'es point riche, & ton argent te trompe.
     Ie parle à toy qui erres
     Apres l'or par les terres,
     Puis d'elles t'ennuyant,
     La voile au mast tu guindes
     Et voles iusque aux Indes
     La pauureté fuyant.
Le soin meurtrier pourtant ne laisse pas
D'acompaigner tes miserables pas,
Bien que par toy mainte grand' nef chargee
De lingos d'or fende la mer Ægée.
     Le soin qui te tourmente
     Suit le bien qui s'augmente,
     Guidant de-çà, & -là
     Parmy les eaux ta peine,
     Qui moins de biens est pleine
     Quand plus de biens ell' a.
Les larges ports de Venise, & d'Anuers,
De tous coustés de tes biens sont couuers,
Cherchés par eau, par vent, & par tempeste
D'où le Soleil hausse & baisse la teste.

DES ODES.

Cés pierres achetées,
Maintenant soient getées
Dedans les eaux encor:
Qu'on remette en sa mine,
Cette Esmeraude fine,
Ces perles & cet or.
De peu de bien on vit honnestement:
L'homme qui peut trouuer contentement,
N'entrerompt point son sommeil par la crainte
Des blés menteurs, ne par la vigne atteinte.
Ton mal est incurable
Auare miserable,
Car le soin d'aquerir
Qui sans repos t'enflame,
Engarde que ton ame
Ne se puisse guarir.
A iuste droit tu es ainsi traité,
Car pour vouloir banir la pauureté,
Tu te banis de ta maison, & changes
Ton doux païs aux regions étranges.
Mais le soin & l'enuie,
Vrais bourreaus de ta vie,
Ne t'abandonnent point:
Au fons du cœur te nuisent,
Et sur ton cœur aiguisent
L'éguillon qui te point.
Et toy vieillard du sepulchre oublieux,
Qui iusque aux Ciel éleues en maints lieux
Palais de marbre, & ia presque mort, taches

Fendre les rocs que tu tailles par taches.
  La terre n'est pas pleine
  Seulement, de ta peine,
  Mais les poissons aussi
  Sentent sous tes ouurages
  Assis sur les riuages,
  Leur seiour retrecy.
Bien que pour toy vn milier de maçons
Maint gros rocher animent de façons,
Si mourras-tu, & ta maison certaine,
C'est de Pluton la maison palle & vaine.
  Doncques, auare cesse,
  Cesse auare, & delaisse
  Tant de biens amasser:
  Le batelier qui garde
  Le Port d'Enfer, n'a garde
  Pour l'or te repasser.
Là, Rhadamant le iuge audacieux
Fait tourmenter les auaricieux,
Et le chetif que douce mort deliure,
Ayse a son rang là bas il laisse viure.
  Si doncq' la riche pierre
  Tant soit d'étrange terre,
  Et l'or tant recherché,
  Foibles n'ont la puissance
  D'outer la doleance
  De leur maistre faché.
Pourquoy, l'Ægypte iray-ie sacager,
Pourquoy iray-ie aus Indes voyager,

Chan-

Changeant mon aife aux richeſſes lointaines
De l'Orient, qui ſes à ſi grands peines?

A CASSANDRE.
ODE V.

LA Lune eſt coutumiere
Renaiſtre tous les mois,
Mais quand noſtre lumiere
Sera morte vne fois,
Long temps ſans réueiller
Nous faudra ſommeiller.

  Tandis que viuons ores,
Vn baiſer donne moy,
Donne-mèn mile encores,
Amour n'a point de loy
A ſa grand' Deité
Conuient l'infinité.

  Ah, vous m'aués maitreſſe
De la dent entamé,
La langue chantereſſe
De voſtre nom aimé:
Quoy? eſſe-là le pris
Du labeur qu'elle a pris?

  Elle qui vos louanges
De ſur le Luth vantoit,
Et aux peuples étranges
Vos merites chantoit,
Ne faiſant l'air ſinon

K

Bruire de vostre nom.
  De vos tetins d'iuoire
(Ioyaux de l'Orient)
Eternisoit la gloire,
Et de vostre œil friant,
Pour la recompenser
La faut-il offenser?
  Las! de petite chose
Ie me plain durement,
La plaie en l'ame enclose
Me cuist bien autrement,
Que ton œil m'y laissa
Le iour qu'il me blessa.

PROPHETIE DV DIEV
de la Charante.

ODE VI.

Lors que la tourbe errante
S'arma contre son Roy,
Le Dieu de la Charante
Fasché d'vn tel derroy,
Arresta son flot coy.
Puis d'vne bouche ouuerte
A ce peuple sans Loy
Prophetisa sa perte.
  Ia déia ta desserte
Te suit peuple mutin,
Qui ma riue deserte

Sacages pour butin,
Mais le cruel destin
Que ton orgueil n'arreste
Viendra quelque matin
Te foudroier la teste.
  Oy, de Mars la tempeste
D'escailles reuétu,
Et Henry qui apreste
Contre toy sa vertu:
En vain esperes-tu
Tenter son asseurance,
Qui dois estre abatu
Par le soldat de France:
  Et l'auare esperance
De ton sot appareil,
Perira par l'outrance
D'vn qui n'a son pareil:
Ton sang fera vermeil
Mon flot ores esclaue,
Et tout le vert aimail
De ces prés que ie laue.
  Voicy le seigneur braue
De Guise qui te suit,
Et ia son los engraue
Sus ton dos qui s'enfuit,
Prince sur tous instruit
Aus dangereux vacarmes,
Ou soit lors qu'il destruit
Les troupes de gendarmes.

K ij

*Ou quand par les alarmes
De sa pique l'effort,
Fait bien quiter les armes
Au pieton le plus fort.
Ne vois-tu le renfort
Que Bouniuet ameine,
Pront à hater ta mort
D'vne plaie inhumaine.*

   *Comme la nuë pleine
D'vn orage odieux,
Perd du bouuier la peine
Qui prie en vain les Dieux,
Le soldat furieux
Qui ia déia t'enserre,
Ton chef si glorieux
Perdra d'vn grand tonnerre.*

   *Le Conte de Sanserre,
Et le seigneur d'Iliers,
Te porteront par terre
Indontez cheualiers:
Parmy tant de miliers
Tu dois Larnac connoistre,
Que les Dieux familiers
Sous bon Astre ont fait naistre.*

   *Comme l'ayant fait estre
De son haineux vainqueur,
Et de soy mesme maistre
Commandant à son cœur,
Toy peuple sans vigueur*

DES ODES.

Craindras en mesme sorte
Qu'vn loup craint la rigueur
Du lion qui l'emporte.
   A la fin la main forte
Du grand Montmorency,
Rendra ta gloire morte,
Et ta malice aussi:
Le ciel le veut ainsi,
Qui ma bouche a contrainte
Prophetiser cecy,
Pour t'auancer la crainte.

A CASSANDRE.

ODE VII.

Cassandre ne donne pas
Des baisers, mais des apas
Qui seulz nourrissent mon ame,
Les biens dont les dieux sont souls,
Du nectar, du sucre dous,
De la cannelle, & du bame.
   Du tin, du lis, de la rose
Entre ses leures déclose
Fleurante en toutes saisons:
Et du miel, tel qu'en Hymette,
La dérobe-fleur Auette
Remplist ses douces maisons.
   O dieux! que i'ay de plaisir,
Quand ie sen mon col saisir

De ses bras en mainte sorte:
Sur moy se laissant courber
Peu à peu la voy tumber
Sur mon sein à demi-morte.

Puis mettant la bouche sienne,
Tout à plat dessus la mienne,
Me mord, & ie la remors,
Ie luy darde, elle me darde
Sa languette fretillarde,
Puis en ses bras ie m'endors.

D'vn baiser doucement long
El' me suçe l'ame adonc,
Puis en souflant la repousse,
La ressuçe encor vn coup
La ressoufle tout à coup
Auec son haleine douce.

Tout ainsi les columbelles,
Tremoussant vn peu les ailes
Hauement se vont baisant,
Apres que l'oiseuse glace
A quitté la froide place
Au printemps doux & plaisant.

Helas mais tempere vn peu,
Les biens dont ie suis repeu,
Tempere vn peu ma liesse:
Dieu ie serois immortel,
Et ie ne veux estre tel
Si tu n'es aussi Déesse.

A MACEE.
ODE VIII.

MA petite Nimphe Macée,
Plus blanche qu'Iuoire taillé,
Qu'vn monceau de neige amassée,
Que sur le ionc le laict caillé,
Ton beau teint ressemble les lis
Entre les roses cueillis.

Ton chef de soie, & d'or, d'écueure,
Où le ciel, des beautez donneur,
Employa sa peine, & son œuure
Curieux de luy faire honneur:
Décueure ton beau front aussi,
Heureux obiect de mon soucy.

Plus belle que Venus tu marches,
Plus que les siens tes yeux sont beaux
Qui flambent sous deux noires arches,
Comme deux celestes flambeaux,
D'où le brandon fut alumé,
Qui tout le cœur m'a consumé.

Hé n'est-ce pas ton œil Mignonne
Qui en son regard escarté,
Les miens encores emprisonne
Peu soucieux de liberté?
Et qui m'a desrobé le cœur,
Et seul, de moy s'est fait veinqueur.

Ennuy, plaisir, ioye, tristesse
De tous costez naissent de toy,

Helas! où fuis-tu ma Déesse,
Baise moy & rebaise moy,
Vueilles aumoins d'vn seul baiser
Le feu de mon cœur apaiser.

Te voyant des belles la belle,
Tu me suces l'ame & le sang,
Montre moy ta rose nouuelle,
Ie dy, mignarde, ton sein blanc,
Et tes deux rondelets tetons
Qui s'enflent comme deux boutons.

Las! puis que ta beauté meurtriere
Ne me veut point faire mercy,
Et que de iour en iour plus fiere
Prend passetemps de mon soucy,
Aumoins vn iour, voy sur mon front
Combien de mors tes yeux me font.

A LA FONTAINE BELLERIE.

ODE IX.

O Fontaine Bellerie,
Belle Déesse cherie
De nos Nimphes, quand ton eau
Les cache au fond de ta source
Fuiantes le Satyreau,
Qui les pourchasse à la course
Iusqu'au bord de ton ruisseau.
Tu es la Nimphe eternelle
De ma terre paternelle:

Pource, en ce pré verdelet
Voy ton poëte qui t'orne
D'vn petit cheureau de laict,
A qui l'vne & l'autre corne
Sortent du front nouuelet.

 Touſiours l'Eſté ie repoſe
Pres ton onde, où ie compoſe,
Caché ſous tes ſaules vers,
Ie ne ſçay quoy, qui ta gloire
Enuoira par l'vniuers,
Commandant à la Memoire
Que tu viues par mes vers.

 L'ardeur de la Canicule
Iamais tes riues ne bruſle,
Tellement qu'en toutes pars
Ton ombre eſt eſpaiſſe & druë
Aux paſteurs venans des Parcs,
Aux beufs las de la charuë,
Et au beſtial eſpars.

 Io, tu ſeras ſans ceſſe
Des fontaines la princeſſe,
Moy celebrant le conduit
Du rocher perſé qui darde
Auec vn enroüc bruit,
L'eau de ta ſource tazarde
Qui trepillante ſe ſüit.

SVR LA MORT D'VNE Haquenée.

ODE X.

LEs trois Parques à ta naissance
T'auoient otroyé le pouuoir
De ne mourir, ains que de France
Le dernier bord tu peusses voir.
  Or pour la fin de tes iournées,
Ton dernier voyage restoit
Icy, dessous les Pirenées
Où l'arrest de ta mort estoit.
  Toy morte, donc que la Bretaigne
Ta mere, ne se vante pas
De Haquenée qui ataigne
Ta course, ton amble, ton pas:
  Ne moins les sablonneuses pleines
De la chaude Afrique, où souuent
Les iumens (miracle) sont pleines
N'ayant mary sinon le vent.

DV RETOVR DE MACLOV de la Haye, à son Page.

ODE XI.

FAy refreschir le vin, de sorte
Qu'il passe en froideur vn glaçon,
Page, & que Marguerite aporte
Son Luth pour dire vne chanson,

Nous ballerons tous trois au son,
Et dis à Iane qu'elle vienne
Les cheueux tors à la façon
D'vne follatre Italienne.
 Vois-tu comme le iour se passe
Et ton pié tu ne vas hastant?
Qu'on verse du vin en ma tasse,
A qui le boiray-ie d'autant?
Pour ce iourd'huy ie suis contant
Qu'vn autre plus fol ne se treuue
Reuoiant mon Maclou que tant
I'ay connu seur amy d'espreuue.

A MARGVERITE.

ODE XII.

EN mon cœur n'est point escrite
La rose, ny autre fleur,
C'est toy, belle Marguerite,
Par qui i'ay cette couleur.
 N'es-tu celle dont les yeux,
Ont surpris
Par vn regard gracieux
Mes espris?
Puis que ta sœur de haut pris
Ta sœur pucelle d'elite
N'est cause de ma douleur,
C'est donc pour toy, Marguerite,
Que ie pris ceste couleur.

Vn soir, ma fieure naquit,
Quand mon cœur
Pour maitresse te requit:
Mais rigueur
D'vne amoureuse langueur
Soudain paya mon merite,
Me donnant ceste paleur,
Pour t'aymer trop Marguerite
Et ta vermeille couleur.

  He quel charme pourroit bien
Consumer
Le soucy qui s'est fait mien
Pour aymer!
De mon tourment si amer
La iouissance subite
Seule outeroit le malheur
Que me donna Marguerite
Par qui j'ay cette couleur.

A ABEL DE LA HVRTELOIRE.

ODE XIII.

SI l'oiseau qu'on voit amener
Par son chant le temps qui ennuïe,
Peut les hommes acertener
Du vray augure de la pluie,
Demain le Troyen de sa buie
Espandra l'eau, & si le iour
Sera long temps sans qu'il s'essuie

DES ODES.

Voilé d'vn tenebreux seiour.
    Doncq, pour attendre que le tour
De cette tempeste ennuieuse,
Se change par le beau retour
D'vne autre saison plus ioyeuse,
Euite la tourbe ennuieuse,
Et seul en ta chambre à recoy,
Escry de main laborieuse
Des vers qui soient dignes de toy.
    Espris d'vne ardeur comme moy
De te vouloir rendre admirable,
Pour n'estre suiet à la loy
Du grand Faucheur inexorable
Pesle-mesle dessus la table
Tibulle, Ouide soient ouuers,
Aupres de ton Luth delectable
Fidelle compaignon des vers.
    Dessus, par maints acords diuers,
Chasse de toy le soucy graue,
Et le soin que ce Dieu peruers
Dans vn cœur amoureux engraue:
Apres l'estude, il faut qu'on laue
L'esprit des Muses perissant,
D'vn vin de reserue, en la caue
Par quatre ans au fust languissant.
    Pourquoy te vas-tu meurdrissant,
Et pourquoy gennes-tu ta vie,
Tandis que tu es fleurissant,
Et pourquoy n'est elle suiuie

D'ébat & d'amoureuse enuie?
Pauure chetif, ne sçais-tu pas
Qu'il ne faut qu'vne maladie
Pour te mener iouer là bas?

SVR LES MISERES DES hommes, à Ambroise de la Porte Parisien.

ODE XIIII.

MOn Dieu que malheureux nous sommes,
Mon Dieu que de maux en vn temps
Offencent la race des hommes
Semblable aux fueilles du Printemps,
Qui, vertes, dedans l'arbre croissent,
Puis dossous l'Autonne suiuant,
Seiches, sous l'arbre n'aparoissent
Qu'vn iouët remoqué du vent.
 Vraiement l'esperance est meschante,
Tousiours meschante elle deçoit,
Et tousiours pipant, elle enchante
Le pauure sot qui la reçoit.
Mais le sage qui ne se fie
Qu'en la plus seure verité,
Sçait, que l'espoir de nostre vie
N'est rien que pure vanité.
 Tandis que la crespe iouuance
La fleur des beaux ans nous produit
Jamais le ieune enfant ne pense

DES ODES.

A la vieillesse qui le suit:
Ne iamais l'homme heureux n'espere
De se veoir tumber en mechef,
Sinon alors que la misere
Desia luy pend dessus le chef.

   Homme chetif & miserable,
Miserable, & ne sçay tu pas
Que la ieunesse est peu durable,
Et que la mort guide nos pas?
Et que nostre fangeuse mace
Si tost s'euanouit en rien,
Qu'à grand'peine auons nous l'espace
D'aprendre le mal & le bien?

   De tous costez la Parque noire
Deuant le temps sillant nos yeux,
Maugré nous, nous enuoye boire
Les flos du lac obliuieux:
Mesmes les Rois si craints en guerre
Despouillez de veines & d'os,
Comme nous viendront sous la terre
Deuant le trosne de Minos.

   C'est pitié que de nostre vie:
Par les eaus l'auare marchant
Se voit sa chere amerauie,
Le soudart par le fer trenchant:
Cétuy d'une langueur se mine,
Et l'autre d'un soing nompareil,
Et cet autre par la famine
Pert la lumiere du Soleil.

Bref, on ne voit chose qui viue,
Qui viue franche de douleur,
Mais sur tout, la race chetiue
Des hommes foisonne en malheur.
Malheur des hommes est la proye,
Aussi Phebus ne vouloit pas
Pour eux à bon droit deuant Troye
Se mettre au danger des combas.

Ah, que maudite soit l'Anesse
Qui, las! pour sa soif estancher
Au serpent donna la ieunesse
Que garder on deuoit tant cher.
Ieunesse, que le populaire
De Iupiter auoit receu
Pour loyer de n'auoir sceu taire
Le secret larrecin du feu.

Des ce iour deuint en-ledie
Par luy la santé des humains,
De vieillesse & de maladie,
Des hommes bourreaux inhumains:
Et des ce iour il fit entendre
Le bruit de son foudre nouueau,
Et depuis n'a cessé d'espendre
Les dons de son mauuais tonneau.

ODE XVI.

O Terre fortunée
Des Muses le seiour,

Que

Que le cours de l'année
Seréne d'vn beau iour.

  En toy, le ciel non chiche
Prodiguant le bon heur,
A de la corne riche
Renuersé tout l'honneur.

  Deux longs tertres te ceingnent,
Qui de leur flanc hardy
Les Aquillons contraignent,
Et les vens du midy.

  Sur l'vn Gatine sainte
Mere des demi-dieux,
Sa teste de verd painte,
Enuoye iusqu'aux cieux.

  Et sur l'autre prend vie
Maint beau cep, dont le vin
Porte bien peu d'enuie,
Au vignoble Angeuin.

  Le Loir tard à la fuite
En soy s'ébanoiant,
D'eau lentement conduite
Tes champs va tournoiant,

  Et rend en prez fertile
Le pays trauersé,
Par l'humeur qui distile
De son limon versé.

  Bien qu'on n'y vienne querre
Par flots iniurieux,
De quelque estrange terre

L

L'or tant laborieux.
  Et la Gemme peschée
En l'Orient si cher,
Chez toy ne soit cherchée
Par l'auare Nocher.
  L'Inde pourtant ne pense
Te vaincre, car les Dieux
D'vne autre recompense
Te fortunent bien mieux.
  La Iustice grand erre
S'enfuiant d'icy bas,
Laissa dans nostre terre
Le saint trac de ses pas.
  Et s'encore à cette heure
De l'antique saison
Quelque vertu demeure,
Tu es bien sa maison.
  Bref quelque part que i'erre
Tant le ciel m'y soit doux,
Ce petit coin de terre
Me rira par sus tous.
  Là, ie veux que la Parque
Tranche mon fatal fil,
Et m'enuoye en la barque
De perdurable exil.
  Là, te faudra répandre
Mile larmes parmy
(Mon Pacaté) la cendre
De Ronsard ton amy.

A SA GVITERRE.
ODE XVIII.

MA Guiterre ie te chante,
Par qui seule ie deçoy,
Ie deçoy, ie romps, i'enchante,
Les amours que ie reçoy.

Nulle chose tant soit douce
Ne te sçauroit esgaler,
Par qui le soing ie repousse
Si tost qu'il te sent parler.

Au son de ton harmonie
Ie refreschy ma chaleur
Ardente en flamme infinie,
Naissant d'infiny malheur.

Plus cherement ie te garde
Que ie ne garde mes yeux,
Et ton fust que ie regarde
Peint dessus en mile lieux.

Où le nom de ma Déesse
En maint amoureux lien,
En maints laz d'amour se laisse
Ioindre en chiffre auec le mien.

Où le beau Phebus qui baigne
Dans le Loir son poil doré,
Du Luth aux Muses enseigne
Dont elles m'ont honoré.

Son laurier preste l'oreille,
Si qu'au premier vent qui vient,

De resister s'apareille
Ce que par cœur il retient.
　Icy, les forests compaignes
Orphée attire, & les vens,
Et les voisines campagnes
Ombrage de bois fuyuans.
　Là, est Ide la branchuë,
Où l'oiseau de Iupiter
Dedans sa griffe crochuë
Vient Ganymede empieter.
　Ganymede delectable,
Chasserot delicieux,
Qui ores sert à la table
D'vn bel Echanson aux Dieux.
　Ses chiens apres l'aigle aboient,
Et ses gouuerneurs aussi,
En vain étonnez le voient
Par l'air emporter ainsi.
　Tu es des dames pensiues
L'instrument approprié,
Tu es des ames lasciues
Pour les amours dedié.
　Aussi est-ce ton office,
Non pas les assaus cruez,
Mais le ioyeux exercice
De souspirs continuez:
　Encore qu'au temps d'Horace,
Les armes de tous costés
Sonnassent par la menaçe

Des Cantabres indontés,
  Et que le Romain Empire
Foullé des Parthes fust tant.
Si n'a-il point à sa Lyre
Bellone acordé pourtant.
Mais bien Venus la riante,
Et son fils plein de rigueur,
Lalage & Chloé fuiante
Dauant auecques son cœur.
  Quand sur toy ie chanteroie
D'Hector les combas diuers,
Et ce qui fut fait à Troye
Par les Grecs, en dis hiuers,
Cela ne peut satisfaire
A l'amour qui trop me mord :
Que peut Hector pour moy faire,
Que peut Aiax qui est mort ?
  Mieux vaut donc de ma maitresse
Chanter les beautés, afin
Qu'à la douleur qui me presse
Daigne mettre heureuse fin :
  Ces yeux autour de qui semble
Qu'amour vole, ou que dedans
Il se cache, ou qu'il assemble
Cent trais pour les regardans.
  Chanton donc sa cheueleure,
De laquelle amour vainqueur,
Noua mile rets à l'heure
Qu'il m'encordela le cœur.

L iij

Et son sein, rose naïue,
Qui va & vient tout ainsi,
Que font deux flots à leur riue
Poussés d'vn vent adouci.

EPITAPHE DE FRANCOIS
de Bourbon, Conte d'Anguien.

ODE XIX.

D'Homere Grec l'ingenieuse plume,
Et de Timant' les animés tableaux,
Durant leurs iours auoient vne coutume
D'arracher vifs les hommes des tumbeaux.

Ie vous dy ceux qui leur plaisoit encores
Resusciter en dépit de leur nuit
Obliuieuse, ores par l'encre, & ores
Par la couleur éternisant leur bruit.

Mais telles gens deuoient leur second viure,
L'vn au papier, l'autre à la toile, & non
A la vertu, qui sans l'aide d'vn liure,
Ou d'vn tableau, eternise son nom.

Ta vertu donc seule te sert de tombe
Sans mandier ne plume ny outils,
Car ton renom qui par la mort ne tombe
Vit par dessus cent viuans inutils.

Donque du temps la force iniurieuse
Ne rompt l'honneur que tu t'aquis, alors
Qu'Enyon vit ta main victorieuse
Tout le Piémont couurir presque de mors.

Et que le Pau t'aperçeut sur sa riue
Rester vainqueur par vertueux effort,
Ayant pendu la dépouille captiue
Du vieil Marquis pour Trophée à son bord.

 Apres auoir tant de gloires belliques
Mises à chef par le vouloir des Dieux,
Icy, la mort mist en paix tes reliques
Quand ton esprit fut Citoien des cieux.

 Qui seruiront d'eguillon memorable
A piquer France & la posterité,
Pour imiter ta louange durable,
Et le Laurier que tu as merité.

CONTRE DENISE
Sorciere.

ODE XX.

L'Inimitié que ie te porte
Passe celle, tant elle est forte,
Des aigneaux & des loups,
Vieille Sorciere déhontée,
Que les bourreaux ont fouëtée
Te decoupant de cous.

 Tirant apres toy vne presse
D'hommes & de femmes épesse,
Tu montrois nu le flanc,
Et montrois nu parmy la ruë
L'estomac, & l'épaule nuë,
Rougissante de sang.

L iiij

Mais la peine fut bien petite
Si lon balance ton merite,
Le ciel ne deuoit pas
Pardonner à si lache teste,
Ains il deuoit de sa tempeste
L'acrauanter à bas

La Terre mere encor pleurante
Des Geans la mort violente
Brulés du feu des cieux,
(Te lachant de son ventre à peine)
T'engendra, vieille, pour la haine
Qu'elle portoit aux Dieux.

Tu sçais que vaut mixtionnée
La drogue qui nous est donnée
Des pays chaleureux,
Et en quel mois, en quelles heures
Les fleurs des femmes sont meilleures
Au breuuage amoureux.

Nulle herbe, soit elle aux montaignes
Ou soit venimeuse aux campaignes,
Tes yeux sorciers ne fuit,
Que tu as mile fois coupée
D'vne serpe d'airain courbée,
Beant contre la nuit.

Le soir, quand la lune fouette
Ses cheuaux par la nuit muette,
Pleine de rage, alors,
Voilant ta furieuse teste
De la peau d'vne étrange beste

Tu t'élances dehors.
 Au seul souffler de ton haleine
Les chiens effroiés par la plaine
 Aiguisent leurs abois:
Les fleuues contremont reculent,
Les lous éfroiablement hurlent,
Apres toy par les bois.
 Adonc par les lieux solitaires,
Et par l'horreur des cimeteres
 Où tu hantes le plus,
Au son des vers que tu murmures
Les corps des mors tu desemmures
De leurs tumbeaus reclus:
Vestant de l'vn l'image vaine
 Tu viens effroier d'vne peine
 (Rebarbotant vn sort)
Quelque veufue qui se tourmente,
Ou quelque mere qui lamante
 Son seul heritier mort.
Tu fais que la Lune enchantée
Marche par l'air toute argentée,
 Luy dardant d'icy bas
Telle couleur aux ioues palles,
Que le son de mile cimbales
 Ne diuertiroit pas.
Tu es la fraieur du vilage,
Chacun craignant ton sorcelage
 Te ferme sa maison,
Tremblant de peur que tu ne taches

L'vn de ses bœufs, ou de ses vaches
  Du iust de ta poison.
I'ay veu souuent ton œil senestre,
Trois fois regardant de loin paistre
  La guide du troupeau,
L'ensorceler de telle sorte,
Que tost apres ie la vi morte
  Et les vers sur la peau.
Comme toy, Medée execrable
Fut bien quelque fois profitable,
  Ses venins ont serui,
Reuerdissant d'Aeson l'écorse,
Au contraire, tu m'as par force
  Mon beau printemps rauy.
Dieux, si la haut pitié demeure,
Pour recompense qu'elle meure,
  Et ses os diffamés
Priués d'honneur de sepulture,
Soient des oiseaux goulus pasture,
  Et des chiens affamés.

A LA FOREST DE Gatine.
ODE XX.

Couché sous tes vmbrages vers
  Gastine ie te chante,
Autant que les Grecs par leurs vers
  La forest d'Erymanthe,
Car malin, celer ie ne puis

DES ODES.

Contre les riues s'émeut.

A ELLE MESME.
ODE XXII.

O Pucelle plus tendre
Qu'vn beau bouton vermeil,
Que le rosier engendre
Au leuer du Soleil,
Et se fait au matin
Tout l'honneur du iardin.

Plus fort que le lierre
Qui se grinpe à l'entour
Du chesne aimé, qu'il serre
Enlassé de maint tour
Courbant ses bras épars
Sus luy de toutes pars.

Serrés mon col maitresse,
De vos deux bras pliés,
D'vn neud qui fort me presse
Doucement me liés,
Vn baiser mutuel
Nous soit perpetuel.

Ne le temps, ne l'enuie
D'autre amour desirer,
Ne pourra point ma vie
De vos leures tirer:
Ains serrés demourons,
Et baisant nous mourons.

Tous deux mors en mesme heure

Voirrons le lac fangeux,
Et l'obscure demeure
De Pluton l'outrageux,
Et les champs ordonnés
Aux amans fortunés.

 Amour par les fleurettes
Du printemps eternel,
Voirra nos amourettes,
Sous le bois maternel,
Là, nous sçaurons combien
Les amans ont de bien.

 Le long des belles plaines
Et parmy les prés vers,
Les riues sonnent pleines
De maints accords diuers:
L'vn ioüe, & l'autre au son
Danse d'vne chanson.

 Là, le beau ciel déqueuure
Tousiours vn front benin,
Sur les fleurs la couleuure
Ne vomist son venin,
Et tousiours les oiseaux
Chantent sur les rameaux.

 Tousiours les vens y sonnent
Ie ne sçay quoy de doux,
Et les Lauriers y donnent
Tousiours des ombres moux,
Tousiours les belles fleurs
Y gardent leurs couleurs.

Parmi le grand espace
De ce verger heureux
Nous aurons tous deux place
Entre les amoureux,
Et comme eux sans soucy,
Nous aimerons aussi.
 Nulle dame ancienne
Ne se dépitera,
Quand de la place sienne
Pour nous deux s'otera,
Non celles dont les yeux
Ont surmonté les Dieux.

ODE XXIIII.

COrydon verse sans fin
Dedans mon verre du vin,
Afin qu'endormir ie face
Vn proces qui me tirace
Le cœur & l'ame plus fort,
Qu'vn limier vn sanglier mort.
 Apres ce proces icy,
Iamais peine ne soucy
Ne feront que ie me dueille:
Aussi bien vueille ou non vueille,
Sans faire icy long seiour,
Il fault que ie meure vn iour.
 Le long viure me desplaist:
Mal-heureux l'homme qui est

Acablé de la vieillesse:
Quand ie perdray la ieunesse,
Ie veux mourir tout soudain
Sans languir au lendemain.
　Ce pendant verse sans fin
Dedans mon verre du vin,
Afin qu'endormir ie face
Vn procès qui me tirace
Le cœur & l'ame plus fort,
Qu'vn limier vn sanglier mort.

ODE XXV.

POur boire dessus l'herbe tendre,
　Ie veux sous vn laurier m'estendre,
Et veux qu'amour d'vn petit brin
Ou de lin, ou de chenevière,
Trousse au flanc sa robe legere,
Et my-nu me verse du vin.
cc　L'incertaine vie de l'homme
cc Incessamment se roule comme
cc Aux riues se roulent les flos,
cc Et apres nostre heure derniere
cc Rien de nous ne reste en la biere
cc Que ie ne sçay quels petis os.
　Ie ne veux selon la coustume,
Que d'encens ma tombe on parfume,
Ny qu'on y verse des odeurs:
Mais tandis que ie suis en vie

J'ay de me perfumer envie,
Et de me couronner de fleurs.
Corydon, va querir mamie,
Auant que la Parque blefmie
M'envoie aux eternelles nuits,
Ie veux boyuant la taçe pleine,
Couché pres d'elle ofter la peine
De mes miferables ennuis.

ODE XXVI.

J'Ay l'efprit tout ennuyé
D'auoir trop eftudié
Les Phænomenes d'Arate,
Il eft temps que ie m'ébate
Et que i'aille aux champs iouër :
Bons Dieux! qui voudroit louër
Ceux qui colés fus vn liure
N'ont iamais plaifir de viure?
Que nous fert d'eftudier
Sinon de nous ennuyer!
Et foin deffus foin acroiftre
A nous, qui ferons peut eftre
Ou ce matin, ou ce foir
Victime de l'orque noir!
De l'orque qui ne pardonne
Tant il eft fier, à perfonne!
Corydon, marche dauant,
Sache où le bon vin fe vend,
Fais apres à ma bouteille

Des fueilles de quelque treille
Vn tapon pour la boucher:
Ne m'achette point de chair,
Car tant soit elle friande,
L'Esté ie hay la viande.

Achette des abricôs,
Des poupons,des artichôs,
Des fraises,& de la cresme,
C'est en Esté ce que i'ayme
Quand sus le bord d'vn ruisseau
Ie la mange au bruit de l'eau,
Estendu sus le riuage
Ou dans vn antre sauuage.

Ores que ie suis dispos,
Ie veux boire sans repos,
De peur que la maladie
Vn de ces iours ne me die,
Me hapant à l'impourueu,
Meurs gallant,c'est assés beu.

ODE XXVII.

HE!mon Dieu que ie te hay,Somme
Et non pour autant qu'on te nōme
Le froid Simulacre des mors.
Mais pour autant que quand ie dors,
Par toy du penser m'est rauie
L'ardeur qui me tenoit en vie:
Car dormant penser ie ne puis
Au bien par qui viuant ie suis,

Et sans lequel ie ne pourroye
Estre vif, si ie n'y songeoye.
 Pource ne me vien plus seiller
L'œil, pour me faire sommeiller,
Le veiller m'est plus agreable
Que n'est ton dormir miserable,
Qui du cœur la nuit me soutrait
Le penser qui viure me fait.

ODE XXVIII.

Laisse moy sommeiller Amour!
Ne te sufit il que de iour
Les yeux trop cruels de ma Dame
Me tourmentent le corps & l'ame,
Sans la nuict me vouloir ainsi
Tourmenter d'vn nouueau soucy,
Alors que ie deurois refaire
Dans le lit, la peine ordinaire
Que tout le iour ie soufre au cœur!
 Helas! amour plein de rigueur,
Cruel enfant, que veux-tu dire,
Tousiours le Vautour ne martire
Le pauure cœur Promethean
Sus le sommet Caucasean,
Mais de nuit recroistre le laisse,
Afin qu'au matin s'en repaisse:
 Mais tu me ronges iour & nuit,
Et ton soing qui tousiours me suit
Ne veut que mon cœur se refase:

M ij

Mais toufiours toufiours le tirace,
Ainsi qu'vn acharné limier
Tirace le cœur d'vn sanglier.

 Chacun dit que ie suis malade
Me voyant la couleur si fade
Et le taint si morne & si blanc,
Et dit on vray, car ie n'ay sang
En veine, ny force en artere,
Aussi la nuit ie ne digere,
Et mon souper me reste cru
Dans l'estomac d'amours recru.

 Mais amour i'auray la vengance
De ta cruelle outrecuidance
Quittant ma vie, & si ie meurs
Ie seray franc de tes douleurs,
Car rien ne peut ta Tyrannie
Sus vn corps qui n'a plus de vie.

ODE XXIX.

DV malheur de receuoir
Vn estranger sans auoir
De luy quelque connoissance,
Tu as fait experiance
Menelas, ayant receu
Paris dont tu fus deceu:
Et moy ie la viens de faire,
Las! qui ay voulu retraire
Sotement vn estranger
Dans ma chambre, & le loger.

Il estoit minuit & l'Ourse
De son char tournoit la course
Entre les mains du Bouuier,
Quand le Somme vint lier
D'vne chesne sommeilliere
Mes yeux clos sous la paupiere.

Ia, ie dormois dans mon lit
Lors que i'entrouy le bruit
D'vn qui frapoit à ma porte,
Et heurtoit de telle sorte
Que mon dormir s'en alla,
Ie demanday, qu'est-ce là
Qui fait à mon huis sa pleinte.
Ie suis enfant, n'aye crainte
Ce me dit-il, & adonc
Ie luy desserre le gond
De ma porte verrouillée.

I'ay la chemise mouillée
Qui me trampe iusqu'aux os
Ce disoit, car sur le dos
Toute nuit i'ay eu la pluie:
Et pource ie te suplie
De me conduire à ton feu,
Pour m'aller seicher vn peu.

Lors ie prins sa main humide,
Et par grand' pitié le guide
En ma chambre, & le fis seoir
Au feu qui restoit du soir.
Puis allumant des chandelles,

M iij

Ie vy qu'il portoit des ailes,
Dans la main vn arc Turquois,
Et sous l'esselle vn carquois:
Adonc en mon cœur ie pense
Qu'il auoit grande puissance,
Et qu'il failloit m'aprester
Pour le faire banqueter.

 Ce-pendant il me regarde
D'vn œil, de l'autre il prend garde
Si son arc estoit seiché:
Puis me voyant empesché
A luy faire bonne chere,
Me tire vne flesche amere
Droit dans l'œil, & qui delà
Plus bas au cœur deuala,
Et m'y fist telle ouuerture
Qu'herbe, drogue ny murmure
N'y seruiroient plus de rien.

 Vela Reuergat, le bien,
(Mon Reuergat qui embrasses
L'heur des Muses, & des Graces)
Le bien qui m'est suruenu
Pour loger vn inconnu.

DES ODES. 183

Cette Ode est la premiere que l'Auteur a iamais composée: Et celle qu'il adresse à Iaques Peletier. Celle de Gaspar d'Auuergne, & de Maclou de la Haye. Et là priere à Dieu pour la famine. Aussi ne sont elles pas mesurées, ny propres à chanter.

A SON LVT.
ODE XXX.

Si autre-fois sous l'ombre de Gastine
Auons ioué quelque chanson Latine,
   De Cassandre enamouré:
   Sus, maintenant Lut doré,
Sus l'honneur mien, dont la vois delectable
Sçait resiouir les Princes à la table,
   Change de forme, & me sois
     Maintenant vn Lut François.
Ie t'asseure que tes cordes
Par-moy ne seront poluës
De chansons salement ordes
D'vn tas d'amours dissoluës:
Ie ne chanteray les Princes,
Ne le soin de leurs Prouinces,
Ny moins la nef que prepare
Le marchant las! trop auare
Pour aller apres ramer
Iusqu'aux plus lointaines terres,

M iiij

Peschant ne sçay quelles pierres
Au bord de l'Indique mer.

 Tandis qu'en l'air ie souffleray ma vie,
Sonner Phebus i'auray tousiours enuie,
  Et ses compaignes aussy,
   Pour leur rendre vn grand-mercy
De m'auoir fait poëte de nature,
Ayme-musique, ensemble ayme-peinture,
Et Prestre de leurs chansons
  Qui accordent à tes sons,

L'enfant que la douce Muse
Naissant d'œil benin a veu,
Et de sa science infuse
Son ieune esprit a pourueu,
Tousiours en sa fantasie
Bruslera de Poësie
Sans pretendre vn autre bien :
Encor qu'il combatist bien,
Iamais les Muses poureuses
Ne voudront le premier
De Laurier, fust-il premier
Aux guerres victorieuses.

 La Poësie est vn feu consumant
Par grand ardeur l'esprit de son amant,
  Esprit que iamais ne laisse
  En repos tant el' le presse.
Voila pourquoy le ministre des Dieux
Vit sans grans biens, d'autant qu'il ayme mieux

Abonder d'inuentions
Que de grans possessions.

Mais Dieu iuste qui dispense
Tout en tous, les fait chanter
Le futur en recompense
Pour le monde espouuenter.
Ce sont les seuls interpretes
Des hauts Dieux que les Poëtes:
Car aux prieres qu'ils font
L'or aux Dieux criant ne sont,
Ny la richesse qui passe:
Mais vn Lut tousiours parlant
L'art des Muses excellent
Pour dessus leur rendre grace.

Que dirons nous de la musique sainte?
Si quelque amante en a l'oreille atainte
　Lente en larmes goutte à goutte
　Fondra sa chere ame toute,
Tant la douceur d'vne harmonie éueille
D'vn cœur ardant l'amitié qui sommeille,
　Au vif luy representant
　L'aimé, par ce qu'elle entend.

La Nature de tout Mere,
Preuoyant que nostre vie
Sans plaisir seroit amere,
De la Musique eut enuie,
Et ses acords inuentant
Alla ses fils contentant

Par le son, qui loin nous iette
L'ennuy de l'ame suiette,
Pour l'ennuy mesme donter:
Ce que l'Emeraude fine
Ny l'or tiré de sa mine
N'ont la puissance d'outer.

Sus Muses sus, celebrez-moy le nom
Du grand Appelle immortel de renom
Et de Zeuxe qui paignoit
Si au vif, qu'il contraignoit
L'esprit rauy du pensif regardant
A s'oublier soy-mesme, ce-pendant.
Que l'œil humoit à longs traits
La douceur de ses portraits.

C'est vn celeste present
Transmis çà bas où nous sommes,
De terrestre faix exent
Pour leuer en haut les hommes:
Car ainsi que Dieu a fait
De rien le monde parfait,
Il veut qu'en petite espace
Le peintre ingenieux face
(Alors qu'il est agité,)
Sans auoir nulle matiere
L'air, la mer, la terre entiere
Instrument de deité.

On dit, que cil qui r'anima les terres
Vuides de gens, par le get de ses pierres

(Origine de la rude
Et grossiere multitude)
Auoir aussi des diamans semé)
Dont tel ouurier fut viuement formé,
Son esprit faisant connoistre
L'origine de son estre.

Dieux! de quelle oblation
Aquiter vers-vous me puis-ie,
Pour remuneration
Du bien receu qui m'oblige?
Certes ie suis glorieux
D'estre ainsi amy des Dieux
Qui seuls m'ont fait receuoir
Le meilleur de leur sçauoir
Pour mes passions guarir:
Et d'eux mon Lut tu attens
Viure çà bas en tout temps,
Non de moy qui doy mourir.

O de Phebus la gloire, & le trophée,
De qui iadis le Thracien Orphée
Faisoit arrester les vens,
Et courir les bois fuyuans,
Ie te salue, ô Lut harmonieux
Raclant de moy tout le soin ennuieux,
Et de mes amours tranchantes
Les peines, lors que tu chantes.

ODE XXXI,
Non mesurée.

Soyon constans, & ne prenon soucy
Quel iour suyuant poussera cestuy-cy,
Getton au vent, mon Gaspar, tout l'affaire
   Dont nous n'auons que faire.

Pourquoy m'iray-ie enquerir des Tartares,
Et des pays estranges, & Barbares,
Quand à grand peine ay-ie la connoissance
   Du lieu de ma naissance?

Volontiers l'ignorant
Va tousiourr s'enquerant
Du ciel plus haut que luy:
Las! malheur sur les hommes,
Nais au monde ne sommes
Que pour nous faire ennuy.

C'est se moquer de genner & de poindre
Le bas esprit des hommes, qui est moindre
Que les conseils de Dieu, ou de penser
   Sa volonté passer.

Tousiours en luy fichon nostre esperance
Et en son fils nostre ferme asseurance,
Au demeurant, alon auec le temps
   Heureusement contens.

A l'homme qui est né,
Peu de temps est donné

Pour se rire, & s'esbastre.
Nous l'auons, ce-pendant
Qu'alons-nous attendant?
Vn bon iour en vaut quatre.

Soit que le ciel de foudres nous despite,
Ou que la terre en bas se precipite,
Soit que la nuit deuienne iour qui luit,
   Soit que le iour soit nuit.
Iamais de rien n'auray frayeur ne crainte
Comme asseuré que la pensée sainte
De l'Eternel, gouuerne en equité
   Ce monde limité.

„ *Le Seigneur de la haut*
„ *Connoist ce qu'il nous faut*
„ *Mieux que nous tous ensemble:*
„ *Sans nul égard d'aucun,*
„ *Il départ à chacun*
„ *Tout ce que bon luy semble.*
   Ie t'aprendray, si tu veux m'escouter
Comment l'ennuy d'vn cœur se peut outer,
Et ce qui tient la tristesse cruelle,
   D'importune sequelle.

Tu ne seras conuoiteux d'amasser,
Le bien que doit si vitement passer,
Comme tresors, honneurs, & auarices,
   Escolles de tous vices.

Car c'est plus de refraindre
Son desir, que de ioindre

L'Ourse au midy ardent,
L'Escosse sablonneuse
A l'Arabie heureuse,
Ou l'Inde à l'Occident.

Tu dois encor euiter ce me semble
Faueurs des Rois, & des peuples ensemble,
De leurs mignons tousiours quelque tempeste
 Vient foudroyer la teste.

Ce n'est pas tout, auecques prouidence
Fais vn amy, dont l'heureuse prudence
Te seruira de secours necessaire
 Contre l'heur aduersaire.

Ton cœur bien preparé,
De force remparé,
En la fortune aduerse
Patience prendra:
En la bonne, craindra
Que l'heur ne le renuerse.

Apres l'hyuer, la saison variable
Pousse à son rang le printemps amyable:
Si auiourd'huy nous sommes soucieux,
 Demain nous serons mieux.

Tousiours de l'arc Apollon ne moleste
Le camp des Grecs pour leur tirer la peste,
Aucune-fois tout paisible, reueille
 Sa harpe qui sommeille.

En orage outrageux

Tu seras courageux,
Puis si bon vent te sort,
Tes voiles trop enflées
De la faueur souflées,
Conduiras, sage, au port.

Apres auoir prié, deuotieux,
Les deux iumeaux qui decorent les cieux,
De tousiours luire au fort de la tempeste
    Sur le haut de ta teste.

L'vn escrimeur, en vers tu descriras,
L'autre donteur des cheuaux tu diras
Ou pour leur Sœur la querelle ennemie,
    D'Europe & de l'Asie.

ODE XXXII.

Non mesurée.

PVis que la mort ne doit tarder
    Que pronte vers moy ne paruienne,
Trop humain suis pour me garder
Qu'espouuanté ne m'en souuienne,
Et qu'en memoire ne me vienne
Le cours des heures incerténes,
Gaspar, qui aux bords de Vienne
As rebasty Rome, Athénes.
    En vain l'on fuit la mer qui sonne
Contre les goufres, ou la guerre,
Ou les vents mal sains de l'Autonne

Qui soufflent la peste en la terre:
Puis que la mort qui nous enterre
Ieunes nous tue,& nous conduit
Auant le temps,au lac qui erre
Par le Royaume de la nuit.
   L'auaricieuse nature,
» Et les trois Sœurs filans la vie,
» Se deuilent quand la creature
» Dure long temps,portant ennuie
» Au corps si tost il ne deuie:
» Le creant rose du printemps,
» A qui la naissance est rauie
» Et la grace tout en vn temps.
   L'vn deuient gouteux,l'autre étique,
L'autre n'atend que le Cyprés,
Et celuy qui fut hydropique,
Guarist pour retomber apres:
Nous sommes humains tout expres,
Pour auoir le cœur outragé
D'vn aigle,qui le voit d'aupres
Naistre afin qu'il soit remangé.
   Bien tost sous les ombres,Gaspar,
La mort nous guidera subite,
N'or ny argent de telle part
Ne font que l'homme ressuscite:
Diane son cher Hippolyte
N'en tire hors,ains gist parmy
La troupe,où Thesé se despite
Qu'il n'en peut r'auoir son amy.

                              L'homme

» 	*L'homme ne peut fuïr au monde*
» 	*Le certain de sa destinée,*
Le marinier craint la fiere onde,
Le soldat la guerre obstinée,
Et n'ont peur de voir terminée
Leur vie sinon en tels lieux,
Mais vne Mort inopinée
Leur a tousiours fermé les yeux.

   Dequoy sert donc la medecine,
Et tout le Gayac estranger,
Vser d'onguens ou de racine,
Boire bolus, ou d'air changer:
Quand cela ne peut alonger
Noz iours contez? où cours-tu Muse
Repren ton stile plus leger
Et à ce graue ne t'amuse.

ODE XXXIII.
Non mesurée.

Quand ie seroy si heureux de choisir
  Maistresse selon mon desir,
Mon Peletier, ie te veux dire
  Laquelle ie voudrois eslire
Pour la seruir, constant, à son plaisir!
L'âge non meur, mais verdelet encore,
  Est l'âge seul qui me deuore
  Le cœur d'impatience ateint,
  Noir ie vueil l'œil & brun le teint,
Bien que l'œil verd toute la France adore.

J'ayme la bouche imitante la rose
 Au lent Soleil de May declose,
  Vn petit tetin nouuelet
  Qui se fait desia rondelet,
Et sur l'yuoire, esleué se repose.

La taille droitte à la beauté pareille,
 Et dessous la coife vne oreille
  Qui toute se montre dehors,
  En cent façons les cheueux tors,

La ioue égale à l'Aurore vermeille.
L'estomac plein, la iambe de bon tour
 Pleine de chair tout à l'entour
  Que volontiers on tateroit,
  Vn sein qui les Dieux tenteroit,
Le flanc haussé, la cuisse faite au tour.

La dent d'yuoire, odorante l'haleine,
 A qui s'égaleroient à peine
  Les doux perfums de la Sabée,
  Ou toute l'odeur desrobée
Que l'Arabie heureusement ameine.

L'esprit naif, & naïue la grace,
 La main lasciue, ou qu'elle embrasse,
  L'amy en son giron couché,
  Ou que son Lut en soit touché,
Et vne voix qui mesme son Lut passe.

Le pied petit, la main longuette & belle
 Dontant tout cœur dur & rebelle,

Et vn ris qui en descouurant
Maint dyamant, allast ouurant
Le beau seiour d'vne Grace nouuelle.

Quell' sceut par cœur tout cela qu'à chanté
Petrarque en amours tant vanté,
Ou la rose si bien descrite,
Et contre les femmes despite,
Dont ie serois comme d'elle enchanté.

Quant au maintien inconstant & volage,
Folatre & digne de tel âge,
Le regard errant çà & là,
Vn naturel auec cela
Qui plus que l'art miserable soulage.

Ie ne voudrois auoir en ma puissance
A tous coups d'elle iouyssance,
Souuent le nier vn petit
En amour donne l'appétit,
Et fait durer la longue iouyssance.

D'elle le temps ne pourroit m'estranger,
N'autre amour, ne l'or estranger,
Ny à tout le bien qui arriue
De l'Orient à nostre riue
Ie ne voudrois ma brunette changer.

Lors que sa bouche à me baiser tendroit,
Ou qu'aprocher ne la voudroit,
Faignant la cruelle faschée,
Ou quand en quelque coing cachée
Sans l'auiser pendre au col me viendroit.

ODE XXXIIII.

Non mesurée.

Maclou amy des Muses
En la Musique expert,
Pour-neant tu t'amuses,
Le temps en vain se pert,
Menant vn dueil apert:
Il vaut mieux que tu iettes
Les mordantes sagettes
Qui ton cœur vont greuant,
Aux Scythes, ou aux Getes,
A l'abandon du vent.

Ceux à qui point n'agréent
Tes beaux ars tant connus,
Et qui ne se recréent
De voir les Siluains nus,
Et les peres cornus
Pendre au haut d'vn rocher,
Doyuent bien se facher:
Non toy, dont la Poësie
Peut le soin arracher
Hors de ta fantasie.

Et quoy? ie voy tes yeux
Moites d'vn pleur amer,
Soit quand Phebus aux cieux
Vient le iour alumer,
Ou quand dedans la mer
Ses cheuaux il abreuue,

Gemissant ie te treuue
La fin de ton malheur,
Puis que ne bois, ne fleuue
N'apaise ta douleur.
  Donc, la faueur du monde
Te fait desesperer,
Laquelle on peut à l'onde,
Iustement comparer,
Qui ne sçauroit durer
Vne heure sans orage,
Apren à ton courage
Voler ainsi qu'il faut,
Par cette aile le sage
S'en vole aux Dieux là haut.
  Il est vray que la Court
Des Princes est aimable,
Mais long temps on y court
Sans fortune amiable.
Sor de là, pitoyable:
Quand la mort se courrousse
Sans égard elle pousse
A bas vn Empereur,
De la mesme secousse
Qu'ell' fait vn laboureur.
  La vertu qui ordonne
Aux bons immortel nom,
N'a baillé la conronne
De Laurier pour renom
A nul homme, sinon

Qu'à celuy qui n'a garde
De prendre l'or en garde,
Viuant du sien contant,
Et à qui le regarde
D'vn œil ferme, & constant.
» C'est plus de commander
» Sur ses affections,
» Qu'aux Princes d'amander
» De mille nations,
» Qui de ses passions
» Est maistre entierement,
» Celuy vit seulement
» N'eust il qu'vn toist de chaume,
» Et plus asseurement
» Qu'vn Roy de son Royaume.
Quand nostre vie humaine
Longue en santé seroit,
Chaqu'vn à iuste peine
Des biens amasseroit,
Et point n'offenseroit!
Pour la vie si breue
Faut-il tant qu'on se greue
» D'amasser & d'auoir?
» Matin le iour se leue
» Pour mourir sus le soir.
O soin meurtrier, encores
Que l'on s'alast cacher
Bien loin entre les Mores,
Tu nous viendrois chercher

Pour nous nuire & facher:
Le gendarme en sa troupe
Tout seul te porte en croupe,
Et tu te vas cachant
Iusque au fond de la poupe
Compaignon du marchant.

 Donques puis que l'enuie
Et l'auarice forte,
Sont bourreaux de la vie
De l'homme qui les porte:
Mon amy, ie t'enhorte
De les chasser, entens
A te donner bon temps,
Fuy les maux qui t'ennuient,
Qu'esse que tu atens?
Les ans legers s'enfuient.

 Le temps bien peu durable
Tout chauue par derriere
Demeure inexorable
S'il franchist sa carriere.
L'infernale portiere
Hoche de main égale
La grand cruche fatale,
Soit tost ou tard, le Sort
Viendra vers toy tout pale
Pour t'anoncer la mort.

 Donques vn iour ne laisse
Voler sans ton plaisir,
L'importune vieillesse

Court tost pour nous saisir:
Tandis qu'auons loisir
Tes amours anciennes
Chantons auecq' les miennes,
Ou bien si bon te semble
N'entonnon que les tiennes
Sur nos fleutes emsemble.

 Pour tuer le soucy
Qui rongeoit ton courage,
Asséon'nous icy
Sous ce mignard ombrage:
Voy pres de ce riuage
Quatre Nymphes qui viennent,
A qui tant bien auiennent
Leurs Corsets simplement,
Et leurs cheueux qui tiennent
A vn neud seulement.

 Hê quel pasteur sera-ce
Qui au prochain ruisseau
Ira rincer ma tasse
Quatre ou cinq fois en l'eau?
D'autant, ce vin nouueau
Efface les ennuis,
Et fait dormir les nuis,
Autrement la memoire
De mes maux ie ne puis
Etrangler qu'apres boire.

A RENE MACE
Vandomois.

ODE XXXV.

CE pendant que tu nous dépeins
Des François la premiere histoire
Desensevelissant la gloire
Dont nos ayeux furent si pleins.
　Horace, & ses nombres diuers
Amusent seulement ma Lyre,
A qui i'ay commandé de dire
Ce chant pour honorer tes vers.
　Ie les enten desia tonner
Parmy la France ce me semble,
Et vey tous noz Poëtes ensemble
D'vn tel murmure s'étonner.
　I'entrevoy desia la lueur
Des bien estincellantes armes,
Chasser en fuite les gensdarmes,
Et les cheuaux pleins de sueur.
　Icy le More est abatu,
Et là, le vaillant Charlemaigne
Tenant le fer au poin, enseigne
Aux François d'aymer la vertu.
　C'est là le vray enfantement
De ta graue heroïque Muse,
Qui toute enflée ne s'amuse
Qu'à deuiser bien hautement.

Mais moy à qui ton Apollon
N'a donné si profonde veine,
Ie façonne auec grande peine
Des vers indignes de ton nom.
　　　Tels qu'ils sont, Macé, toutesfois
Ie veux qu'ils témoignent ta gloire,
Et commande à la memoire
Que tu viues plus d'vne fois.
Ils chanteront a nos neueux
Comme tu allas aux montaignes
D'Helicon, voir les Sœurs compaignes
Et Apollon aux beaux cheueux.
　　　Et comme la charmante voix
De tes douces & braues rimes
Les força de quiter leurr Cimes
Pour habiter le Vandomois.

ODE XXXVI.

Qv'on me dresse vn autel, que nonper on m'a-
　　　meine
Trois porcs, & trois agneaux frisés de noire laine,
Qu'on me tire du vin pour verser dans le feu:
Ie veux faire auiourd'huy publiquement vn vœu
Deuant toute la France, & deuot me contraindre
Par vn serment promis iamais de ne l'enfraindre:
Car par droit de nature vn bon cœur est tenu
De soutenir celuy qui l'auoit soutenu.
　　　Or' ainsi que le poil de cette noire beste
Craquette dans le feu, ainsi ma chere teste

DES ODES. 203

Y puisse craquetter, si iamais enuers toy
Constant en mon contrat, ie manque de ma foy.
 En te serrant les mains, par les Dieux ie te iure
De n'endurer iamais qu'vn sot te face iniure
Sans te vanger, ainsi que tu m'as reuangé
Du sot iniurieux qui m'auoit outragé :
Donque, mon cher Magny que nul ne se hazarde
D'offencer ton renom, car i'en ay pris la garde,
Qui peux môtrer à ceux qui s'en voudroiët moquer
De quel aspre aiguillon ma Muse sçait piquer.
 Tandis par cent trauaux poursuy ton entreprise,
» Les Dieux ont la sueur dauant la vertu mise,
» Et faut beaucoup grimper ains qu'atteindre au
  sommet
» Du roc où la vertu liberale promet
» Apres dix mille ennuis, vne gloire eternelle
» A ceux, qui comme toy seront amoureux d'elle,
Et qui dedaigneront d'vn courage hautain
Ces mastins enuieux, qui nous mordent en vain.

ODE XXXVII.

Lors que ta mere estoit preste a gesir de toy,
Si Iupiter des Dieux & des hommes le Roy
Luy eust iuré ces mots : L'enfant dont tu es pleine,
Sera tant qu'il viura sans douleur & sans peine,
Et tousiours luy viendront les biens sans y songer,
Tu dirois a bon droit Iupiter mensonger.
 Mais puis que tu es né, ainsi que tous nous sommes,
A la condition des miserables hommes,

Pour auoir en partage ennuis, soucis, trauaux,
Douleurs, tristesses, soins, tormans, peines, & maux,
Il faut baisser le dôs, & porter la fortune
Qui viët sans nul égard à tous hommes commune:
Ce que facilement, patient tu feras
Quand quelque-fois le iour, en ton cœur penseras
,, Que tu n'es Dieu, mais homme, & qu'on ne voit
    au monde
,, Chose qui plus que l'homme en miseres abonde,
,, Qui plus soudain s'éleue, & qui plus soudain soit
,, Tombé quand il est haut: & certes à bon droit,
,, Car il n'a point de force, & si tousiours demande
,, D'attëter plus que luy quelque entreprise grãde.
    Ce que tu quiers du Roy, Maigny, n'est pas grand
        cas,
Et de l'auoir bien tost encores tu n'a pas
Du tout perdu l'espoir, pource pren bon courage,
Tu n'as garde de fondre au meillieu de l'orage,
Puis que tu as en lieu du bel astre besson
Des Spartains, la faueur de ton grand d'Auanson,
Qui ia pousse ta nef sur la riue deserte,
Pour y payer tes vœux à Glauque & Melicerte.

PALINODIE A DENISE.

ODE XXXVIII.

Telle fin maintenant soit mise
    Que tu voudras au vers, Denyse,
Qui malin a depité

DES ODES.

Ton cœur, ou soit que tu le noyes
Que tu le rompes, ou l'envoyes
 Au feu qu'il a merité.
La grande Cybele insensée,
N'ébranle pas tant la pensée
 De son ministre chastré :
Non Bachus, non Phebus ensemble
Le cœur de son prestre qui tremble
 Dedans sa poitrine entré.
Comme l'ire quand elle enflamme
De sa rage, le fond de l'ame,
 Qui ne s'epouuente pas
Non d'vn couteau, non d'vn naufrage,
Non d'vn Tyran, non d'vn orage
 Que le Ciel darde çà bas.
De chaque beste Promethée,
A quelque partie adioustée
 Dans l'homme, & d'art curieux
D'vn dous aigneau fit son visage
Trampant son cœur dedans la rage
 D'vn rous Lyon furieux.
Tousiours l'ire cause la guerre,
Et seule a renuersé par terre
 Le mur Amphyonien,
Voire & fit qu'apres dix ans Troye,
(Hector ia tué) fut la proye
 Du grand Roy Mycenien.
,, Iamais l'humaine coniecture
,, N'a preueu la chose future,

« Et l'œil trop ardant de voir
» Le temps futur qui ne nous touche,
» En son auis demeure louche:
Qui le futur peut sçauoir?
Lás si i'eusse preueu la peine
Dont maintenant ma vie est pleine,
Ie n'eusse iamais laché
Vne Ode d'erreur si tachée
De laquelle t'ayant fachée
Moymesme ie suis faché.
Ores ores ie voy ma faute,
Ie connoy bien elle est haute
Et ie tends les mains afin
Que ta sorceliere science
Dont tu as telle experience
Ne mette mes iours à fin.
Ie te supply par Proserpine
(De Pluton la douce rapine)
Que courroucer il ne faut,
Et par tes liures qui émeuuent
Les astres charmez, & les peuuent
Faire deualer d'enhaut:
Reçoy mes miserables larmes,
Et me délie de tes charmes,
Epouuentable labeur:
Détourne ton rouët, Prestresse,
Déchante les vers qui sans cesse
M'acablent d'vne grand' peur.
Telephe Roy de Mysie

Peut bien flechir la fantasie
 D'Achil' pour le secourir,
Quand sa grande lance Pelienne,
En la mesme plaie ancienne
 Repassa pour le guarir.
D'Ulysse la péneuse troupe
Reboyuant de Circe la Coupe
 Laissa des porcs le troupeau,
Et luy rougit dedans la face
L'honneur,& la premiere grace
 De son visage plus beau.
Assés & trop hêlas i'endure,
Assés & trop ma peine est dure,
 Mon teint souillé par tes eaux
Efface sa couleur de roses,
Et mes vénes ne sont encloses
 Sinon que de flaques peaux.
Ma teste de tes onguens teinte,
Plus blanche qu'vn Cigne s'est peinte,
 Nul repos mon mal deçoit,
Le iour me point, la nuit me presse,
Et mon cœur ne brise l'opresse
 Que par tes vers il reçoit.
Appaise ta vois Marsienne,
Et fay que l'amour ancienne
 Nous regluë ensemble mieux,
De moy ta colere repousse,
Et lors tu me seras plus douce
 Que la clairté de mes yeux.

A SON LICT.
ODE XXXIX.

Lict, que le fer industrieux
D'vn artisan laborieux
A façonné, presque d'vn égal tour
Qu'a ce grand monde en cerne tout au tour.
   Où celle qui m'a mis le mors
De ses beaux doigts foiblement fors,
Entre mes bras se repose à seiour,
Et chaque nuit égale au plus beau iour.
   Qui vit iamais Mars & Venus
Dans vn tableau portraits tous nus.
Des doux amours la mere estroitement
Tient Mars lassé, qui laisse lentement
   Sa lance tomber à costé
D'vn si plaisant venin donté,
Et la baisant presse l'yuoire blanc
Bouche sur bouche, & le flanc sur le flanc.
   Celuy qui les a veu portrais
Peut sur nous contempler les trais
De leurs plaisirs, lors que m'amye & moy
Tous nuds au lict faisons ie ne sçay quoy.
   Deçà & là d'vn branle doux
Le charlit tremblant comme nous,
Ainsi qu'on voit des blés le chef mouuant
Sous le soupir du plus tranquile vent.
   Hâ que grand tort te font les Dieux
Qui ne te logent en leurs cieux,

Tu leur serois vn ornement plus beau
Que n'est leur chien, leur asne & leur corbeau.

ODE XL.

SI i'ayme depuis naguiere
Vne belle chamberiere,
Ie ne suis pas à blasmer
De si bassement aymer.
 Car l'amour n'est point villaine
Que maint braue capitaine,
Maint philosophe, & maint Roy,
A trouué digne de soy.
 Hercule, dont l'honneur vole
Au Ciel, aima bien Iöle,
Qui prisonniere dontoit
Celuy qui son maistre estoit.
 Achille, l'effroy de Troie,
De Briseis fut la proie,
Dont si bien il s'eschaufa,
Que serue, elle en triumpha.
 Aiax eut pour sa maitresse,
Sa prisonniere Tecmesse,
Bien qu'il secouast au bras
Vn bouclier à sept rebras.
 Agamemnon se vit prendre
De sa captiue Cassandre,
Qui sentit plus d'aise au cœur
D'estre veinqu que veinqueur.
 Le petit amour veut estre

Tousiours des plus grands le maistre,
Et iamais il n'a esté
Compaignon de maiesté.

A quoy diroy-ie l'histoire
De Iupiter, qui fait gloire
De se vestir d'vn oyseau,
D'vn Satyre, & d'vn toreau,

Pour abuser nos femelles?
Et bien que les immortelles
Soient à son commandement,
Il veut aimer bassement.

Iamais on n'a que tristesses
A seruir ces grands Deesses:
Qui veut auoir ses esbas,
Il faut aimer en lieu bas.

Quand à moy, ie laisse dire
Tous ceux qui veulent médire,
Ie ne veux laisser pour eux
En bas lieu d'estre amoureux.

DE LA FLEVR DE
la Vigne.

ODE XLI.

NI la fleur qui porte le nom
D'vn mois, & d'vn Dieu: ny la rose
Qui dessus la cuisse d'Adon,
D'vne playe se vit éclose
Ny les beaus œillets empourprez

Du teint de Bellonne, ny celle
Fleurette qui parmy les prés
Du nom d'Hyacinthe s'apelle:
   Ny celle, qu'Aiax enfanta
De son sang vermeil empourprée,
Lors que furieux il planta
Dans son cœur la Troyenne espée:
   Ny celle, qui iaunit du teint
De la fille trop enuieuse,
En voyant le Soleil atteint
D'vne autre plus belle amoureuse:
   Ny celle, qui desur le bord
D'vne belle source azurée
Nasquit sur l'herbe, apres la mort
De la face trop remirée:
   Ny les fleurons que diffama
Venus, alors que sa main blanche
Au milieu du liz enferma
D'vn grand asne le roide manche:
   Ny la belle fleur qui se fit
Des larmes d'Hélene la belle:
Ny celle, que Iunon blanchit
Du laict de sa tendre mammelle,
   Quand faisant teter le Dieu Mars
Du bout de sa Tine esgoutée,
Le laict qui s'escouloit espars
Fit au Ciel la voye laictée:
   Ne me plaisent tant que la fleur
De la douce vigne surée,

Qui de sa nectareuse odeur
Le nez & le cœur me recrée.

Quand la mort me voudra tuer
(A tout le moins si ie suis digne
Que les Dieux me daignent muer)
Ie le veux estre, en fleur de vigne.

Et m'esbahis qu'Anacreon
Qui tant a chery la vendange,
Comme vn Poëte biberon
N'en a chanté quelque louange.

LES PEINTVRES D'VN
Paysage.

ODE XLII.

Tableau, que l'éternelle gloire
D'vn Apelle auouroit pour sien,
Ou de quelqu'autre, dont l'histoire
Celebre le nom ancien,
Tant la couleur heureusement parfaite
A la nature en son mort contrefaite,

Où la grand bande renfrongnée
Des Cyclopes laborieux
Est à la forge embesongnée,
Qui d'vn effort industrieux
Haste vn tonnerre, afin d'armer la dextre
Du plus grand fils que Saturne ait faict naistre.

Trois, sur l'enclume gemissante

D'ordre égal le vont martelant,
Et d'vne tenaille pinçante
Tournent l'ouurage eſtincelant:
Vous les diriés qu'ils ahanent & ſuent
Tant de grands coups deſur l'enclume ruent.

En trois rayons de pluie torte
Tout le tonnerre eſt finiſſant,
En trois de vent qui le ſuporte,
Et en trois de feu rougiſſant.
Ores de peur, ores de bruit, & ore
D'ire & d'éclair, on le poliſt & dore.

Les autres deux ſoufflets entonnent,
Qui dans leurs grands ventres enflés
Prennent le vent, & le redonnent
Par compas aux charbons ſoufflés,
Le metal coulle, & dedans la fournaiſe
Comme vn étang ſe répand en la braiſe.

Vn peu plus haut parmy les nues
Enflées d'vn vague ondoiant,
Le pere ſes fleches connues
Darde aual d'vn bras foudroiant.
Le feu ſe ſuit, & ſacageant l'air, gronde
Faiſant trembler le fondement du monde.

Entre l'orage, & la nuit pleine
De greſle martelant ſouuent,
Vn Pilote cale à grand peine
Sa Voile trop ſerue du vent.

La mer le tançe & les flots irés baignent
De monts bossus les cordes qui se plaignent.

   Les longs traits des flammes grand erre
   En forme de lances errans,
   Léchent l'estomach de la terre
   Aux bords des fleuues éclairans,
Et la forest par les vens depessée
Egalle aux champs sa perruque baissée.

   A costé gauche de l'orage
   Iunon sa colere celant,
   De Venus emprunte l'ouurage
   Son beau demiceint excellant:
Et le ceignant, sa force coustumiere
Tira Iupin à l'amitié premiere.

   (Là, les amours sont portraits d'ordre,
   Celuy qui donte les oyseaux,
   Celuy qui chaleureux vient mordre
   Le cœur des Dauphins sous les eaux,
Leandre proye à la mer inhumaine,
Pendu aux flots noué où l'amour le meine)

   Iunon tenant les mains esparses
   De son mary presse le sein,
   Luy qui enfle ses veines arses
   De trop d'amour dont il est plein,
Baise sa femme, & sur l'heure fait naistre,
Le beau printemps saison du premier Estre.

   De l'Ocean l'image emprainte

Contraint ses portraits finissans,
D'asur verdoyant elle est peinte,
Et d'argent ses flots blanchissans,
Où les Dauphins aux dos courbez y nouënt,
Et sautelans à mille bonds se iouënt.

Au milieu de l'onde imprimée
Comme grandes forests, on voit
S'esleuer la nauale armée
Que Charles à Thunis auoit:
Les flots batus des auirons qui sonnent
Contre les flancs de cent barques resonnent.

Enuironné d'vne grand' trope
Son pouuoir le rend orgueilleux,
Trainant les forces de l'Europe,
Auec soy d'vn bras merueilleux.
L'Espaigne y est, & les peuples qui viuent
Loin dessus l'Ourse, & les Flamens le suiuent.

Pres de Thunis sur le bord More,
L'African aueugle au danger,
La mer verte en pourpre colore
Au sang du soldat estranger:
Mars les anime, & la Discorde irée
Trainant sa robe en cent lieux deßirée.

Tout au bas, d'vne couleur palle
Est repaint l'Empereur Romain,
Craignant nostre Roy qui égale
Les Dieux par les faits de sa main:

O iiij

Mais pour-neant, car de Henry la lance
Ia-ia captif le traine dans la France.

    Paris tient ses portes descloses
    Receuant son Roy belliqueur,
    Vne grand nuë de roses
    Pleut à l'entour du chef vainqueur.
Les feux de ioye icy & là s'alument,
Et iusque au ciel les autels des Dieux fument.

A REMY BELLEAV.
ODE XLIII.

TV es vn trop sec biberon
  Pour vn tourneur d'Anacreon,
Belleau, & quoy! cette Comette,
Qui naguiere au ciel reluisoit,
Rien que la soif ne predisoit,
Ou ie suis vn mauuais prophette.
  Les plus chaux astres aitherez,
Ramenent les iours alterez
En ce mois, pour nous faire boire:
Boy doncques : apres le trespas,
Ombre, tu ne boiras là bas
Que ie ne sçay quelle onde noire.
  Mais non, ne boy point, mon Belleau:
Si tu veux monter au troupeau
Des Muses, desur leur montaigne:
Il vaut trop mieux estudier
Comme tu faits, que s'alier

De Bachus & de sa compaigne.
 Quand auecques Bachus on ioint
Venus sans mesure, on n'a point
Saine du cerueau la partie:
Donc, pour corriger son defaut
Vn vieil pedagogue il luy faut,
Vn Silene qui le chastie:
 Ou les pucelles dont il fut
Nourry quand Iuppin le reçeut
Tout vif de sa mere brulée:
Ce furent les Nymphes des eaux:
« Car Bachus gaste noz cerueaux
« Si la Nymphe ny est meslée.

A IOACHIM DV BELLAI
Angeuin.

. ODE XLIIII.

EScoute, du Bellai, ou les Muses ont peur
De l'enfant de Venus, ou l'aiment de bon cœur,
Et tousiours pas'à pas acompaignent sa trace:
Car si quelqu'vn ne veut les amours desdaigner,
Toutes à qui mieux-mieux le viennent enseigner,
Et sa bouche mielleuse emplissent de leur grace.
 Mais au braue qui met les amours à desdain,
Toutes le desdaignant le delaissent soudain,
Et plus ne luy font part de leur gentille veine,
Ains Cleion luy defend de ne se plus trouuer
En leur dance & iamais ne venir abreuuer

Sa bouche non amante, en leur belle fontaine.

Certes i'en suis tesmoin, car quand ie veux louër
Quelque hôme ou quelque Dieu, soudain ie sés nouër
La langue à mon palais, & ma gorge se bouche:
Mais quand ie veux d'amour ou escrire ou parler,
Ma langue se desnouë, & lors ie sens couler
Ma chanson d'elle-mesme aisément en la bouche.

ODE XLV.

SI mes vers semblent dous, s'ils ont eu ce bon-heur
De plaire à toute France, ils m'ont rendu l'hon-
neur
Que Clothon m'a filé, & s'ils sont au contraire,
Que me vaudroit, Durban, dauantage d'en faire?
Ie serois vn grand sol. Si les destins amis
Vn double sort de vie à l'homme auoient permis
« L'vn pour viure en plaisir, & l'autre en desplai-
sance:
« Aumoins en son tourment l'hôme auroit esperâce
« De viure aisé à son tour apres le mal finé:
Mais puis que le destin à l'homme n'a donné
Qu'vne petite vie, encore toute pleine
(Sur tous les animaux) de trauail & de peine!
Respondez moy chetifs, & pourquoy si souuent
Vous donnez vous en proye à la fureur du vent,
Afin de raporter vne Barque chargée,
Le naufrage futur de Carpathe ou d'Egée:
Et pourquoy pauures sots, pour gaigner le rempart
De quelque froid chasteau, mettez vous au hazart

Si souuent vostre corps, qui est si foible & tendre
Qu'à peine se peut il d'vne fieure deffendre,
Tant s'en faut d'vn canon! & pourquoy tant de fois
Allez vous mandier des Princes & des Rois
Vne foible & mondaine & chetiue largesse,
Afin d'amonceler vne breue richesse,
Et ne voyez la mort qui talonne voz pas!
 O pauures abusez, & ne sçauez-vous pas
Que vous estes mortels! & que la Parque sage
Vous a de peu de iours borné vostre voyage?

ODELETTE XLVI.

LA Nature a donné des cornes aux Toreaux,
Et la crampe du pié pour armes, aux Cheuaux,
Aux Poissons le nouër, & aux Aigles l'adresse
De bien voler par l'air, aux Lieures la vitesse,
Aux Serpens le venin qu'ilz recellent dedans
Les peaux de la genciue, & aux Lions les dens,
A l'homme la prudence, & n'ayant plus puissance
De donner comme à l'homme, aux femmes la pru-
 dence,
Leur donna la beauté, pour les seruir en lieu
De haches, & de dars, de lances & d'espieu:
Car la beauté, Nicot, d'vne plaisante dame,
Surmonte hommes & Dieux, les armes, & la flame.

ODE XLVII.

NOus viuons, mon Panias, vne vie sans vie
Nous autres qui viuons, nous seruons à l'enuie,

Nous seruons aux faueurs, & iamais nous n'auons
Vn seul repos d'esprit tandis que nous viuons.
  De tous les animaux qui viuent sur la terre
« L'homme est le plus chetif, car il se fait la guerre
« Luymesmes à luymesme, & n'a dans son cerueau
« Autre plus grand desir que d'estre son bourreau.
Regarde ie te pry' le beuf qui d'vn col morne
Traine pour nous nourrir le ioug dessus la corne,
Bien qu'il soit sans raison gros & lourd animal,
Iamais il n'est par luy la cause de son mal,
Ains patientement le labeur il endure,
Et la loy qu'en naissant luy ordonna Nature.
  Puis quand il est au soir du labeur délié,
Il met pres de son ioug le trauail oublié,
Et dort heureusement iusque à tant que l'Aurore
Le réueille au matin pour trauailler encore.
  Mais nous paures chetifs, soit de iour, soit de nuit
Tousiours quelque tristesse espineuse nous suit
Qui nous lime le cœur: si quelqu'vn esternue
Nous sommes courroussez, si quelqu'vn par la rue
Passe plus grand que nous, nous tressuons d'ahan,
Si nous oyons crier de nuit quelque Chouan
Nous herissons d'effroy: bref à la race humaine
Tousiours de quelque part luy suruiët quelque peine:
« Car il ne luy sufist de ses propres malheurs
« Quelle a dés le berçeau, mais elle en cherche ail-
    leurs:
« L'honneur, procés, l'amour, la rancœur, la feintise,
« L'ambition, l'honneur, l'ire, & la couuoitise,

« *Et le sale appetit d'amonceler des biens*
« *Sont les maux estrangers que l'homme adiouste
    aux siens.*

A MARTIAL DE LOMENIE.

ODE XLVIII.

Quand l'homme ingrat feroit tous les iours sa-
    crifice
D'vne Hecatombe aux Dieux, fraudé de son seruice
Ne seroit escouté: car leurs yeux destournez
Ne se voudroient souiller de ses presens donnez,
Tant l'homme ingrat desplaist aux Dieux qui tout
    preuoient,
Et qui de leurs tonneaux bien & mal nous enuoyēt.
Si i'estoy, Lomenie, ingrat en ton endroit
La Muse desormais rétiue ne voudroit
Venir à mes chansons, & pour neant sa trasse
Ie suiuroy sur le mont du cheuelu Parnasse,
Pour neant ie boiroy des flots Aöniens,
En vain ie dormirois és antres Thespiens,
En vain ie nommeroy son nom par les riuages,
Car elle me fuiroit dans les forests sauuages
Elle, & toutes ses Sœurs, comme ne voulant pas
Suiure d'vn homme ingrat ny la voix ny les pas.
Pource, Pindare feint que le damné Tantale
Amonneste à bon droit parmy l'ombre infernale
Chacun debteur de rendre à son tour le bien-faits
Qu'vn autre au parauant, amy luy aura fait.

Quand ie t'auroy' donné les tresors de l'Asie,
Ie n'auroy respondu à cette courtoisie
Dont tu m'as obligé de telle sorte à toy,
Que la mort ne perdra les graces que i'en doy
Non certes à toy seul, mais ensemble à ton frere,
Que Calliope estime, & qu'Apollon reuere:
Car tant que mes chansons auront quelque pouuoir,
Ie veux qu'à noz Neueux elles facent sçauoir
D'age en age suiuant (pour euiter l'offence
Où tombent les ingrats) qu'en seule recompense
De tant d'honnestetez dont tu m'as rendu tien,
Ie ne t'ay remboursé, ny n'ay peu, d'autre bien
Que du bien des neuf Sœurs, bien, qui pauure ne cede
Aux plus riches tresors que l'Orient possede.

✶ ✶
✶

LE TROISIESME
LIVRE DES ODES DE
P. de Ronsard, Vandomois.

AV ROY HENRY.

ODE I.

Omme on voit la navire attendre bien souvent,
Au premier front du port, la conduite du vent,
Afin de voyager, haussant la voile enflée
Du costé que le vent sa poupe aura souflée:
Ainsi, Prince, ie suis sans bouger attendant
Que ta sainte faueur aille vn iour commandant
A ma nef, d'entreprendre vn chemin honorable
Du costé que ton vent luy sera favorable.

Car si tu es san guide, el' n'aura iamais peur
De trouuer dessous l'eau, non le rocher trompeur,
Non les bans perilleux des sablonneuses Rades,
Non pas Scylle, ou Charybde, ou les deux Symplegades:
Mais seurement voguant sans crainte d'abismer,
Ie ese, emportera les Muses par la mer,
Qui pour l'honneur de toy luy montreront la voye

D'aller bien loin de France aux riuages de Troye,
Et là, sous les monceaux de tant de murs vaincus
Là premier retrouuer le fils d'Hector, Francus,
Et soudain l'amener sous ta conduite, Sire,
Enterrer Andromache à la coste d'Epire,
Et de là, plus auant (eschapez des dangers
Des Gregeois ennemis, & des flots estrangers)
Gaigner la mer Euxine & l'emboucheure large,
Ou le cornu Danube en la mer se descharge:
De là, contre ses eaux, costoyant les Gelons,
Les Gots, les Thomiens, les Getes, les Polons,
Aborder en Hongrie, & là, bastir la ville
De Sicambre, au giron d'vne plaine fertile.
Là, quitant la nauire à l'abandon des flots
Ie me mettrois à pié, & chargerois mon dos
De mainte grosse pierre aux compas agencée
Pour aider à bastir la ville commencée.
Mais quand desia les murs seroient paracheuez,
Et qu'on verroit au ciel les palais esleuez,
Et quand plus les Troyens s'asseureroient à l'heure
D'y auoir pour iamais aresté leur demeure:
Las! il faudroit quiter ce bastiment si cher,
Et par destin ailleurs autres maisons chercher:
Car l'ireuse Cerés à grand tort courroucée
Contre-eux d'auoir sans feu sa chapelle laissée
Gasteroit la campaigne, & d'vn cœur despité
Vne peste espandroit par toute la cité.

   Alors du pere Hector la ressemblance pale,
La nuit, par le congé de la Royne infernale

Prendroit

Prendroit à l'impourueu & la bouche & les yeux,
Et la voix d'Amynthor grand Augure des Dieux,
Et amonnesteroit son enfant d'aller querre
Dessus les bords de Seine, autre nouuelle terre,
Et que là, pour l'honneur de son oncle Paris,
Bastiroit a iamais la ville de Paris,
Ville, que ses neueux & sa Troyenne race
Tiendroient de main en main pour leur royalle place.

 Il me semble desia que i'oy de toutes pars
Desloger ton Francus, & la voix des soldars,
Et le hanissement des cheuaux, & la tourbe
Des vieux peres laissez sur le riuage courbe,
Et le cry des enfans, & les pleurs soucieux
Des femmes, enuoyer vn bruit iusques aux cieux:

 Mais pour cela Francus ne cede à la fortune,
Ains deçà & delà ses soldats importune
De vestir le harnois, & haut aparoissant
Entre tous ses guerriers, còme vn gràd Pin croissant
Sur les menus Cyprés, sacage la campaigne,
Et defie au combat les Princes d'Alemaigne.

 Les champs de Franconie en armes il passa,
Et son nom pour iamais à la terre laissa.
Passa le Rhin Gaulois, la Moselle, & la Meuse,
Et vint planter son camp dessus la riue herbeuse
De Marne au large cours, & de là costoyant
Plus bas le gauche flanc de Seine tournoyant
Fonda dedans vne Isle au milieu d'vne plaine
La ville de Paris, qui pour lors n'estoit pleine
Que de buissons & d'herbe, & ses grans Palais d'or

P

Comme ils font auiourd'huy n'y reluyſoient encor.
  Tous les Rois habitans en la Gauloiſe terre
Si toſt qu'il arriua luy manderent la guerre,
Et qu'il ne failloit pas qu'vn eſtranger banny
Se remparaſt ainſi d'vn tel pays garny
D'hommes & de cheuaux, qui plus-toſt que tépeſte
Vn orage ferré verſeroyent ſur ſa teſte.
  Mais luy qui reſſembloit ſon pere courageux
Ne pouuant endurer leurs propos outrageux
Premier les aſſaillit, & leur donna la fuite
Ayant pris à Beauuais Bauo pour ſa conduite:
  Preſques vn an entier en-contre eux batailla,
Et mille-fois en proye à la mort ſe bailla,
Tant il y eut de peine, ains que Francus en France
Semaſt de tes ayeux la premiere naiſſance.
  De ce vaillant Francus les faits ie chanterois,
Et pres de ſes vertus les vertus ie mettrois
Des Rois iſſus de luy, qui iuſqu'aux Pyrenées,
Et iuſqu'aux bors du Rhin les Gaules ont bornées,
Et, braues, ſe ſont faits par l'effort de leurs mains,
De tributaires, francs des Empereurs Romains.
  Apres de pere en fils par vne meſme trace
Ie viendrois aux Valois, les tiges de ta race:
Mais quand remply d'ardeur ie chanterois de toy,
Vn eſprit plus qu'humain me rauiroit de moy,
Et rien, rien que Phebus, & ſa fureur diuine
Ne pourroit reſpirer ma bouillante poitrine.
Ie m'irois abreuuer és ruiſſeaux Pegaſins,
Et m'endormant à part dans leurs antres voiſins,

Ie songerois comment Les Françoises Charites,
Hautes, égalleroient mes vers à tes merites,
Et peut estre qu'vn iour ie te dirois si bien
Que l'honneur d'vn Roland auroit enuie au tien.
" En vain certes en vain les Princes se trauaillēt,
" En vain pour gloire auoir l'vn à l'autre bataillēt,
" Si apres cinquante ans fraudez de leur renom
" Le peuple ne sçait point s'ils ont vescu ou non.
" Ce n'est rien (mō grand Roy) d'auoir Bolongne prise,
" D'auoir iusques au Rin l'Alemaigne conquise,
" D'auoir Mets, Danuillier, Yuoir, Parme, Sienne,
" Et cette isle qui ioint la mer Sicilienne,
" Si la Muse te fuit, & d'vn vers solennel
" Ne te fait d'age en age aux peuples eternel.
"   Les palais, les citez, l'or, l'argent & le cuiure
" Ne font les puissans Rois sans les Muses reuiure,
" Sans les Muses deux fois les Rois ne viuent pas,
" Ains despouillez d'honneur se lamentent là bas
" Aux riues d'Acheron, seulement cette gloire
" Est de Dieu concedée aux filles que Memoire
" Conçeut de Iupiter, pour la donner à ceux
" Qui attirent par dons les Poëtes chez eux.
" Tout le riche butin, toute la belle proie
" Que les deux freres Grecs auoiēt cōquise à Troye
" Est perie auiourd'huy, & ne connoistroit lon
" Achile, ny Patrocle, Aiax, n'Agamenon
" Ny Rhese, ny Glaucus, ny Hector, ny Troïle,
" Et tant de gens vaillans perdus deuant la vile

P y

« Seroient comme de corps, de gloire deuêtus,
« Si la Muſe d'Homere euſt celé leurs vertus:
«   Ainſi que vignerõs qui ont és mains l'empoule
« A force de beſcher, ſeroient parmy la foule
« Des eſprits inconnus, & leur vertu qui luit
« Seroit enſeuelie en l'éternelle nuit.
« Doncques pour engarder que la Parque cruelle
« Sans nom t'enſeueliſſe en la nuit eternelle,
« Touſiours ne faut auoir à gage des maçons
« Pour transformer par art vne roche en maiſons,
« Et touſiours n'acheter auecques la main pleine,
« Ou la medale morte, ou la peinture vaine.
« Mais il faut par bien-faits & par careſſe d'yeux
« Tirer en ta maiſon les miniſtres des Dieux
« Les Poëtes ſacrez, qui par leur eſcriture
« Te rendront plus viuant que maiſon ny peinture.
    Entre leſquels (mon Roy) de ſi peu que ie puis,
Ton deuot ſeruiteur dés enfance ie ſuis
Comme le nourriſſon de ta grandeur proſpere,
Qui ſeule m'a nourry, mes freres, & mon pere.
Pour toy (mon Roy) pour toy, hardy i'entreprẽdrois
De faire en armes teſte à la fureur des Rois,
Et de rauir des poings à Iupiter la foudre:
Pour toy ſeul, ie mettroy dedans les yeux la poudre
A tous mes deuanciers, s'il plaiſt à ta grandeur
(Si digne au-moins i'en ſuis) de me faire tant d'heur
Qu'vn iour me cõmander (d'vn ſeul clin) que ie face
Ma Franciade tienne, où la Troïenne race
De Francus ton anceſtre, où les faits glorieux

De tant de vaillans Rois qui furent tes ayeux,
Où mesmes tes vertus y luiront euidentes.
Comme luisent au ciel les estoilles ardantes
Sortant de l'Ocean. Là doncques mon grand Roy
En me la commandant, liberal donne-moy
Ta grace & ta faueur, & pour la recompense
Ie t'apreste vn renom & à toute la France,
Qui vif, de siecle en siecle à iamais vollera
Tant qu'en France François ton peuple parlera.

A LA ROYNE.

ODE II.

Ere des Dieux ancienne
Berecynthe Phrygienne,
A qui cent prestres ridez
Font auecques cent Menades
Au son du Buis, des gambades
Au haut des sommets Idés.

 Laisse-laisse ta couronne
Que mainte tour enuironne
Et ton mystere Orgyen,
Et plus à ton char n'atache
Tes grans Lions, & te cache
Dans quelque antre Phrygien.

 Vne autre Mere nouuelle,
Vne autre Mere Cybelle,
Nous est transmise des cieux:
Qui plus que toy bien-heureuse

Se void mere plantureuse
D'vn plus grand nombre de Dieux.

Iunon en pompe si grande
Ne fend la celeste bande
Qui luy courbe les genoux,
Quand elle graue matrone,
Se va seoir aupres du throsne
De son frere son espoux.

Comme toy Iunon de France
Graue en royalle apparence
Fens la tourbe des François,
T'allant seoir à la main dextre
De ton espous nostre maistre,
Le meilleur de tous le Rois.

Duquel apres mainte année
Tu conceus par destinée
Vne abondance d'enfans,
Qui diuiseront le monde,
Et de sa grand masse ronde
Seront les Rois triomphans.

Mais d'autant que plus d'affaire,
Et plus d'ans tu mis à faire
L'enfant que premier tu feis,
Pour le delay de son estre,
D'autant plus grand il doit estre
Que le reste de tes fils.

Car, comme Alcide differe
De prouesses à son frere
Conceu par trois nuits de temps,

Ton fils aura d'auantage
Que ses freres de courage
Qui mit à naistre sept ans.
 Tout aussi tost que Lucine
Eust fortuné ta gesine,
Et que l'enfant nouueau né,
De sa douce voix premiere
Eust salué la lumiere
Du iour à chacun donné.
 Tu n'as pas comme fit Rhée,
A la pierre deuorée
Le corps de ton filz changé,
De peur que ne le perdisses,
Et le perdant ne le visses
Par vn Saturne mangé.
 Et ne l'as porté, secrete,
Dedans vn antre de Crete,
Afin qu'il vesquit de miel,
Afin aussi que sa leure
Suçast le laict de la cheure
Que depuis il mit au ciel.
 Et que les Cretois gendarmes
S'entrechoquant de leurs armes
En dançaut fissent vn son
Parmy l'antre solitaire,
Pour engarder que le pere
N'entrouist son enfançon.
 Mais tu l'as Roine tressage
Porté de son premier aage

P iiij

Non à Nede, non auſsi
Aux compagnes Dicteennes,
Non aux Nymphes Meliennes
Pour en prendre le ſoucy.

 Mais à Durfé qui radreſſe
Les fautes de ſa ieuneſſe
Par vn art induſtrieux,
Et comme en la cire tendre
En cent façons luy faict prendre
Les vertus de ſes ayeux.

 Ores, vne ombre il exerce
D'vne bataille diuerſe,
Et tenant le fer en main
Les ſiens au combat il ſerre,
Et braue, eſmeut d'vne guerre
La figure faite en vain.

 Ores les cheuaux il donte,
Et leur bruteſſe ſurmonte
Par vn doux commandement,
Ores dontez il les guide,
Et leur attache à la bride
Vn humain entendement.

 Ores ſa voix il façonne,
Et de ſes doigts le lut ſonne,
Doigts, qui toſt doiuent darder
Les armes de telle ſorte,
Que l'Eſpagne tant ſoit forte
Ne les pourra retarder.

 Mais cela ne le deſtourne

Qu'a son Durfé ne retourne
Ouïr ses mots fructueux,
Ainsi l'enfançon Achille
Escoutoit la voix vtille
Du Centaure vertueux.

Apres que Thetis la belle
Eut brusle sa peau mortelle,
Et que dedans son giron
L'enleuant de l'eau salée,
L'eut sans le sceu de Pelée
Mis dans l'antre de Chiron.

Mais laissons ce Peleide,
Et sa mere Nereide,
Chiron, & l'antre Pholois,
Et ces histoires estranges,
Et redison les louanges
Du diuin sang de Valois.

Oy donque, Royne, & t'amuse
A l'Oracle de ma Muse
Qui va chanter tes honneurs,
Et de tes enfans nos princes,
Et de combien de prouinces
Le ciel les fera Seigneurs.

A MONSIEVR LE
Dauphin.
ODE III.

Que pourroy-ie, moy François
Mieux celebrer que la France,

Le païs à qui ie dois
Le bonheur de ma naiſſance?
Et comme oubliroy-ie auſſi
En le celebrant, la race
De ſon Roy, qui tient icy
Apres Dieu la plus grand' place?

Que me vaudroit de chanter
Ces vieilles fables paſſées,
Qui ne ſeruent qu'à tenter
L'eſprit de vaines penſées?
Qui eſt celuy qui n'a ſceu
De Pelops l'ardante flamme,
Le traiſtre Oenomas deceu,
Et les nopces d'Hipodame?

Ores ie veux eſprouuer
Autre fable plus nouuelle
Que ces vieilles, pour trouuer
Vne autre gloire plus belle
Qui deſia ſe donne à moy,
Si iuſqu'aux païs eſtranges
Du filz aiſné de mon Roy
Ie veux pouſſer les louanges.

Mais moy qui ſuis coutumier
Brouiller mes vers à la mode
De Pindar', de qui premier
Commenceray-ie mon ode?
Commenceray-ie à l'enfant,
Ou par les faits de ſon pere,
Ou par le nom triomphant

De sa Tante, ou de sa Mere?
　I'oy Iupiter qui deffend
Ne commencer par le pere,
Par la Tante, ou par l'enfant,
Mais par le nom de sa mere:
Doncq puis qu'vn dieu me deffend
Ne commencer par le pere,
Les vers qui sont pour l'enfant,
Commenceront par la Mere:
　Laquelle de quatorze ans
Portoit aux bois la sagette,
La robe, & les ars duisans
Aux pucelles de Taigette,
Son poil au vent s'ébatoit
D'vne ondoiante secousse,
Et sur le flanc luy batoit
Tousiours la trompe, & la trousse.
　Tousiours des l'aube du iour
Alloit aux forests en queste,
Ou de filets tout autour
Cernoit le trac d'vne beste,
Ou prenoit les cerfs au cours,
Ou par le pendant des roches
Sans chiens assailloit les ours,
Ou les sangliers aux dents croches.
　Vn iour pour auoir chassé
Long temps vn sanglier sauuage,
Reposa son corps lassé
Dessus les fleurs d'vn riuage:

Elle pend son arc turquois,
Recoiffe sa tresse blonde,
Met pour cheuet son carquois,
Puis s'endort au bruit de l'onde.

Les soupirs qui repoussoient
Du sein la iumelle pomme,
Et ses yeux qui languissoient
Dans la paresse du somme,
Les amours qui euentoient
La sommeillante poitrine,
De plus en plus augmentoient
Les graces de Catherine.

Iupiter la vit des cieux
(Mais est-il rien qu'il ne voye?)
Puis d'vn soin ambicieux
Souhaita si douce proye:
Car amour qui s'écouloit
Venimeux dans ses mouelles,
Ses os conneus luy brusloit
De mile flammes cruelles.

Adonc luy sentant là haut
Au cœur l'amoureuse playe:
C'est ores (dit-il) qu'il faut
Que pour me guerir i'essaye
D'aller voir celle là bas
Qui tient ma liberté prise,
Ma Iunon ne sçaura pas
Pour ce coup mon entreprise.

A grand peine auoit-il dit

Qu'ardant d'aprocher s'amie,
De son throsne descendit
Pres de la Nimphe endormie:
Et comme vn Dieu qui sentoit
D'amour la poignante rage,
A la force s'aprestoit
De rauir son pucelage.

 Mais Arne qui l'entreuit
Poussant l'eau de son espaule,
Hors des flots la teste mit
Ceinte de ioncs & de saule:
Et détournant ses cheueux
Qui flotoient deuant sa bouche,
Defend au Prince amoureux
Qu'à la pucelle il ne touche.

 Si tu n'as desir de voir
(Dict le fleuue) ta puissance
Serue dessous le pouuoir
Du filz qui prendroit naissance
De ceste Nimphe & de toy:
Et si tousiours tu veux estre
Des Dieux le pere & le Roy,
Sans attendre vn plus grand maistre.

 Cesse cesse de tanter
Faire ceste vierge mere,
Qui doit vn iour enfanter
Vn filz plus grand que son pere,
Filz qui donnera ses lois
Soit en paix, ou soit en guerre,

Aux tourbes des autres Rois
Qui sous luy tiendront la terre.
	Vn Prince en Gaule est nourry,
Né de semance roiale,
Qui doit estre son mary,
Elle sa femme loiale:
D'elle & de luy sortira
Ce filz heritier de France,
Qui ciel & terre emplira
Des prouësses de sa lance.
	Les Parques au front ridé,
D'Erebe, & de la nuit nées,
Ont main à main decidé
L'arrest de ces destinées.
	A tant le fleuue plongea
Au plus creux de l'eau sa teste,
Et l'amoureux deslogea
Fraudé de sa douce queste,
	Apres le terme parfait
Predit par la voix diuine,
Le mariage fut fait
De cette Nimphe diuine:
Sept ans peurent s'absenter,
Ains qu'elle fust accouchée.
Du fils, dont ie vais chanter
La louange non touchée.
	Escoute vn peu filz aisné,
Honneur de France & d'Itale,
Le bien qui t'est destiné

DES ODES.

Par ordonnance fatale:
Quand ia ton pere sera
Las de mener les gensdarmes,
Et que vieillart cessera
D'effroier le monde en armes.

Adonc vaillant tu tiendras
Sous luy d'Europe la bride,
Et sous luy tu seruiras
A ses gensdarmes de guide.
Et ensemble fort & fin
En mainte ruse guerriere,
Humble, tu mettras à fin
Les mandemens de ton pere.

Et s'il reste quelque Roy
Qu'il n'ait eu loisir de prendre,
Fait esclaue dessous toy
François tu le feras rendre:
Tu penseras en ton cueur
D'acquerir l'Europe encore,
Et de te faire vainqueur
Des Gades iusqu'au Bosphore.

Ces grands peuples reculez
A l'escart de nostre monde,
Des flots de Tethys salez
Couronnez tout à la ronde,
Et ceux qu'on voit habiter
Les Orcades Escossoises,
N'auront cueur de resister
Contre tes armes Françoises.

Les grans cloeſtres Pyrenez
Deuoyez en mil'entorſes,
De tes ſoudars obſtinez
Ne pourront tromper les forces,
Ny les grans citez ton feu,
Que toy pillant les campaignes
Seul vainqueur,tu ne ſoys veu
Le Monarque des Eſpagnes.

 Ny les Alpes au grand front,
Ny l'Apennin qui diuiſe
L'Italie,ne pourront
Retarder ton entrepriſe,
Lors que traînant auec toy,
Tant de legions fidelles,
Tu ne te couronnes Roy
Des Itales maternelles.

 De là tirant plus auant
Vers l'Alemaigne terrible,
De la part,où plus le vent
D'Aquilon ſe monſtre horrible:
Tu dompteras les Gelons,
Et cette froide partie
Que poſſedent les Polons,
Les Gots,& ceux de Scythie.

 Pouſſant outre tu prendras
La Thrace,& par ta prouëſſe
Tes bornes tu planteras
Iuſqu'au détroit de la Grece:
Puis en France retourné

Dedans

Dedans Paris, ta grand' vile
Tu triomferas, orné
De tant de proye seruile.
 Ton pere desia chenu
D'auoir trop mis la cuirace,
D'vn grand aise détenu
Fera réieunir sa face,
Et dedans son throsne assis
Sentira mille liesses
D'estre pere d'vn tel filz
Heritier de ses prouësses.
 Ainsi qu'a Rome Cesar
Triomfoit d'vne victoire
Haut t'assoiras dans vn char,
Dessus vn siege d'Iuoire:
Deux coursiers blancs haniront
D'vne longue voix aiguë
Qui ton beau char traineront
En triumphe par la ruë.
 Tes cheueux seront liez
De palme torse en couronne,
Et bas seront sous tes piedz
Les ferremens de Bellonne:
Le Ciel qui s'ébayra
De voir pour toy si grand' choses,
Prodigue te remplira
Le sein de lis & de roses.
 Là francs de peur tes soudars
Marchans au son des trompettes,

Te ru'ront de toutes pars
Mile ioyeuses sornettes,
Et parez de Lauriers verds
Diront aux tourbes preßées,
Les maux qu'ils auront soufferts
En tant de guerres paßées.
 Tout le peuple Iö crira,
Rien qu'Iö par l'assemblée
Le peuple ne redira
D'vne ioye redoubleé:
Le menestrier resonant,
Des chantres la douce preße,
Autres mots n'iront sonnant
Que ceste voix d'allegreße.
 En ordre les Rois vaincus
Iront en diuerse mine,
Trainez deßus leurs escus
Deuant ta pompe diuine:
Les vns auront les yeux bas,
Les autres leuans les faces,
A leur mal ne songeant pas,
Remascheront des menaces.
 Les vns au col secouront
Les liens d'vne chesne orde,
Les autres les bras auront
Serrez au dos d'vne corde:
Aux autres selon les faits
De leurs fautes déloyales,
Diuers tourmens seront faits

Aleurs miseres Royales.
 Là, seront peints les chasteaux
Les ports & les viles prises,
Les grands forests, & les eaux,
Et les montaignes conquises:
Le vieil Apennin sera
Portrait d'vne face morne,
Le Rhin vaincu cachera
Entre les roseaus sa corne.
 Deuant ton char bien-tournant
Marchera la Renommée,
Qui ton bruit ira cornant
De sa trompette animée:
Et moy qui me planteray
Deuant ses piés pour escorte,
Comme elle ie chanteray
Ta louange en telle sorte:
 Prince bien aimé des Dieux
Antique race de Troye,
Sous qui la faueur des Cieux
Toute Europe a mise en proye,
Triumphe, & voy ta cité
Qui, deuocieuse, apreste
A ta ieune Deité,
Vne solennelle feste.
 Bien, que tes freres & toy,
La terre ayez departie,
Et, qu'aisné, tu ne sois Roy
Que de la moindre partie:

Q ij

Le Ciel pourtant a voulu
Que sur toutes tu la prinsses,
Et la prenant t'a esleu
Le Seigneur des autres Princes.
 Ils ont choisi pour leurs parts,
L'vn les parfuns d'Arabie,
L'autre les sablons espars
De la bouillante Lybie:
Mais tu as Roy plus heureux,
Choisi les terres fertiles,
Pleines d'hommes valeureux,
Pleines de ports & de viles.
 Celuy qui peut raconter
Tes victoires bien heureuses,
Celuy peut les flots conter
De noz riues escumeuses:
Car bien beu, bien peu s'en faut
Que ta maiesté Royale,
Du Iupiter de là haut,
L'autre maiesté n'égale.
 Iamais à chanter ton los
Ie n'auray la bouche close,
Fussay-ie là bas enclos
Aux lieux où la mort repose,
Tousiours ie diray ton nom,
Et mon ame vagabonde,
Rien ne chantera sinon
Tes louanges par le monde.
 Ainsi diray-ie, & ta main

Iufqu'au Palais honorable,
Conduira touſiours le frain
De ton beau char venerable:
Là, t'aſſoiant au milieu
Sur des marches eſleuées,
Tu rendras graces à Dieu
Pour tes guerres acheuées.

   Puis ayant de toutes pars
Fermé de cent cheſnes fortes,
De l'ouuert temple de Mars
L'horrible acier de cent portes:
Tu feras eſgal aux Dieux
Ton regne, & par ta contrée
Fleurir la paix, & des cieux
Reuenir la belle Aſtrée.

A LA ROYNE D'ESCOSSE
pour lors Royne de France.

ODE IIII.

O Belle & plus que belle & agreable Aurore,
Qui auez delaiſſé voſtre terre Eſcoſſoiſe
Pour venir habiter la region Françoiſe
Qui de voſtre clarté maintenant ſe decore!
   Si i'ay eu cét honneur d'auoir quitté la France
Vogant deſſus la mer pour ſuyure voſtre Pere,
Si loin de mon pays de freres & de mere,
I'ay dans le voſtre vſé trois ans de mon enfance:

Prenez ces vers en gré, Royne, que ie vous donne,
Pour fuyr d'vn ingrat le miserable vice,
D'autant que ie suis né pour faire humble seruice
A vous, à vostre race, & à vostre couronne.

AV ROY, POVR LORS nommé Monseigneur le Duc d'Orleans.

ODE V.

Prince, tu portes le nom
    De renom
Du Prince qui fut mon maistre,
De Charles, en qui les Dieux
    Tout leur mieux,
Pour chef d'œuure firent naistre.
    Naguiere il fut comme toy
    Filz de Roy,
Ton grand pere, fut son pere,
Et Henry le treschrestien
    Pere tien,
L'auoit eu pour second frere,
    A peine vn poil blondelet,
    Nouuelet,
Autour de sa bouche tendre
A se frizer commançoit,
    Qu'il pensoit
De Cesar estre le gendre.

La braue, se prometoit
  Qu'il estoit
Duc des Lombardes campagnes,
Et qu'il verroit quelque fois
  Ses filz, Rois
De l'Itale & des Espaignes.
 Mais la mort qui le tua
  Luy mua
Son espouze en vne pierre,
Et pour tout l'heur qu'il conceut,
  Ne receut
Qu'à peine six piés de terre.
 Comme on void au point du iour,
  Tout autour
Rougir la roze espanie,
Et puis on la void au soir
  Se decheoir
A terre toute fanie:
 Ou, comme vn lis trop laué,
  Agraué
D'vne pluyeuse tempeste,
Ou trop fort du chaut ateint,
  Perdre teint,
Et languir à basse teste:
 Ainsi ton Oncle en naissant
  Perissant
Fut veu presque en mesme espace,
Et comme fleur du printemps,
  En vn temps

   Q iiij

Perdit la vie & la grace.
  Si pour estre né d'ayeux
   Demy-Dieux,
Si pour estre fort & iuste,
Les Princes ne mouroient pas.
   Le trespas
Deuoit espargner Auguste.
  Iupiter,& ce Romain,
   De leur main
Departirent tout le monde,
A l'vn en part le Ciel vint,
   L'autre print
Pour sa part la terre & l'onde.
  Si ne vainquit-il l'effort
   De la mort
Par qui tous vaincus nous sommes.
Car aussy bien elle prend
   Le plus grand,
Que le plus petit des hommes.
  " La mort frapant de son dard,
  " N'a égard
" A la maiesté Royale,
" Les Empereurs aux bouuiers,
"   Aux leuiers
" Les grands sceptres elle égale.
" Et le Nocher importun,
   Vn chacun
Presse en sa nacelle courbe,
Et sans honneur à la fois

DES ODES.

Met les Rois
Pelle-melle auec la tourbe.
Mais or' ie reuiens à toy
Fils de Roy,
Petit neueu de mon maiſtre,
De Charles, en qui les Dieux
Tout leurs mieux
Pour chef d'œuure firent naiſtre.
Comme vn bel aſtre luiſant,
Conduiſant
Au Ciel ſa voye connuë,
Se cache ſous l'Ocean
Demy an,
Auec Tethys la chenuë:
Puis ayant laué ſon chef
Derechef
Remontre ſa face claire.
Et plus beau qu'au parauant
S'éleuant
Sur noſtre Orizon éclaire:
Ainſi ton Oncle en mourant,
Demourant
Sous la terre quelque année,
Derechef eſt retourné
Dans toy, né
Sous meilleure deſtinée.
Il s'eſt voilé de ton corps,
Saillant hors
De la foſſe tenebreuſe,

Pour viure en toy doublement,
Longuement,
D'vne vie plus heureuse.
Car le destin qui tout peut,
Ne te veut
Comme à luy trancher la vie,
Ains que voir par tes vertus
Abatus
Sous toy les Rois de l'Asie.
Dieu qui void tout de la haut
Ce qu'il faut
Aux personnes iournalieres,
A party ce monde épars
En trois pars,
Pour toy seul, & pour tes freres.
Ton premier aisné François
Sous ses lois
Regira l'Europe sienne,
D'Aphriq' sera couronné
Ton puisné,
Toy de la terre Asienne.
Car quand l'âge homme parfait
T'aura fait,
(Comme Iason fit en Gréce)
Tu triras les plus vaillans
Bataillans,
De la Françoise ieunesse.
Puis métant la voile au vent,
Ensuiuant

DES ODES,

De Brenne l'antique trace,
Tu iras (couurant les eaux
    De vaisseaux)
En l'Asie prendre place.
  Là, dès le premier abord,
    Sur le port
A cent Rois tu feras teste,
Et captifs dessous tes bras,
    Tu prendras
Leurs terres pour ta conqueste.
  Ceux qui sont sous le reueil
    Du Soleil,
Ceux qui habitent Nyphate,
Ceux qui vont d'vn beuf suant
    Remuant
Les gras riuages d'Euphrate,
  Ceux qui boyuent dans le sein
    Du Iourdain,
De l'eau tant de fois courbée,
Et tout ce peuple odorant
    Demeurant
Aux sablons de la Sabée,
  Ceux qui ont en bataillant,
    L'arc vaillant,
Quand ilz sont tournés derriere.
Et ceux qui toutes saisons
    Leurs maisons
Roulent sur vne riuiere.
  Ceux qui d'vn acier mordant

Vont tondant
De Gange les doux riuages,
Et ceux qui hantent auprés
Les forets
Des vieux Arcades sauuages.
Ceux qui vont en labourant
Deterrant
Tant d'os és champs de Sygée,
Et ceux qui plantés se sont
Sur le front
D'Helesponte & de l'Ægée.
De ces peuples, bien que fors,
Tes effors
Rendront la force perie,
Et vaincus t'obeyront,
Et seront
Vassaux de ta seigneurie.
A ce grand Prince Thebain,
(Dont la main
Print les Indes admirables)
Egal Roy tu te feras,
Tu auras
Sans plus les meurs dissemblables.
Car si tost qu'ils les deffit,
Il leur feit
Sentir sa vineuse rage,
Et de ses cris Orgyeux,
Furieux,
Leur tempesta le courage.

De peaux il les entourna,
Il orna
De pampre leurs folle teste,
Et trepignant au milieu,
Ce fol Dieu
Forcenoit apres sa feste.
Mais toy Prince mieux instruit,
En qui luit
Des vertus l'antique reste,
Chrestien, leur feras sçauoir
Le deuoir
D'vne autre loy plus celeste.
Brisant les Idoles feints
De tes mains,
De leurs Dieux tu seras maistre,
Et ruant leurs temples bas,
Tu feras
La loy de IESVS renaistre.
Puis estant de tout costé
Redouté,
Pour ta fortune prospere,
Iras au bout du Leuant
Eleuant
Cent Colosses à ton Pere.

A MONSEIGNEVR LE DVC d'Alençon pour lors nommé Monseigneur de Duc d'Angoulesme.

ODE VI.

Tant seulement pour ceste fois
Polymnie ma douce Muse,
Ce dernier labeur de mes dois
Ta Lyre d'or ne me refuse.

Il me souuient bien que tes mains
Ieune garson me couronnerent,
Quand i'eu maché les Lauriers saincts
Que tes compaignes me donnerent.

Alors qu'amoureux de tes yeux,
Tu me donnas ta douce Lyre
Pour y chanter iusques au cieux
D'amour le bien & le martyre.

Mais or' par le commandement
Du Roy, ta Lyre i'abandonne,
Pour entonner plus hautement
La grand' trompette de Bellonne.

Toutesfois ains que de tenter
L'instrument de telle guerriere,
Fay qu'encor' ie puisse chanter
Pour l'à-dieu cette Ode derniere:
Et que i'aille en tes bois penser
Aux honneurs du fils de mon maistre,
Pour ses louanges commancer
Des le premier iour de son estre.

DES ODES. 255

La nuit que ce Prince nouueau
De nos Dieux augmenta la trope,
On vit autour de son berçeau
Se batre l'Afrique & l'Europe.

L'Afrique auoit le poil retors
A la moresque crespelée,
Les leures grosses aux deux bords,
Les yeux noirs, la face halée.

Son habit sembloit s'alonger
Depuis les colonnes d'Espaigne,
Iusqu'au bord du fleuue estranger
Qui de ses eaux l'Ægypte baigne :

En son habit estoient grauez
Maint Serpent, maint Lyon sauuage,
Maint trac de sablons esleués
Autour de son bouillant riuage.

L'Europe auoit les cheueux blonds,
Son teint sembloit aux fleurs décloses,
Les yeux verds, & deux vermeillons
Couronnoient ses leures de roses.

Sur sa robe furent portrais
Maints ports, maints fleuues, maintes isles,
Et de ses plis sourdoient espais
Les murs d'vn milion de viles.

De tels vestemens triumphans
Ces terres furent acoutrées,
La nuit qu'elles tiroient l'enfant
Par force deuers leurs contrées.

L'Europe le vouloit auoir,

Disant qu'il estoit né chés elle,
Et que sien estoit par deuoir
Comme à sa mere naturelle.

L'Afrique en courroux respondoit
Qu'il estoit sien par destinée,
Et que du Ciel ell' l'atendoit
Pour son Prince des mainte année.

Ainsi l'vne à soy l'atiroit
Sur le berçeau demy-couchée,
Et l'autre aprés le retiroit
Contre sa compaigne faschée.

Mais la pauure Europe à la fin
Baissant le front melancolique,
Par force fit voye au destin,
Et quita l'enfant à l'Afrique.

L'Afrique adonc luy presenta
Le laict de sa douce tetine,
Et pleine d'Apollon, chanta
Sur luy, ceste chanson diuine.

Enfant heureusement bien né
(Race du Iupiter de France)
En qui tout le Ciel à donné
Toutes vertus en abondance,

Crois, crois, & d'vne maiesté
Montre toy le fils de ton pere,
Et porte au front la chasteté
Qui reluit au front de ta mere.

Comme vn Pin planté sur les eaux
Bien nourry de l'humeur prochaine

Croist

DES ODES.

Croist par sus tous les arbrisseaux,
Et se fait l'honneur de la plaine:
  Ainsi ô Prince, tu croistras
Entre les Princes de l'Europe,
Et plus vaillant aparoistras
L'ornement Royal de leur trope.

  Si tost que l'age produisant
Les fleurs de la ieunesse tendre,
T'aura fait l'esprit sufisant
Pour les douces lettres aprendre:
  Les trois Graces te meneront
Au bal des Muses Pegasides,
Et toute nuit t'abreuueront
De leurs ondes Aganipides.

  Pour toy les ruisseaux Pimpleans
Seront ouuers, & les boucages
De Pinde, & les monts Cirrheans
Effroiables d'antres sauuages.
  Mais quand l'ardeur t'eschaufera
Le sang bouillant dans les entrailles,
Et que la gloire te fera
Conceuoir le soin des batailles:

  Nul plus que toy sera sçauant
A tourner les bandes en fuite,
Et nul soldat courra deuant
Les pas aislés de ta poursuite.
  Soit que de pres il voye au poin
Ta large espée foudroiante,
Ou soit qu'il auise de loin

R

Les plis de ta pique ondoyante,
　Soit qu'il se vante d'oposer
Contre ta lance sa cuirasse,
Ou soit qu'il se fie d'oser
Atendre les coups de ta masse.
　Lors toy sus vn cheual monté
Régissant son esprit farouche,
Prou-fendras de chaque costé
Le plus espais de l'escarmouche.
　Soit que tu le pousses au cours
Laschant la resne vagabonde,
Ou soit qu'en l'air de mille tours
Tu le tournes à bride ronde,
　Ainsi porté par le milieu
Des bandes d'horreur les plus pleines,
Ressembleras à quelque Dieu,
Qui prend soin des guerres humaines.
　Et mariant à tes beaux faits
Fortune, & vertu ta compaigne,
Vainqueur, en-ioncheras espais
De corps morts toute la campaigne.
　Comme on voit l'orgueil d'vn torrent
Bouillonnant d'vne trasse neuue,
Parmy les plaines, en courant
Renuerser tout le bois qu'il treuue:
　Ainsi ta main renuersera
Sur la terre de sang trempée,
Tout l'effort s'opposera
Deuant le fil de ton espée.

Le faucheur à grand tour de bras
Du matin iusqu'à la ſerée,
De rang ne fait tomber à bas
Tant d'herbes cheutes ſur la prée.

  Ne le ſieur ne va taillant
Tant de moiſſons, lors que nous ſommes
En Eſté, que toy bataillant
Tailleras de cheuaux & d'hommes.

  Acablés ſous tes coups tranchans,
Par morceaux ſeront en carnage,
Ceux d'Erébe, & tous ceux des champs
Des Nomades, & de Carthage.

  Et ceux qui ne coupent le fruit
Des vignes meures deuenuës,
Et qui iamais n'oyent le bruit
Des bœufs qui trainent les charuës:

  Et ceux qui gardent le verger
Des Heſperides deſpouillées,
Et ceux qui du ſang étranger
Habitent mes riues ſouillées:

  Ceux qui tiennent le mont Atlas,
Et ma plaine Mauruſienne,
Et mon Lac qui nomma Pallas
De ſon oncle Tritonienne:

  Et ce peuple Thebain venu
Aux Amycleannes Cyrenes,
Et ceux où le belier cornu
Propheriſe ſur mes arenes:

  Bref, tous mes habitans ſeront

Vaincus ou mors deſſous ta dextre
Et tremblans te confeſſeront
A coups de maſſe pour leur maiſtre.
 BATVS *qui tant de mers paſſa*
Quand ſa vois luy fut racoutrée,
Ne me pleut tant, lors qu'il laiſſa
pour moy ſa native contrée.
 Ny Hanibal, de qui la main
Esbranlant ſes haches guerrieres,
En-ioncha du peuple Romain
Tant de champs & tant de riuieres:
 Ne me fut point ſi cher que toy,
(Bien qu'il fut mon fils de naiſſance)
Que toy adopté pour mon Roy
Du Ciel, par fatalle ordonnance.
 Ainſi diſant, elle ferma
La parolle aux futures choſes,
Et de-çà & de-là ſema
Sur le berceau dix mille roſes.
 Puis comme vne vois qui ſe pleint,
Au ſoir dedans vn antre ouie,
Ou de nuit comme vn ſonge feint,
Parmy l'air s'eſt eſuanouie.

DES ODES.

A MES DAMES, DESQVELles l'vne est auiourd'huy Madame la Duchesse de Sauoye, l'autre fut Royne d'Espaigne, l'autre c'est Madame sœur du Roy.

ODE VII.

MA nourrice Calliope,
Qui du Lut musicien
Dessus la iumelle crope
D'Helicon guides la trope
Du saint Chœur Parnassien.

　Et vous ses Sœurs qui recruës
D'auoir trop mené le bal,
Toute nuit vous baignez nuës
Dessous les riues herbuës
De la fontaine au cheual.

　Puis tressans dans quelque prée
Vos cheueux delicieux,
Chantés d'vne vois sacrée
Vne chanson qui recrée
Et les hommes & les Dieux.

　Laissés vos antres sauuages,
(Dous seiour de vos esbas)
Vos forés, & vos riuages,
Vos roches, & vos bocages,
Et venés suyure mes pas.

　Vous sçaués pucelles chéres,

R iij

Que libre onques ie n'apris
De vous faire mercenaires,
Ny chetiues prisonnieres
Vous vendant pour quelque prix:
 Mais sans estre marchandées,
Vous sçaués que librement
Ie vous ay tousiours guidées
Aux maisons recommandées
Pour leurs vertus seulement.
 Comme ores Nymphes tresbelles
Ie vous meine auecques moy
En ces maisons immortelles,
Pour celebrer trois pucelles,
Comme vous, filles de Roy.
 Qui dessous leur mere croissent
Ainsi que trois arbrisseaux:
Et ia grandes apparoissent
Comme trois beaux lis qui naissent
A la fraicheur des Ruisseaux.
 Quand quelque future espose
Aymant leur chef nouuelet,
Soir & matin les arrose,
Et à ses nopces propose
De s'en faire vn chapelet.
 Mais de quel vers plein de grace
Vous iray-ie décorant?
Chanteray-ie vostre race,
Ou l'honneur de vostre face
D'vn tainct brun se colorant?

Diuin est vostre lignage,
Et le brun que vous voiés
Rougir en vostre visaige,
En rien ne vous endommage
Que tresbelles ne soiés.
　Les Charites sont brunettes,
Bruns les Muses ont les yeux,
Toutesfois belles & nettes
Reluisent comme planettes
Parmy la troupe des Dieux.
　Mais que sert d'estre les filles
D'vn grand Roy si vous tenés
Les Muses comme inutilles,
Et leurs sciences gentilles,
Des le berçeau n'aprenés?
　Ne craignés pour mieux reuiure
D'assembler d'egal compas
Les aiguilles, & le liure,
Et de doublement ensuiure
Les deux métiers de Pallas.
　Peu de temps la beauté dure,
Et le sang qui des Rois sort,
Si de l'esprit on n'a cure,
Autant vaut quelque peinture
Qui n'est viue qu'en son mort.
,, Ces richesses orguilleuses,
,, Ces gros Diamans luisans,
,, Ces robes voluptueuses,
,, Ces dorures somptueuses,

» Periront auec les ans.
» Mais le sçauoir de la Muse
» Plus que la richesse est fort,
» Car iamais rouillé, ne s'vse,
» Et maugré les ans refuse
» De donner place à la mort.

Si tost que serés aprises
A la dance des neuf Sœurs,
Et que vous aurés comprises
Les doctrines plus exquises
A former vos ieunes meurs:

Tout aussi tost la Déesse
Qui trompette les renoms,
De sa bouche parleresse
Par tout épandra sans cesse
Les louanges de vos noms.

Lors s'vn Roy pour sa deffence
A vos freres repoussés
De sa terre, auec sa lance
Refroidissant la vaillance
De ses peuples courroussés.

Au bruit de la Renommée
Espris de vostre sçauoir
Aura son ame enflamée,
Et en quittant son armée,
Pour mary vous viendra voir.

Voyla comment en deux sortes
Tous Rois seront combatus,
Soit qu'ils sentent les mains fortes

De noz Françoises cohortes,
Soit qu'ils ayment voz vertus.
    Là doncq' Princesses diuines,
Race ancienne des Dieux,
Armez voz tendres poitrines
De vertus & de doctrines:
C'est le vray chemin des cieux.
    Par ce chemin Polyxene
Les vieux siecles a fuy,
Par ce chemin la Romaine
De chasteté toute pleine,
Vit encores auiourd'huy,
    Qui de sa mauuaise espée
Sa vie aux ombres geta,
Et par soy-mesme frapée,
Ayant la honte trompée,
Vn beau renom s'acheta.

A DIANE DE POITIERS
Duchesse de Valentinois.

ODE VIII.

Quand ie voudrois celebrer ton renom,
Ie ne diroy que Diane est ton nom,
Car on feroit sans se trauailler guiere
De ton seul nom vne Iliade entiere.
Mais recherchant tes honneurs de plus loin,
Ie chanteroy animé d'vn beau soin,

Tes vieux ayeux valleureux en la guerre
Qui ont porté le sceptre en mainte terre
Enfans de Rois, ou de Rois heritiers.
  Ie chanteroy le beau sang de Poitiers
Venu du ciel, & la race diuine
Que Remondin conceut en Meluzine:
Ie chanteroy comme l'vn de leurs fils
Aux bords du Clain dormant, luy fut auis
Que hors de l'eau, le petit dieu de l'onde
Iusques au col tiroit sa teste blonde,
L'amonnestant d'aller en Dauphiné:
  Et luy disoit, Enfant predestine
Pour commander à plus haute riuiere,
Laisse mes bords, cherche la riue fiere
Du large Rosne, & poursuy ton destin
Qui conduira ta voye à bonne fin:
Car ia le ciel pour iamais à ta trace
Aux bords du Rosne a destiné la place.
Il luy conta quels Seigneurs & quels Rois
Naistroient de luy, & en combien d'endrois
Soit d'Italie, ou d'Espagne, ou de France
Tiendroient le sceptre en longue obeissance.
Il luy chanta ses hoirs de point en point
Ceux qui mourroient, ceux qui ne mourroient point
Ains que regner, & combien de Princesses
Viendroient de luy, de Ducs & de Duchesses.
Mais par sur tous, ce fleuue luy chantoit
D'vne Diane, & iurant, promettoit
Qu'el' passeroit en chasteté Lucresse,

DES ODES.

Et en beauté cette Helene de Grece,
Quelle prendroit d'vn seul trait de ses yeux
Les cœurs rauis des hommes & des Dieux,
Et qu'à iamais ses fameuses louanges
Iroient vollant par les terres estranges.
 Disant ainsi le fleuue deuala
Son chef dans l'eau, & l'enfant s'en alla
Tout bouillonnant d'affection nouuelle
D'estre l'ayeul d'vne race si belle.
 Ie chanterois encores ta bonté,
Ton port diuin, ta grace, & ta beauté:
Comme tousiours ta bien heureuse vie
A repoussé par sa vertu l'enuie:
 Ie chanterois vers l'Eglise ta foy,
Comme tu es la parente du Roy
Qui te cherist comme vne Dame sage,
De bon conseil, & de gentil courage,
Graue, benine, aimant les bons esprits,
Et ne mettant les Muses à mespris.
 Ie chanteroy d'Annet les edifices,
Termes, Piliers, Chapiteaux, Frontispices,
Voutes, lambris, canelures: & non,
Comme plusieurs, les fables de ton nom.
Et te louant, ie chanterois peut estre
Si hautement, que ce grand Roy mon maistre
En ta faueur, auroit l'ouurage à gré
Que ie t'aurois humblement consacré.

A CHARLES DE PISSELEV.

ODE IX.

D'Où vient cela (Pisseleu) que les hommes
De leur nature ayment le changement,
Et qu'on ne voit en ce monde où nous sommes
Vn seul qui n'ait vn diuers iugement.

L'vn esloigné des foudres de la guerre
Veut par les champs son âge consumer
A bien poitrir les mottes de sa terre
Pour de Cerés les presens y semer.

L'autre au contraire, ardent, aime les armes,
Si qu'en vn lieu ne sçauroit seiourner
Sans brauement ataquer les alarmes
Bien que iamais n'en puisse retourner.

Qui le Palais de langue mise en vente
Fait esclater deuant vn President,
Et qui piqué d'auarice suiuante
Franchist la mer de l'Inde à l'Occident.

L'vn de l'amour adore l'inconstance,
L'autre plus sain ne met l'esprit, sinon
Au bien public, aux choses d'importance,
Cerchant par peine vn perdurable nom.

L'vn suit la court & ces grans Dieux ensemble,
Si que sa teste au ciel semble toucher:
L'autre les fuit, & est mort ce luy semble
S'il voit le Roy de son toict approcher.

Le Pelerin à l'ombre se délasse,
Ou d'vn sommeil le trauail adoucist,

Ou reueillé, auec la pleine taße
Des iours d'Esté la longueur accourcist.
　Qui deuant l'Aube accourt triste à la porte
Du conseiller, & là, faisant maint tour
Le sac au poing, atend que monsieur sorte
Pour luy donner humblement le bon iour.
　Icy, cestuy de la sage Nature
Les faits diuers remasche en y pensant,
Et cestuy-là, par la lineature
Des mains, predit le malheur menaßant.
　L'vn allumant ses vains fourneaux, se fonde
Deßus la pierre incertaine: & combien
Que l'inuoqué Mercure ne responde,
Soufle en deux mois le meilleur de son bien.
　L'vn graue en bronze, & dans le marbre à force
Veut le labeur de nature imiter,
Des corps errans l'Astrologue s'efforce
Oser par art le chemin limiter:
　Mais tels estats inconstans de la vie
Ne m'ont point pleu, & me suis tellement
Esloigné d'eux, que ie n'eus oncq enuie
D'abaißer l'œil pour les voir seulement.
　L'honneur sans plus du verd laurier m'agrée,
Par luy ie hay le vulgaire odieux,
Voila pourquoy Euterpe la sacrée
M'a de mortel fait compagnon des Dieux.
　Außi el' m'aime, & par les bois m'amuse,
Me tient, m'embraße, & quand ie veux sonner,
De m'accorder ses fleutes ne refuse

Ne de m'apprendre à bien les entonner.
Car elle ma de l'eau de ses fontaines
Pour prestre sien baptizé de sa main,
Me faisant part du haut honneur d'Athenes,
Et du sçauoir de l'antique Romain.

A PHEBVS LVY VOYANT ses cheueux.

ODE X.

Dieu perruquier (qui autre-fois
Bany du ciel, parmy les bois,
D'Admete gardas les Taureaux,
Fait compagnon des Pastoureaux)
Mes cheueux i'offre à tels autels,
Et bien qu'ils ne soient immortels,
Ils te seront doux & plaisans,
Pour estre la fleur de mes ans.
Mainte fille par amitié,
En a souhaité la moitié
Pour s'en tifer, mais ie ne veux
O Phebus roy des beaux cheueux,
Rien de ma part te presenter
Dont quelqu'vn se puisse vanter,
Car c'est toy qui n'as desdaigné
De m'auoir seul acompaigné,
Quand premier ie m'yuray de l'eau
Qui court sur le double coupeau:
A mon réueil il me sembla

DES ODES.

Qu'vn Chœur de vierges s'assembla,
Et que Calliope aux beaux yeux
La Muse qui chante le mieux,
Pour present son Lut me donna,
Qui depuis en France sonna
Or bien, or mal en diuers sons
Bonnes & mauuaises chansons.

A MADELEINE.

ODE XI.

LEs fictions, dont tu decores
L'ouurage que tu vas peignant,
D'Hyacinth, d'Europe, & encores
De Narcisse se complaignant
De son ombre le desdaignant:
 Ne sont pas dignes de la peine
Qu'en vain tu donnes à tes doigts:
Car plustost soit d'or, soit de laine
Ta toille peindre toute pleine
De ton tourment propre tu dois.
 Quand ie te voy, & voy encore
Ce vieil mary que tu ne veux,
Ie voy Tithone, & voy l'Aurore,
Luy dormir, elle ses cheueux
Refrisoter de mille neuds:
 Pour aller chercher son Cephale,
Et quoy qu'il soit alangoré
De voir sa femme morte & palle,

Si suit-il celle qui égale
Les roses d'vn front coloré.
   Parmy les bois errent ensemble
Se soulant de plaisir, mais lâs!
Iamais le ieune amour n'assemble
Vn vieillard de l'amour si las
A vn printemps tel que tu l'as.

A LA FONTAINE
Bellerie.

ODE XII.

EScoute vn peu Fontaine viue
En qui i'ay rebeu si souuent
Couché tout plat desur la riue
Oysif à la fraischeur du vent,
   Quand l'Esté mesnager moyssonne
Le sein de Cerés déuetu,
Et l'aire par compas resonne
Gemissant sous le bled batu:
   Ainsi tousiours puisses-tu estre
En deuote religion
Au beuf, & au bouuier champestre
De ta voisine region:
   Ainsi tousiours la Lune clere
Voye à mi-nuit au fond d'vn val
Les Nymphes pres de ton repere
A mille bonds mener le bal,

Comme

Comme ie desire Fontaine
De plus ne songer boire en toy
L'Esté, lors que la fieure ameine
La mort despite contre moy.

A DENYS LAMBIN, A
Present lecteur du Roy.

ODE XIII.

Que les formes de toutes choses
Soient, comme dit Platon, encloses
En nostre ame, & que sçauoir,
N'est sinon se ramenteuoir,
Ie ne le croy, bien que sa gloire
Me persuade de le croire:
Car veritablement depuis
Que studieux du Grec ie suis,
Homere deuenu ie fusse,
Si souuenir icy me pusse,
D'auoir ses beaux vers entendu,
Ains que mon esprit descendu,
Et mon corps fussent ioins ensemble:
Mais c'est abus, l'esprit ressemble
Au tableau tout neuf, où nul trait
N'est par le peintre encor portrait,
Et qui retient ce qu'il y note,
Lambin, qui sur Ganche, d'Eurote
Par le doux miel de tes douceurs
As ramené les saintes Sœurs.

S

EPIPALINODIE.

ODE XIIII.

O Terre, ô Mer, ô Ciel espars,
Ie suis en feu de toutes pars:
Dedans & dehors mes entrailles
Vne chaleur le cœur me point,
Plus fort qu'vn mareschal ne ioint
Le fer tout rouge en ses tenailles.

La chemise qui escorcha
Hercul' si tost qu'il la toucha
N'égale point la flamme mienne,
Ne tout le feu que rôte en-haut
Bouillonnante en soy d'vn grand chaut
La fornaise Sicilienne.

Le iour, les soucis presidens
Condamnent ma coulpe au-dedans,
Et la genne apres on me donne:
La peur sans intermission
Sergent' de leur commission
Me point, me pique, & m'eguillonne.

La nuit les fantosmes volans,
Clacquetans leurs becs violans,
En siflant mon ame espouuantent,
Et les furies qui ont soing
Venger le mal, tiennent au poing
Les verges dont ell' me tourmentent.

Il me semble que ie te voy
Murmurer des charmes sur moy

Tant que d'effroy le poil me dresse,
Puis mon chef tu vas relauant
D'vne eau puisée bien auant
Dedans les ondes de tristesse.

Que veux-tu plus, dy, que veux-tu,
Ne m'as-tu pas assez batu,
Veux-tu qu'en cet âge ie meure,
Me veux-tu brusler, foudroyer,
Et tellement me poudroyer,
Qu'vn seul osset ne me demeure?

Ie suis apresté si tu veux
De te sacrifier cent bœufs
Afin de desenfler ton ire,
Ou si tu veux auec les Dieux,
Ie t'enuoyeray là haut aux cieux
Par le son menteur de ma Lyre.

Les freres d'Helene faschez
Pour les Iambes deslachez
Contre leur Sœur par Stesichore,
A la fin luy ont pardonné,
Et pleins de pitié redonné
L'vsage de la veuë encore.

Tu peux helás (Denise) aussi
Rompre la teste à mon soucy
Te flechissant par ma priere,
Rechante tes vers, & les traits
De ma face en cire portraits
Iette au vent trois fois par derriere.

L'ardeur du courroux que l'on sent

S ij

Au premier âge adolescent
Me fit trop nicement t'escrire,
Maintenant humble, & repentant,
D'œil non feint ie vay lamentant
La iuste furer de ton ire.

DE LA VENVE DE L'ESTE,
au Seigneur de Bonniuet.

ODE XV.

DEsia les grans chaleurs s'esmeuuent,
Et presque les fleuues ne peuuent
Leurs peuples escaillez couurir,
Ia voit on la plaine alterée
Par la grand torche ætherée
De soif se lascher, & s'ouurir.

L'estincelante Canicule,
Qui ard, qui cuist, qui boust, qui brusle,
d'Esté nous darde de là haut,
Et le Soleil qui se promeine
Par le bras du Cancre, rameine
Ces mois halez d'vn si grand chaut.

Icy la diligente troupe
Des mesnagers, par ordre coupe
Le poil de Cerés iaunissant
Et là, iusques à la vesprée
Abat les honneurs de la prée,
Des beaux prez l'honneur verdissant.

Ce-pendant leurs femmes sont prestes
D'asseurer au hault de leurs testes

Des plats de bois, & des baris,
Et fillant, marchent par la plaine
Pour aller soulager la peine
De leurs laborieux maris.
　Si tost ne s'esueille l'Aurore,
Que le Pasteur ne soit encore
Plustost leué qu'elle, & alors
Au son de la corne réueille
Son troupeau qui encor sommeille
Dessus la fresche herbe dehors.
　Parmy les plaines descouuertes,
Par les bois, & les riues vertes,
Paist le bestial, ores courant
Entre les fleurs Apolinées,
Or'entre celles qui sont nées
Du sang d'Adonis, en mourant.
　Sur les riues des belles ondes
Les ieunes troupes vagabondes,
Les filles des troupeaux lascifs
De fronts retournez s'entrechocquent,
Deuant leurs peres qui s'en mocquent
Au haut du prochain tertre assis.
　Mais quand en sa distance égale
Est le Soleil, & la Cygale
Enrouément espend sa vois,
Et que nul Zephire n'haleine
Tant soit peu les fleurs en la plaine,
Ne la teste ombreuse des bois,
　Adonc le Pasteur entrelasse

Ses paniers de torse pelasse,
Ou il englue les oiseaux,
Ou nu comme vn poisson il nouë,
Et auec les ondes se iouë
Cherchant le plus profond des eaux.

Si l'antique fable est croyable,
Erigone la pitoyable
En tels mois alla luire aux cieux
En forme de vierge, qui ores
Reçoit dedans son sein encores
Le commun œil de tous les Dieux.

Oeil inconnu de noz valées,
Où les fonteines deualées
Du vif rocher vont murmurant,
Et où mille troupeaux se pressent,
Et le nez contre terre baissent
Si grande chaleur endurant.

Sous les chesnes qui refrechissent
Remaschent les bœufs, qui languissent
Au piteux cry continuel
De la Genisse qui lamente
L'ingrate amour dont la tourmente
Par les bois son Toreau cruel,

Le Pastoureau qui s'en estonne,
S'essaye du flageol qu'il sonne
De soulager son mal ardent,
Ce qu'il fait, tant qu'il voye pendre
Contre bas Phebus, & descendre
Son chariot en l'Occident.

Et lors de toutes pars r'assemble
Sa troupe vagabonde ensemble,
Et la conuoye aux douces eaux,
Qui sobre en les beuuant ne touche
Sans plus que du haut de la bouche
Le premier front des pleins ruisseaux.

 Puis au son des douces Musettes
Marchent les troupes camusettes
Pour aller trouuer le seiour,
Où les aspres chaleurs deçoiuent
Par vn dormir qu'elles reçoiuent
Lentement iusque au point du iour.

SVR LA NAISSANCE DE François Dauphin de France, fils du Roy Henry.

ODE XVI.

EN quel bois le plus separé
Du populaire, & en quel antre
Prens-tu plaisir de me guider
O Muse ma douce folie:
Afin qu'ardent de ta fureur,
Et du tout hors de moy, ie chante
L'honneur de ce royal enfant
Qui doit commander à la France,
Ie cri'ray des vers non sonnez
Du Grec ny du Latin Poëte,
Plus hautement que sur le mont

S iiij

Le Prestre Thracien n'entonne
Le cor à Bachus desdié,
Ayant la poitrine remplie
D'vne trop vineuse fureur.
 Il me semble desia que i'erre
Seul par les antres, & qu'au fond
D'vne solitaire valée,
Ie chante les diuins honneurs
Du grand pere, & du pere ensemble :
Tandis Muse, sur son berceau
Seme le lis, seme la rose,
Et l'oliuier, & le laurier,
L'honneur des vainqueurs és batailles,
Ie preuoy qu'il vous aymera,
Et employera la mesme dextre
Dont furieux aura veincu
L'Espagnol, & l'Anglois gendarme,
A polir des vers qui feront
Voler son nom par sus la terre :
Imitateur du grand Cæsar
Vaillant & sçauant tout ensemble,
Qui le iour dontoit ses haineux,
La nuit escriuoit ses victoires.

A IANNE.

ODE XVII.

O Grand' beauté, mais trop outrecuidée
 Des presens de Venus,

Quand tu verras ta peau toute ridée
　Et tes cheueux chenus,
Contre le temps, & contre toy rebelle
　Diras en te tanssant,
Que ne pensoy-ie alors que i'estoy belle
　Ce que ie vay pensant?
Ou bien pourquoy à mon desir pareille
　Ne suis-ie maintenant?
„ La beaulté semble à la rose vermeille
„ 　Qui meurt incontinant.
Voila les vers tragiques, & la plainte
　Qu'au ciel tu enuoiras
Incontinent que ta face dépainte
　Par le temps tu voirras.
Tu sçais combien ardemment ie t'adore
　Indocile à pitié,
Et tu me fuis, & tu ne veux encore
　Te ioindre à ta Moitié.
O de Paphos, & de Cypre regente
　Déesse aux noirs sourcis,
Plustost encor que le temps, soy vengente
　Mes dédegnez soucis,
Et du brandon, dont les cœurs tu enflammes
　Des iumens tout autour,
Brusle-la moy, afin que de ses flammes
　Ie me rie à mon tour.

A IOACHIM DV BELLAI
Angeuin.

ODE XVIII.

Nous auons, du Bellai, grand'faute
Soit de biens, soit de faueur haute,
Selon que l'heure nous conduit:
Mais tousiours tandis que nous sommes
Où mors, où mis au rang des hommes,
Nous auons besoin de bon bruit.

Car la louange emmiellée
Au sucre des Muses meslée
Nous perce l'oreille en riant,
Ie-dy louange qui ne cede
A l'or que Pactole possede,
Ny aux perles de l'Orient.

„ La vertu qui n'a connoissance
„ Combien la Muse a de puissance
„ Languist en tenebreux seiour,
„ Et en vain elle est soupirante
„ Que sa clarté n'est apparante
„ Pour se montrer aux rais du iour.

Mais ma plume qui coniecture
Par son vol sa gloire future,
Se vante de n'endurer pas
Que la tienne en l'obscur demeure,
Où comme orpheline elle meure
Errante sans honneur là bas.

Nous auons bien moy, & mon metre
Cette audace, de te promettre
Que tes labeur seront appris
De nous, de noz suiuantes races,
S'il est vray que i'aye des Graces
Cueilly les fleurs dans leurs pourpris.

Ie banderay mon arc qui iette
Contre ta maison sa sagette,
Pour viser tout droit en ce lieu
Qui se réiouist de ta gloire,
Et où le grand fleuue de Loire
Se mesle auec vn plus grand Dieu.

Et bien que ta Muse soit telle,
Que de soy se rende immortelle,
Dédaigner pourtant tu ne dois
L'honneur que la mienne te donne,
Ne cette Lyre qui te sonne
Ce que luy commandent mes dois

Iadis Pindare sur la sienne
Acorda la gloire ancienne
Des Princes vainqueurs & des Rois:
Et ie sonneray ta louange,
Et l'enuoiray de Loire à Gange,
Si tant loing peut aller ma vois.

Car il semble que nostre Lyre
Ta race seule veuille eslire
Pour la chanter iusques aux cieux.
Macrin à sacré la memoire
De l'oncle, & i'honore la gloire

Du neueu qui s'honore mieux.

France sous Henry fleurist, comme
Sous Auguste fleurissoit Romme,
Elle n'est pleine seulement
D'hommes qui animent le cuivre,
Ny de peintres qui en font vivre
Deux ensemble eternellement :

Mais grosse de sçauoir, enfante
Des filz dont elle est triomphante,
Qui son nom rendent honoré :
L'vn chantre d'Amour la decore,
L'autre de Mars, & l'autre encore
De Phebus au beau crin doré.

Entre lesquelx le ciel ordonne
Que le premier rang on te donne,
Si tu montres au iour tes vers
Entez dans le tronc d'vne Oliue,
Qui hausse sa perruque viue
Iusque à l'égal des lauriers vers.

DE LA CONVALESCENCE
de Ioachim du Bellai.
1550.

ODE XIX.

MOn ame il est temps que tu rendes
Aux bons Dieux les iustes offrandes
Dont tu as obligé tes vœux :
Sus, qu'on face vn autel de terre,

DES ODES.

Auecq' toy payer ie les veux,
Et qu'on le pare de lhierre
Et de veruéne aux sainct́s cheueux.

Les Dieux n'ont remis en arriere
L'humble soupir de ma priere,
Et Pluton qui n'auoit apris
Se fleschir pour dueil qu'homme meine,
N'a pas mis le mien à mépris,
Rapellant la Parque inhumaine
Qui ia du Bellai tenoit pris.

Mortes sont les fieures cruelles
Qui rongeoient ses cheres mouëlles,
Son œil est maintenant pareil
Aux fleurs que trop les pluies baignent
Enuieuses de leur vermeil,
Qui plus gaillardes se repeignent
Aux raions du nouueau Soleil.

Sus Mégret, qu'on chante, qu'on sonne
Cet heur que la santé luy donne,
Qu'on chasse ennuis, soucis, & plers,
Qu'on seme la place de roses,
D'œillets, de liz, de toutes fleurs
En ce beau mois de Iuin décloses,
Où le ciel mire ses couleurs:

Lequel s'égaie & se recrée
De te voir sain, & luy agrée
Le iour que tu fais dessous luy:
Son cours qui sembloit apparoistre
Malade comme toy d'ennuy,

Tous deux sains, auez fait connoistre
Vos belles clartez auiourd'huy.

 Mais quoy? si faut-il bien qu'on meure,
Rien çà bas ferme ne demeure,
Le Roy François vit bien la nuit,
Donc tandis qu'on nè te menasse,
Et la mort boiteuse te suit,
Il faut que ta docte main face
Vn œuure digne de ton bruit.

DES BAISERS.

ODE XX.

Besiser filz de deux leures closes
Filles de deux boutons de roses,
Qui serrent, & ouurent le ris
Qui déride les plus marris.
Baiser ambrosin que i'honore
Comme mon tout, & dont encore
Ie sen en ma bouche souuent
Plus d'vn iour apres le doux vent.

 Et vous bouche de sucre pleine
Qui m'engendrez de vostre haleine
Vne odeur qui au cœur descend,
Et mille parfuns y respend.

 Et vous mes petites montaignes,
Ie parle à vous leures compaignes
Dont le Coral naif & franc
Cache deux rangs d'Iuoire blanc:

Ie vous supply n'ayez enuie
D'estre homicides de ma vie,
Et pour endormir mon esmoy
Mille fois le iour baizez moy.

A MACLOV DE LA HAIE.

ODE XXI.

PVis que d'ordre à son rang l'orage est reuenu,
Si que le ciel voilé tout triste est deuenu,
Et la vefue forest branle son chef tout nu
    Sous le vent qui l'estonne:
C'est bien pour ce iourd'huy (ce me semble) raison
Qui ne veut offenser la loy de la saison,
Prendre à gré les plaisirs que l'amie maison
    En temps pluuieux donne.
Mais si i'augure bien quand ie voy pendre en bas
Les nuaus auallez, mardy ne sera pas
Si mouillé qu'auiourd'huy, nous prendrons le repas
    Tel iour nous deux ensemble.
Tandis chasse de toy tout le mordant soucy,
Chasse moy le proces, chasse l'amour aussi,
Ce garçon insensé aux plus sages d'icy
    Mile douleurs assemble.
Du soin de l'auenir ton cœur ne soit espoint,
Ains contant du present, ne te tourmentes point
Des mondaines faueurs qui ne dureront point
    Sans culbuter à terre.
Plus tost que les buissons les Pins audacieux,

Et le front des rochers qui menace les cieux,
Plus tost que les cailloux qui ne trompent les yeux,
   Sont punis du tonnerre.

Vien soul, car tu n'auras le festin ancien,
Que prodigue donna l'orgueil Aegyptien
Au Romain qui vouloit tout l'empire estre sien:
   Ie hay tant de viandes.

Tu ne boiras aussi de ce Nectar diuin
Qui rend Aniou fameux, car volontiers le vin
Qui à senty l'humeur du terroir Angeuin
   Suit les bouches friandes.

ODE XXII.

Vous faisant de mon écriture
   La lecture,
Souuent Gruiet m'auez repris
De quoy si bas ie composoie,
   Et n'osoie
Faire vne œuure de plus haut pris.

   Tout esprit gaillard qui s'éforce,
      N'a la force
De polir des liures parfaits:
Les nerfs foibles souuent se treuuent
      S'ilz espreuuent,
Plus que leur charge vn pesant faix.

   Qui pensez vous qui puisse escrire
      L'ardente ire
D'Aiax, le fils de Telamon,
Où d'Hector rechanter la gloire,

Ou l'hi-

DES ODES.

Ou l'histoire
De la race du vieil Emon?
Toute muse pour tragedie
N'est hardie
A tonner sur vn eschafaut,
Ne propre à rechanter la peine
D'erreurs pleine,
De ce Gregeois qui fut si caut:
Adieu donc enfans de la terre,
Qui la guerre
Entreprintes contre les Dieux,
Ce n'est pas moy qui vous raconte,
Ne qui monte
Auecque vous iusques aux cieux:
Gruiet, ie poursuiuray ma mode,
Par mainte Ode,
Mes vers seront fleurissans
Les autres de Mars diront l'ire,
Mais ma Lyre
Bruira l'amour que ie sens.

A CVPIDON.

ODE XXIII.

LE iour pousse la nuit,
Et la nuit sombre
Pousse le iour qui luit
D'vne obscure ombre
L'Automne suit l'Esté,

T

Et l'aspre rage
Des vens, n'a point esté
Apres l'orage.
　Mais la fieure d'amours
Qui me tourmente,
Demeure en moy tousiours
Et ne s'alente.
　Ce n'estoit pas moy, Dieu,
Qu'il failloit poindre,
Ta fleche en autre lieu
Se deuoit ioindre.
　Poursuy les paresseux
Et les amuse,
Mais non pas moy, ne ceux
Qu'aime la Muse.
　Helas deliure moy
De cette Dure,
Qui plus rit, quand de moy
Voit que i'endure.
　Redonne la clarté
A mes tenebres,
Remets en liberté
Mes iours funebres,
　Amour soy le suport
De ma pensée,
Et guide à meilleur Port
Ma nef cassée.
　Tant plus ie suis crians
Plus me reboute,

Plus ie la suis priant,
Et moins m'escoute.
   Ne ma palle couleur
D'amour blêmie,
N'a esmeu à douleur
Mon ennemie.
   Ne sonner à son huis
De ma guiterre,
Ny pour elle les nuis
Dormir à terre.
   Plus cruel n'est l'effort
De l'eau mutine,
Qu'elle, lors que plus fort
Le vent s'obstine.
   Ell' s'arme en sa beauté,
Et si ne pense
Voir de sa cruauté
La recompense.
   Montre toy le vainqueur,
Et d'elle enflamme
Pour exemple le cœur
De telle flamme:
   Qui la sœur alluma
Trop indiscrette,
Et d'ardeur consuma
La Roine en Crete.

T ij

AVX MOVCHES À MIEL.

ODE XXIIII.

OV allez vous filles du ciel
Grand miracle de la Nature,
Où allez vous mouches à miel
Chercher aux champs vostre pasture:
Si vous voulez cueillir les fleurs
D'odeur diuerse & de couluers,
Ne volez plus à l'auanture.

Autour de Cassandre, halenée
De mes baisers tant bien donnez,
Vous trouuerez la rose née,
Et les œillets enuironnez
Des florettes ensanglantées
D'Hyacinthe, & d'Aiax, plantées
Pres des lis sur sa bouche nez.

Les mariolenes y fleurissent,
L'amôme y est continuel,
Et les lauriers qui ne perissent
Pour l'Yuer tant soit il cruel:
L'anis, le chëuresueil qui porte
La manne qui vous reconforte,
I verdoye perpetuel.

Mais ie vous pry' gardez-vous bien,
Gardez-vous qu'on ne l'eguillonne,
Vous apprendriez bien tost combien
Sa pointure est trop plus felonne,

Et de ses fleurs ne vous soulez
Sans m'en garder si ne voulez
Que mon ame ne m'abandonne.

A VN ROSSIGNOL.

ODE XXV.

Gentil Rossignol passager
Qui t'es encor venu loger
Dedans ceste fresche ramée
Sur ta branchette accoustumée,
Et qui nuit & iour de ta vois
Assourdis les mons & les bois,
Redoublant la vieille querelle
De Terée, & de Philomele.

Ie te supplie (ainsi tousiours
Puisses iouïr de tes amours)
De dire à ma douce inhumaine,
Au soir quand elle se promeine
Icy pour ton nic espier,
Que iamais ne faut se fier
En la beauté ny en la grace
Qui plus tost qu'vn songe se passe.

Di luy que les plus belles fleurs
En Ianuier perdent leurs coleurs,
Et quand le mois d'Auril arriue
Qu'ils reuestent leur beauté viue:
Mais quand des filles le beau teint
Par l'âge est vne fois esteint,

Di luy que plus il ne retourne.
Mais bien qu'en sa place seiourne
Au haut du front ie ne sçay quoy
De creux à coucher tout le doy :
Et toute la face seichée
Deuient comme vne fleur touchée
Du soc aigu: di luy encor
Qu'apres qu'elle aura changé l'or
De ses blons cheueux, & que l'âge
Aura crespé son beau visage,
Qu'en vain lors elle pleurera,
Dequoy ieunette elle n'aura
Prins les plaisirs qu'on ne peut prendre
Quand la vieillesse nous vient rendre
Si froids d'amours & si perclus,
Que les plaisirs ne plaisent plus.

   Mais Rossignol, que ne vient elle
Maintenant sur l'herbe nouuelle,
Auecque moy dans ce buisson,
Au bruit de ta douce chanson
Ie luy ferois sous la coudrette,
Sa couleur blanche vermeillette.

COMPLAINTE DE GLAV-
que à Scylle Nymphe.

ODE XXVI.

LEs douces fleurs d'Hymette aux abeilles agréet
Et les eaux de l'esté les alterez recréent :

DES ODES.

Mais ma peine obstinée
Se soulage en chantant sur ce bord foiblement
Les maux, auquelz amours à miserablement
    Soumis ma destinée.
He Scylle, Scylle, las! cete dolente riue,
Voire son flot piteux qui grumelant arriue
    Des salées campaignes
Me plaint & me lamente, & ces rochers oyans
Mon dueil continuel, de moy sont larmoyans:
    Seule tu me dédaignes.
Ce iour fut mon malheur, quand les Dieux marins
    eurent
Enuie sus mon aise, & lors qu'ilz me connurent
    De leur grande mer digne.
Làs heureux si iamais ie n'eusse dédaigné
L'art premier où i'estoy par mon pere enseigné,
    Ny mes rets, ny ma ligne:
Car le feu qui mon cœur ronge, poinçonne & lime,
Me vit ardre au milieu (qui l'eust creu!) de l'abysme
    De leur mer fluctueuse:
Et bien en autre forme adonc ie me changeay,
Que ie ne fus muée alors que ie mangeay
    L'herbe tant vertueuse.
Pourtant si i'ay le chef de long cheueux difforme,
Et le corps monstrueux d'vne nouuelle forme
    Bien peu connuë aux ondes:
Tel honneur de nature en moy n'est à blasmer,
La mere Tethys m'aime, & m'aiment de la mer
    Les Nymphes vagabondes.

              T iiij

Circe tant seulement ne m'aime, mais encore
Ardentement me fait, & ardente m'adore,
En vain de moy esprise,
Ainsi le bien que cent desirent, vne l'a,
Vne l'a voirement, & en lieu de cela
Me hait, & me déprise.
Bien que Nimphe tu sois, ah cruelle, si esse
Qu'indigne ie ne suis de toy demy-déesse,
Vn dieu te fait requeste,
Tethys pour effacer cela que i'eus d'humain,
Et d'homme au temps subiet, m'a versé de sa main
Cent fleuues sur la teste.
Mais las! dequoy me sert cette faueur que d'estre
Immortel, & d'aller compagnon à la destre
Du grand Prince Neptune,
Quand Scylle me dédaigne estant franc du trespas,
Et cil à qui par mort permis ne luy est pas
De changer sa fortune.

A ANTOINE CHA-
steigner.
ODE XXVII.

NE s'effroyer de chose qui arriue,
Ne s'en facher aussi,
Rend l'homme heureux, & fait encor qu'il viue
Sans peur ne sans soucy.
Comme le temps vont les choses mondaines
Suiuant son mouuement:
Il est soudain, & les saisons soudaines,

DES ODES.

Font leurs cours brêuement.
Dessus le Nil iadis fut la science,
 Puis en Grece elle alla,
Rome depuis en eut l'experience,
 Paris maintenant l'a.
„ Villes, & forts, & roiaumes perissent
„ Par le temps tout expres,
„ Et donnent lieu aux nouueaux qui fleurissent
„ Pour remourir apres.
„ Comme vn printemps les ieunes enfans croissent
„ Puis viennent en'esté,
„ L'hiuer les prent, & plus ilz n'apparoissent
„ Cela qu'ilz ont esté.
Naguere étoient dessus la seche arene
 Les poissons à l'enuers,
Puis tout soudain l'orgueilleux cours de Sene
 Les a de flots couuers.
La mer n'est plus où elle souloit estre,
 Et aux lieux vuides d'eaux
(Miracle étrange) on là luy à veu naistre
 Hospital de Bateaux.
Telles loix feit dame Nature guide,
 Lors que par sur le dos
Pyrrhe sema dedans le monde vuide
 De sa mere les os:
A celle fin que nul homme n'espere
 S'oser dire immortel,
Voiant le temps qui est son propre pere
 N'auoir rien moins de tel.

Arme toy donc de la philosophie
Contre tant d'accidans.
Et courageux d'elle te fortifie
L'estomac au dedans.
N'aiant effroy de chose qui suruienne
Au deuant de tes yeux,
Soit que le Ciel les abismes deuienne,
Et l'abisme les cieux.

LA DEFLORATION
de Lede.
ODE XXVIII.

LE cruel amour vainqueur
De ma vie sa sugette,
M'a si bien écrit au cœur
Vostre nom de sa sagette,
Que le Temps qui peut casser
Le fer & la pierre dure,
Ne le sçauroit effacer
Qu'en moy viuant il ne dure.
    Mon Lut qui des bois oyants
Souloit alleger les peines,
Lâs! de mes yeux larmoyants
Ne tarist point les fontaines,
Et le Soleil ne peut voir
Soit quand le iour il apporte,
Ou quand il se couche au soir
Vne autre douleur plus forte.
    Mais vostre cœur obstiné,

Et moins pitoiable encore
que l'Ocean mutiné
Qui baigne la riue more,
Ne prend mon seruice à gré,
Ains a d'immoler enuie
Le mien à luy consacré
Des premiers ans de ma vie.

Iupiter époinçonné
De telle amoureuse rage,
A iadis abandonné
Ciel, Throsne, femme, ménage:
Car l'œil qui son cœur étraint,
Comme étraints ores nous sommes,
Ce grand seigneur a contraint
De tenter l'amour des hommes.

Impatient du desir
Naissant de sa flamme éprise,
Se laissa d'Amour saisir,
Comme vne dépouille prise:
Puis il a bras, teste, & flanc,
Et sa poitrine cachée
Sous vn plumage plus blanc
Que le laict sur la ionchée

En son col mit vn carçan,
Auec vne chesne, où l'œuure
Du laborieux Vulcan
Merueillable se découure:
D'or en étoient les cerceaux
Piolés d'aimail ensemble,

A l'arc qui verse les eaux
Ce bel ouurage ressemble.
  L'or sur la plume reluit
D'vne semblable lumiere,
Que le clair œil de la nuit
Dessus la nege premiere:
Il fend le chemin des cieux
D'vn long branle de se aisles,
Et d'vn voguer spatieux
Tire ses rames nouuelles.
  Comme l'aigle fond d'enhaut,
Ouurant l'espés de la nuë,
Sur l'aspic qui lesche au chaut
Sa ieunesse reuenuë:
Ainsi le Cigne volloit
Contrebas, tant qu'il arriue
Dessus l'estang où souloit
Iouër Lede sur la riue.
Quand le Ciel eut allumé
Le beau iour par les campaignes:
Elle au bord accoustumé
Mena iouër ses compaignes:
Et studieuse des fleurs
En sa main vn panier porte,
Peint de diuerses couleurs,
Qui mainte histoire raporte.
      Seconde pose.
D'vn bout du panier s'ouuroit
Entre cent nuës dorées,

Une Aurore qui couuroit
Le Ciel de fleurs colorées:
Ses cheueux vagoient errans
Soufflés du vent des narines
Des prochains cheuaux tirans
Le Soleil des eaux marines
Ainsi qu'au Ciel fait son tour
Par sa voie courbe & torte,
Il tourne tout à l'entour
De l'anse en semblable sorte:
Les nerfs s'enflent aux cheuaux
Et leur puissance indontée,
Se lasse sous les trauaux
De la pénible montée.

 La mer est peinte plus bas,
L'eau ride si bien sur elle,
Qu'vn pescheur ne niroit pas
Qu'elle ne fust naturelle:
Ce Soleil tumbant au soir
Dedans l'onde voisine entre,
A chef bas se laissant cheoir
Iusqu'au fond de ce grand ventre.

 Sur le sourcy d'vn rocher
Vn pasteur le loup regarde,
Qui se haste d'aprocher
Du couard peuple qu'il garde:
Mais de cela ne luy chaut,
Tant vn limas luy agreé,
Qui lentement monte au haut

D'vn lis, au bas de la preé.

 Vn Satyre tout follet
Larron, en folatrant tire
La panetiere & le laict
D'vn autre follet Satyre:
L'vn court aprés tout ireux,
L'autre defend sa depouille,
Le laict se verse sur eux
Qui sein & menton leur souille.

 Deux beliers qui se hurtoient
Le haut de leurs testes dures,
Pourtraits aux deux bors étoient
Pour la fin de ses peintures:

 Tel panier en ses mains mit
Lede qui sa troppe excelle,
Le iour qu'vn oiseau la fit
Femme en lieu d'vne pucelle.

 L'vne arrache d'vn doy blanc
Du beau Narcisse les larmes
Et la lettre teinte au sang
Du Grec marri pour les armes:
De crainte l'oeillet vermeil
Pallit entre ces pillardes,
Et la Fleur que toy, Soleil,
Des cieux encor' tu regardes.

 A l'enuy sont ia cueillis
Les verds tresors de la plaine,
Les bascinets, & les lis,
La rose, & la marioleine:

Quand la vierge dit ainsi
(Laissant la rose odorante
Et la belle fueille aussi
De l'immortel Amaranthe.)
 Allon troupeau bien-heureux
Que i'aime d'amour naïue,
Ouir l'oiseau douloureux
Qui se plaint sur nostre riue:
Et elle en hastant ses pas
Court par l'herbe d'vn pié vite,
Sa troupe ne la suit pas
Tant sa carriere est subite.
 Du bord luy tendit la main,
Et l'oiseau qui tressaut d'aise,
S'en aproche tout humain
Et le blanc iuoire baise:
Ores l'adultere oiseau
Au bord par les fleurs se iouë,
Et ores au haut de l'eau
Tout mignard pres d'elle nouë.
 Puis d'vne gaie façon
Courbe au dos l'vne & l'autre aile,
Et au bruit de sa chançon
Il appriuoise la belle:
La niçette en son giron
Reçoit les flammes secrettes,
Faisant tout à l'enuiron
Du Cygne vn lit de fleurettes.
 Luy qui fut si gratieux,

*Voiant son heure oportune,
Deuint plus audacieux
Prenant au poil la fortune:
De son col comme ondes long
Le sein de la vierge touche,
Et son bec luy mit adonc
Dedans sa vermeille bouche.
 Il va ses ergots dressant
Sur les bras d'elle qu'il serre,
Et de son ventre pressant
Contraint la rebelle à terre:
Sous l'oiseau se debat fort,
Le pinse & le mord, si est-ce
Qu'au milieu de tel effort
Ell' sent rauir sa ieunesse.
 Le cinabre çà & là
Couloura la vergogneuse,
A la fin elle parla
D'vne bouche dedaigneuse,
D'où es-tu trompeur volant,
D'où viens-tu, qui as l'audace
D'aller ainsi violant
Les filles de noble race?
 Ie cuidoy ton cœur, helas!
Semblable à l'habit qu'il porte,
Mais (hé pauurete) tu l'as
A mon dam, d'vne autre sorte.
O ciel qui mes cris entens,
Morte puisse-ie estre enclose*

Là bas

Là bas, puis que mon printemps
Est dépouillé de sa rose.
   Plus tost vien pour me manger
O veufue Tigre affamée,
Que d'vn oysel étranger
Ie soy la femme nommée:
Ses membres tumbent peu forts,
Et dedans la mort voisine
Ses yeux ia nouoient, alors
Que luy répondit le Cygne.

Troisieme pose.

Vierge dit-il ie ne suis
Ce qu'à me voir il te semble,
Plus grande chose ie puis
Qu'vn Cygne à qui ie resemble:
Ie suis le maistre des Cieux,
Ie suis celuy qui deserre
Le tonnerre audacieux
Sur les durs flancs de la terre.
   La contraignante douleur
Du tien plus chaut qui m'allume,
M'a fait prendre la couleur
De cette non mienne plume:
Ne te va donc obstinant
Contre l'heur de ta fortune,
Tu seras incontinent
La belle sœur de Neptune:
   Et si tu pondras deux œufs

V

De ma semence feconde,
Ainçois deux triumphes neufs
Futurs ornemens du monde:
L'vn, deux iumeaux éclorra,
Pollux vaillant à l'escrime,
De son frere qui sera
De tous cheualiers l'estime.

Dedans l'autre germera
La beauté au Ciel choisie,
Pour qui vn iour s'armera
L'Europe contre l'Asie:
A ces mots ell' se consent
Receuant telle auenture,
Et ia de peu à peu sent
Haute éleuer sa ceinture.

A MERCVRE.

ODE XXIX.

FAcond neueu d'Atlas, Mercure,
Qui le soin as pris & la cure
De bons esprits sur tous les Dieux,
Acorde les nerfs de ma Lyre,
Et fais qu'vn chant i'y puisse dire
Qui ne te soit point odieux.

Honore mon nom par tes Odes,
L'art qu'on leur doit, leurs douces modes
A ton disciple ramentoy:
Comme à celuy que Thebes vante

DES ODES.

Montre moy, afin que ie chante
Vn vers qui soit digne de toy.

Ie garniray tes talons d'ailes,
Ta Capeline de deux belles,
Ton baston ie n'oubliray pas,
Dont tu nous endors & reueilles,
Et fais des œuures nompareilles
Au Ciel, en la terre, & là bas.

Ie feray que ta main deçoiue
(Sans que nul bouuier l'aperçoiue)
Phebus, qui suit les pastoureaux:
Luy dérobant & arc & trousse,
Lors que plus fort il se courrousse
D'auoir perdu ses beaux toreaux.

Ie diray que ta langue sage,
Aporte par l'air le message
Des Dieux, aux peuples, & aux Rois:
Lors que les peuples se mutinent,
Ou lors qne les Rois qui dominent
Violentent les saintes lois.

Comme il me plaist de te voir ores
Aller parmy la nuit encores
Auec Priam au camp des Grecs!
Racheter par dons, & par larmes
La fleur des magnanimes armes
Hector, qui causa ses regrets:

C'est toy qui guides, & accordes
L'ignorant pouçe sus mes cordes,
Sans toy sourdes elles sont, Dieu,

V ij

Sans toy ma guiterre ne sonne,
C'est par toy qu'ell' chante & resonne,
Si elle chante en quelque lieu.

Fay que toute France me louë,
M'estime, me prise, m'auouë
Entre ses Poëtes parfaits:
Ie ne sen point ma vois si basse,
Qu'vn iour le Ciel elle ne passe
Chantant de mon Prince les faits.

A MICHEL PIERRE DE
Mauleon, Protenotere de Durban.

ODE XXX.

IE ne suis iamais paresseux
A consacrer le nom de ceux
Qui se font dignes de la gloire,
Et nul mieux que moy, par ses vers
Ne leur bastit dans l'vniuers
Les colonnes d'vne memoire.

Mauleon, tu te peux vanter
Puisque Ronsard te veut chanter,
Que tu deuanceras les ailes
Du temps qui vole, & qui conduit
Volontiers vne obscure nuit
Aux vertus qui sont les plus belles.

Mais par où doy-ie commancer
Pour tes louanges auancer

Ton abondance me fait pouure,
Tant la nature heureux t'a fait,
Et tant le Ciel de son parfait
Prodigue vers toy se descouure.

Certes la France n'a point veu
Vn homme encores si pourueu
Des biens de la Muse éternelle,
Ne qui dresse le vol plus haut,
Ne mieux guidant l'outil qu'il faut
Pour nostre langue maternelle.

Car soit en prose ou soit en vers,
Minant maint beau tresor diuers,
Tu nous fais riches par ta peine,
Industrieux à refuser
Qu'vn mauuais son vienne abuser
Tant soit peu ton oreille saine.

Le Ciel ne t'a pas seulement
Elargy prodigalement
Mile presens: mais d'auantage
Il veut pour te fauoriser
Te faire vanter & priser
Par les plus doctes de nostre âge.

Languedoc m'en sert de tesmoin,
Voire Venise, qui plus loin
S'émerueilla de voir la grace
De ton Paschal, qui louangeant
Les Mauleons, alla vengeant
L'outrage fait contre ta race.

Lors qu'au millieu des Peres vieux

Dégorgeant le present des Dieux
Par les torrens de sa harangue,
Déroba l'esprit des oyans
Comme épics ça & la ployans
Dessous le dous vent de sa langue.

 Lyant par ses mots courageux
Au col du meurdrier outrageux
Vne furie vengeresse,
Qui plus que l'horreur de la mort
Encores luy ronge & luy mord
Sa conscience pecheresse.

 Mais ny son stile, ny le mien,
Ne te sçauroient chanter si bien
Que toy-mesme, si tu découres
Tes labeurs écris doctement,
Par lesquels manifestement
Le chemin du ciel tu nous ouures.

 Car toy volant outre les cieux
Tu as pillé du sein des Dieux
Le Destin, & la Presçience,
Et le premier as bien osé
Auoir en François composé
Les secrets de telle science.

A REMY BELLEAV.

ODE XXXI.

Donc, Belleau, tu portes enuie
Aux dépouilles de l'Italie,

DES ODES.

Qu'encores ta main ne tient pas,
Et t'armant sous le Duc de Guyse,
Tu penses voir broncher à bas
Les murailles de Naples prise.

I'eusse plustost pensé les courses
Des eaux remonter à leurs sources,
Que te voir changer aux harnois,
Aux picques, & oux harquebuses,
Tant de beaux vers que tu auois
Reçeu de la bouche des Muses.

A GASPARD D'AV-
uergne.

Non mesurée.

ODE XXXII.

Gaspard qui loin de Pegase
As les filles de Parnase
Conduites en ta maison,
Ne sçais-tu que moy Poëte,
De mon Phebus ie souhéte
Quand ie fais vne oraison?

Les moissons ie ne quiers pas,
Que la faulx arrange a bas
Sur la Beauce fructueuse,
Ny tous les cornus troupeaux
Qui sautent sur les coupeaux
De l'Auuergne montueuse.

Ny l'or sans forme qu'ameine

La mine pour nostre peine
Ny celuy qui est formé,
Portant d'vn Roy la figure,
Ou la fiere pourtraiture
De quelque Empereur armé.

Ny l'yuoire marqueté
En l'Orient acheté
Pour parade d'vne sale,
Ny les cousteux Diamans,
Magnifiques ornemens
D'vne magesté royale.

Ny tous les champs que le fleuue
Du Loir lentement abreuue,
Ny tous les prez emmurez
Des plis de Braie argentine,
Ny tous les bois dont Gastine
Voit ses bras en-verdurés.

Ny le riche acoutrement
D'vne laine, qui dément
Sa teincture naturelle,
Es chauderons du Gobelin
S'yurant d'vn rouge venin
Pour se déguiser plus belle.

Que celuy dans vne coupe
Toute d'or boyue à la troupe
De son vin de Prepatour,
A qui la vigne succede,
Et pres Vendosme en possede
Deux cens arpens en vn tour.

Que celuy qui ayme Mars,
S'enrolle entre les soldars,
Et face sa peau vermeille
D'vn beau sang pour son deuoir,
Et que la trompette au soir
D'vn son luy raze l'oreille:
Le marchant hardiment vire
Par la mer, de sa nauire
La prouë & la poupe encor.
Ce n'est moy, qui ay enuie
A tels despens de ma vie
De gagner des lingots d'or.
Tous ces biens ie ne quiers point,
Et mon courage n'est point
De telle gloire excessiue:
Manger ô mon compaignon
Ou la figue d'Auignon
Ou la Prouençale Oliue,
L'artichot, & la salade,
L'asperge, & la pastennade,
Et les pepons Tourengeaux,
Me sont herbes plus friandes,
Que des Princes les viandes
Qui se seruent à monceaux.
Puis qu'il faut si tost mourir,
Que me vaudroit d'acquerir
Vne rente si trescheres?
Qu'vn heritier qui viendroit
Apres mon trespas, vendroit

Et en feroit bonne chere.
    Tant seulement ie desire
Vne santé qui n'empire,
Ie desire vn beau seiour,
Vne raison saine & bonne,
Et vne Lyre qui sonne
Tousiours le vin & l'amour.

ODE XXXIII.

CEluy qui est mort auiourd'huy,
Est aussi bien mort que celuy,
Qui mourut aux iours du Deluge,
Autant vaut aller le premier,
Que de seiourner le dernier
Deuant le parquet du grand iuge.
    Incontinent que l'homme est mort,
Ou pour iamais ou long temps dort
Au creux d'vne tombe enfouie,
Sans plus parler, ouyr, ne voir :
Hé, quel bien sçauroit-on auoir
En perdant les yeux, & l'ouÿe!
    Or l'ame, selon le bien-fait
Qu'hostesse au corps elle a fait,
Monte au Ciel, sa maison natale
Mais le corps, nourriture à vers,
Dissoult de vénes & de nerfs
N'est plus qu'vne ombre sepulchrale.
    Il n'a plus esprit, ny raison,
Emboiture ne liaison,

DES ODES.

Artere, poux, ny véne tendre.
Cheueuil en teste ne luy tient:
Et qui plus est, ne luy souuient
D'auoir iadis aimé Cassandre.
,, Le mort ne desire plus rien:
Donc ce-pendant que i'ay le bien
De desirer vif, ie demande
Estre tousiours sain & dispos:
Puis quand ie n'auray que les os
La reste à Dieu ie recommande.

Homere est mort, Anacreon,
Pindare, Hesiode, & Bion,
Et plus n'ont soucy de s'enquerre
Du bien & du mal qu'on dit d'eux:
Ainsi apres vn siecle ou deux
Plus ne sentiray rien sous terre.
,, Mais dequoy sert le desirer
,, Sinon pour l'homme martyrer?
,, Le desir n'est rien que martyre:
,, Car content n'est le desireux:
,, Et l'homme mort est bien-heureux:
,, Heureux qui plus rien ne desire.

ODE XXXIIII.

Quand ie dors ie ne sens rien,
 Ie ne sens ne mal ne bien,
Plus ie ne puis connoistre,
Ie ne sçay ce que ie suis,
Ce que ie fus, & ne puis

Sçauoir ce que ie dois estre:
I'ay perdu le souuenir
Du passé, de l'aduenir,
Ie ne suis que vaine masse
De bronze en homme graué,
Ou quelque Terme esleué
Pour parade en vne place.

   Toutes-fois ie suis viuant,
Repoussant mes flancs de vent,
Et si perds toute memoire:
Voyez donc que ie seray
Quand mort ie reposay
Au fond de la tombe noire!

   L'ame volant d'vn plein saut,
A Dieu s'en ira là haut
Auecque luy se ressoudre:
Mais ce mien corps enterré,
Sillé d'vn somme ferré,
Ne sera plus rien que poudre.

ODE XXXV.

MAis d'où vient cela, mon Odet?
Si de fortune par la ruë
Quelque courtisan ie saluë
Ou de la voix, ou du bonnet,
   Ou d'vn clin d'œil tant seulement,
De la teste, ou d'vn autre geste,
Soudain par serment il proteste
Qu'il est à mon commandement;

Soit qu'il me trouue chez le Roy,
Soit qu'il en sorte ou qu'il y vienne,
Il met sa main dedans la mienne,
Et iure qu'il est tout à moy:

Il me promet montaignes d'Or,
La terre d'Or & toute l'onde,
Et toutes les bourdes du monde,
Sans rougir me promet encor.

Mais quand vn affaire de soin
Me presse à luy faire requeste,
Tout soudain il tourne la teste
Et me delaisse à mon besoin:

Et si ie veux le r'aborder
Ou l'acoster en quelque sorte,
Mon courtisan passe vne porte
Et ne daigne me regarder:

Et plus ie ne luy suis connu,
Ny mes vers, ny ma Poësie,
Non-plus qu'vn étranger d'Asie,
Ou quelqu'vn d'Afrique venu,

Mais vous, mon support gracieux,
Mon appuy, mon Prelat, que i'ayme
Mille-fois plus, ny que moy-mesme,
Ny que mon cœur, ny que mes yeux:

Vous ne me faites pas ainsy,
Car si quelque affaire me presse,
Librement à vous ie m'adresse
Qui de mon fait auez soucy:

Vous auez soin de mon honneur,

Et voulez que mon bien prospere,
M'aimant tout ainsi qu'vn doux pere,
Et non comme vn rude Seigneur:
   Sans me repromettre à tous coups,
Ces monts, ces mers d'or ondoyantes:
Car telles bourdes impudentes
Sont, O det, indignes de vous:
   La raison (Prelat) ie l'entens,
C'est, que vous estes veritable,
Et non Courtisan variable,
Qui sert aux faueurs & au temps.

**

LE QVATRIESME
LIVRE DES ODES DE P. DE Ronsard, Vandomois.

AV ROY HENRY.

ODE I.

Escoute Prince des François:
Iamais ie ne confesserois
Qu'vn Roy peust surmõter ta Frãce:
Tant que ton grand Mommorency,
Et ton grand Duc de Guise aussy
Te seruiront de leur vaillance.

Et tant que viuant ie seray,
Iamais ie ne confesseray
Qu'en France la Muse perisse,
Tant qu'elle aura pour souuerain
Soustien, vn Cardinal Lorrain
Qui la defende, & la cherisse.

Sus doncq filles de Iupiter,
C'est à ce coup qu'il faut chanter
Ou iamais d'vne haute vene:
Ie veux, enyuré de voz eaux
Chanter deux Achilles nouueaux,
Et vn autre nouueau Mecéne.

Les fors Guisians que i'ay veu
Vaillans comme Mars m'ont pourueu

D'un suiet bien digne d'Homere,
Et mon Cardinal qui me fait
De sa faueur Poëte parfait
Pour chanter l'honneur de son frere.

EPITHALAME D'ANTHOI ne de Bourbon Roy de Nauarre.

ODE II.

Quand mon Prince espousa
Ianne, diuine race,
Que le Ciel composa
Plus belle qu'vne Grace:
Les Princesses de France
Ceintes de Lauriers vers
Toutes d'vne cadance
Luy chanterent ces vers.
 O Hymen, Hymenée,
 Hymen, ô Hymenée.
Prince plein de bon-heur,
L'arrest du Ciel commande
Qu'on te donne l'honneur
De nostre belle bande:
D'autant qu'vne Déesse
La passe en maiesté,
D'autant elle Princesse
Nous surpasse en beauté.
 O Hymen, Hymenée,
 Hymen, ô Hymenée.

Plus qu'à nulle autre auſſy
Parfaitte eſt ſon attente,
Iointe à ce Prince icy.
Qui noſtre âge contente.
Comme l'aneau décore
Le diamant de chois,
Ainſi ſa gloire honore
Les Princes, & les Rois.
 O Hymen, Hymenée,
  Hymen, ô Hymenée.
Il n'eſt pas mieux trouué
Que toy, vierge excellente,
Voire euſt-il eſprouué
La courſe d'Atalante
Ne la Grecque amoureuſe
N'euſt pas voulu changer
Telle alliance heureuſe
Au Paſteur eſtranger.
 O Hymen, Hymenée,
  Hymen, ô Hymenée.
Le Ciel fera beaucoup
Pour tout le monde enſemble,
Si tu conçois vn coup
Vn fils qui te reſemble,
Où l'honneur de ta face
Soit peint, & de tes yeux,
Et ta celeſte grace,
Qui tenteroit les Dieux.
 O Hymen, Hymenée,

Hymen, ô Hymenée.
Cessez flambeaux là haut
Voz clartez coustumieres,
Ce soir, mais ce iour, vaut
Cinq cens de voz lumieres:
Car les Amours qui dardent
Icy leur feu qui luit,
Plus que les Astres ardent
L'espesseur de la Nuit.
 O Hymen, Hymenée,
 Hymen, ô Hymenée.
Maint Soir iadis fut bien
Du lict des Dieux coupable,
Mais nul d'vn si grand bien
Ne fut oncques capable:
Et si tu peux bien croire,
Heureux Soir, desormais,
Que tu seras la gloire
Des Soirs pour tout iamais.
 O Hymen, Hymenée,
 Hymen, ô Hymenée.
Nymphes, de voz couleurs
Ornez leur couche sainte,
Des plus gentilles fleurs
Dont la terre soit peinte:
Que menu l'on y gette
Cét excellent butin,
Que le marchant achette
Bien loin sous le Matin.

O Hymen, Hymenée,
Hymen, ô Hymnée.
Et vous diuin troupeau,
Qui les eaux de Pegase
Tenez, & le coupeau
Du cheuelu Parnase
Venez diuine race,
Offrir voz lauriers verds,
Et prenant nostre place,
Chantez vos meilleurs vers.
 O Hymen, Hymenée,
Hymen, ô Hymenée.
Car l'ardeur qui nous tient,
Nous guide par les plaines,
Que le Loir entretient
De verdeur tousiours pleines:
Là, nous ne verrons prée
Sans leur faire vn autel,
N'eau, qui ne soit sacrée
A leur nom immortel.
 O Hymen, Hymenée,
Hymen, ô Hymenée.
Consommez peu à peu
Voz nopces ordonnées,
Sans esteindre le feu
De voz amours bien nees:
La chaste Cyprienne
Ayant son demyceint,
Auec les Graces vienne

X ij

Compaigne à l'œuure saint.
  O Hymen, Hymenée,
  Hymen, ô Hymenée.
Afin que le neud blanc
De foy loyale assemble
De Nauarre le sang
Et de Bourbon ensemble,
Plus estroit que ne serre
La vigne les ormeaux,
Ou l'importun lierre
Les apuyans rameaux.
  O Hymen, Hymenée,
  Hymen, ô Hymenée,
Adieu Prince, adieu Soir,
Adieu pucelle encore,
Nous vous reuiendrons voir,
Demain auec l'Aurore :
Pour prier Hymnée
De vouloir prendre à gré
Nostre chanson sonnée
Sur vostre lit sacré.
  O Hymen, Hymnée,
  Hymen, ô Hymenée.

AV PAYS DE VAN-
domois.

ODE III.

L'Ardeur qui Pythagore
En Ægypte a conduit,

Me venant ardre encore
Comme luy m'a seduit,
A celle fin que i'erre
Par le païs enclos
De deux mers, & qui serre
De Saturne les os.
  Terre, adieu, qui premiere
En tes bras m'as reçeu,
Quand la belle lumiere
Du monde i'aperçeu:
Et toy Braye qui roules
En tes eaux fortement,
Et toy mon Loir qui coules
Vn peu plus lentement:
  Adieu fameux riuages
De bel émail couuers,
Et vous antres sauuages
Delices de mes vers:
Et vous riches campagnes,
Où presque enfant ie vy
Les neuf Muses compagnes
M'enseigner à l'enuy.
  Ie voirray le grand Mince,
Le Mince tant connu,
Et des fleuues le prince
Eridan le cornu.
Et les roches hautaines
Que donta l'African,
Par les forces soudaines

X iij

Du soufre, & de Vulcan.
    De la Serene antique
Ie voirray le tombeau,
De la course erratique
D'Arethuse, dont l'eau
Fuyant les bras d'Alphée
Se desrobe à noz yeux,
Et Aetne le trophée
Des victoires aux Dieux.
    Ie voirray cette ville
Dont iadis le grand-heur
Rendit à soy seruile
Du monde la grandeur:
Et celle qui entr'ouure
Les flots à l'enuiron,
Et riche se descouure
Dans l'humide giron.
    Plus les beaux vers d'Horace
Ne me seront plaisans,
Ne la Thebaine grace
Nourrice de mes ans:
Car ains que tu reuiennes
Petite Lyre, il faut
Que trompe tu deuiennes
Pour resonner plus haut:
    Soit que tu te hazardes
D'oser chanter l'honneur
Des victoires Picardes
Que gaigna mon Seigneur:

Ou soit, qu'à la memoire
Par vn vers assez bon,
Tu consacres la gloire
Des Princes de Bourbon.

 Heureux celuy ie nomme,
Qui de sçauoir pourueu,
A les meurs de maint homme
Et mainte terre veu:
Et dont la sage adresse,
Et le conseil exquis,
Du fin soudart de Grece
Le nom luy ont aquis.

 Celuy, la grand' peinture
Du ciel n'ignore pas,
Ne tout ce que Nature
Fait en haut & çà bas:
De Mars la fiere face
Ne luy fit oncq effroy,
Ne l'horrible menace
D'vn Senat ou d'vn Roy.

 Son opposé courage
Basty sur la vertu,
Pour nul humain orage
Ne fut oncq abatu:
Car d'vne aisle non molle
Fuit ce monde odieux,
Et indonté s'envole
Iusqu'au siege des Dieux.

DE L'ELECTION DE son sepulchre.

ODE IIII.

Antres, & vous fontaines
De ces roches hautaines
Qui tombez contre-bas
D'vn glissant pas:
 Et vous forests, & ondes
Per ces prez vagabondes,
Et vous riues, & bois
Oyez ma vois.
 Quand le ciel, & mon heure
Iugeront que ie meure,
Rauy du beau seiour
Du commun iour,
 Ie defend qu'on ne rompe
Le marbre pour la pompe
De vouloir mon tombeau
Bastir plus beau.
 Mais bien ie veux qu'vn arbre
M'ombrage en lieu d'vn marbre,
Arbre qui soit couuert
Tousiours de vert.
 De moy puisse la terre
Engendrer vn lierre,
M'embrassant en maint tour
Tout alentour.

Et la vigne tortisse
Mon sepulchre embellisse,
Faisant de toutes pars
Vn ombre espars.

  Là, viendront chaque année
A ma feste ordonnée,
Auecques leurs troupeaux
Les Pastoureaux.

  Puis ayant fait l'office
De leur beau sacrifice,
Parlans à l'isle ainsy
Diront cecy.

  Que tu es renommée
D'estre tombeau nommée
D'vn, de qui l'vniuers
Chante les vers!

  Et qui oncq en sa vie
Ne fut bruslé d'enuie
Mendiant les honneurs
Des grans Seigneurs!

  Ny ne r'aprist l'vsage
De l'amoureux breuuage,
Ny l'art des anciens
Magiciens!

  Mais bien à noz campagnes,
Fit voir les Sœurs compagnes,
Foulantes l'herbe aux sons
De ses chansons.

  Car il fit à sa Lyre

Si bons acords eslire,
Qu'il orna de ses chants
Nous, & noz champs.

  La douce manne tombe
A iamais sur sa tumbe
Et l'humeur que produit
En May, la nuit.

  Tout alentour l'emmure
L'herbe & l'eau qui murmure,
L'vn tousiours verdoiant,
L'autre ondoiant.

  Et nous ayans memoire
Du renom de sa gloire,
Luy ferons comme à Pan
Honneur chaque an.

  Ainsi dira la troupe,
Versant de mainte coupe
Le sang d'vn agnelet
Auec du laict.

  Dessur moy, qui à l'heure
Seray par la demeure
Où les heureux espris
Ont leur pourpris.

  La gresle, ne la neige,
N'ont telz lieux pour leur siege,
Ne la foudre oncque là
Ne deuala.

  Mais bien constante y dure
L'immortelle verdure,

Et constant en tout temps
Le beau printemps,
  Le soin qui solicite
Les Rois, ne les incite
Le monde ruiner
Pour dominer.
  Ains comme freres, viuent,
Et morts, encore suiuent
Les métiers qu'ilz auoient
Quant ilz viuoient.
  Là là, i'oiray d'Alcée
La Lyre courroucée,
Et Saphon qui sur tous
Sonne plus dous.
  Combien ceux qui entendent
Les chansons qu'ilz respandent,
Se doiuent resiouir
De les ouir?
  Quand la peine receuë
Du rocher, est deceuë,
Et quand le vieil Tantal'
N'endure mal?
» La seule Lyre douce
» L'ennuy des cœurs repousse,
» Et va l'esprit flattant
» De l'écoutant.

AV FLEVVE DV LOIR.

ODE V.

Loir, dont le beau cours distille
Au sein d'vn pays fertile,
　　Fay bruire mon renom
　　D'vn grand son en tes riues,
　　Qui se doiuent voir viues
　　Par l'honneur de ton nom.
Ainsi Thetys te puisse aymer
Plus que nul qui entre en la mer.

Car si la Muse m'est prospere,
Fameux comme Amphryse, i'espere,
　　Te faire vn iour nombrer
　　Aux rangs des eaus qu'on prise,
　　Et que la Grece apprise
　　A daigné celebrer:
Pour estre le fleuue eternel
Qui baignes mon nic paternel.

Sus doncq à haute voix resonne
Le bruit que ma Muse te donne,
　　Tu voirras desormais
　　Par moy, ton onde fiere
　　S'enfler par ta riuiere
　　Qui ne mourra iamais:
Car l'honneur qui des Muses vient
Ferme contre l'âge se tient:

Loir de qui la bonté ne cede

DES ODES.

Au Nil qui l'Ægypte possede,
   Pour le loyer d'auoir
   (Eternizant ta gloire
   De durable memoire)
   Fait si bien mon deuoir:
Quand i'auray mon aage acomply
Enseuely d'vn long oubly.

Si quelque pelerin arriue
Aupres de ta parlante riue.
   Dy luy à haute vois
   Que ma Muse premiere
   Aporta la lumiere
   De Grece en Vandomois.
Dy luy ma race, & mes ayeux,
Et le sçauoir que i'eu des Cieux.

Dy leur, que moy d'afaires vuide,
Ayant tes filles pour ma guide
   A tes bors i'encorday
   Sur la Lyre, ces Odes,
   Et aux Françoises modes
   Premier les accorday,
Et tousiours rechante ces vers
Qu'à ton bord ie sonne à l'enuers.

A GVY PECATE PRIEVR de Souge.
ODE VI.

Guy, nos meilleurs ans coulent
Comme les eaux qui roulent

D'vn cours sempiternel,
La mort pour sa séquelle
Nous ameine auec elle
Vn exil eternel.

Nulle humaine priere
Ne repousse en arriere
Le bateau de Charon,
Quand l'ame nuë arriue
Vagabonde en la riue
De Styx, & d'Acheron.
" Toutes choses mondaines
" Qui vestent nerfs, & veines,
" La mort égale prend,
" Soient pauures, ou soient Princes,
Dessus toutes prouinces
Sa main large s'étend.

La puissance tant forte
Du grand Achile est morte,
Et Thersite odieux
Aux Grecs, est mort encores.
Et Minos qui est ores
Le conseiller des Dieux.
" Iuppiter ne demande
" Que des beufs pour offrande,
" Mais son frere Pluton
" Nous demande nous hommes,
" Qui la victime sommes
De son enfer glouton.

Celuy dont le Pau baigne

DES ODES.

Le tombeau, nous enseigne
N'esperer rien de haut:
Et celuy de Pegase
(Qui fit sourcer Parnase)
Culbuta si grand saut.
” Làs on ne peut connoistre
” Le destin qui doit naistre,
” Et l'homme en vain poursuit
” Coniecturer la chose,
” Que Dieu sage tient close
” Sous vne obscure nuit.
Ie pensoy que la trope
Que guide Calliope,
(Troupe mon seul confort)
Soutiendroit ma querelle,
Et qu'indonté, par elle
Ie donteroy la mort.

Mais vne fieure grosse
Creuse desia ma fosse
Pour me banir là bas,
Et sa flamme cruelle
Se paist de ma mouelle,
Miserable repas.

Que peu s'en faut ma vie
Que tu ne m'es rauie
Close sous le tombeau!
Et que mort ie ne voye
Où Mercure conuoye
Le debile troupeau:

Et Alcé qui les peines
Dont les guerres sont pleines
Va là bas racontant,
Poëte q'vne presse
Des espaules espaise,
Admire en l'écoutant.

A bon droit Promethée
Pour sa fraude inuentée
Endure vn tourment tel,
Qu'vn aigle sur la roche
Luy ronge d'vn bec croche
Le pumon immortel.

Depuis qu'il eut robée
La flamme prohibée
Pour les Dieux dépiter,
Les bandes inconnuës
Des fieures sont venuës
Nostre terre habiter.

Et la mort dépiteuse
Au parauant boiteuse
Fut legere d'aller,
D'ailes mal ordonnées
Aux hommes non données
Dedale coupa l'air.

L'execrable Pandore
Fut forgée, & encore
Astreé s'en vola,
Et la boite feconde
Peupla le pauure monde

De tant de maux qu'il a.
   Ah, le méchant courage
Des hommes de nostre aage
N'endure par ses faits,
Que Iupiter étuie
Son foudre, qui s'ennuie
Vanger tant de méfaits.

ODE .VII.

Tv me fuis de plus vite course
   Qu'vn Fan la dét fiere d'vne ourse,
Fan qui va les tetins chercher
De sa mere pour se cacher,
Alongeant sa iambe fuiarde
Si vn rameau le vient toucher:
Car pour le moindre bruit que face
D'vn serpent la glissante trace,
Et de genous, & de cœur tremble:
   Las! toy belle qui m'és ensemble
Ma douce vie & mon trepas,
Atten moy: ie ne te cours pas
Comme vn loup pour te faire outrage.
   Mets donc ma mignonne vn peu bas
La cruauté de ton courage:
Arreste, fuiarde, tes pas,
Et toy ia d'âge pour m'atendre
Laisse ta mere, & vien aprendre
Combien l'amour donne d'esbas.

               Y

IIII LIVRE.
VOEV A LVCINE.
ODE VIII.

O Déesse puissante
De pouuoir secourir
La vierge languissante
Qui est preste à mourir,
Quand la douleur amere
D'vn enfant la rend mere.

Si douce, & secourable
Heureusement tu veux,
D'oreille fauoralle
Ouir mes humbles vœux,
I'eleueray d'iuoire
Vne image à ta gloire.

Et moy la teste ornée
De beaux lis fleurissans
Iray trois fois l'anneé
La perfumer d'encens,
Acordant sur ma Lyre
L'honneur de ton Osire.

Descen Déesse humaine
Du ciel, & te hâtant
La santé douce ameine
A celle qui l'atend,
Et d'vne main maistresse
Repousse sa destresse.

Ainsi touiours t'honore

Le Nil impetueux,
Qui Neptune colore
Par sept huis fluctueux,
Ainsi tousiours ta pompe
Dance au bruit de la trompe.

Toy Déesse Lucine
Requise par trois fois
De la vierge en gesine
Tu exauces la vois,
Et deserres la porte
Au doux fruit qu'elle porte.

Tu as de la nature
La clef dedans tes mains,
Tu donnes l'ouuerture
De la vie aux humains,
Et des siecles auares
Les fautes tu repares.

ODE IX.

Chanson, voicy le iour
Où la beauté qui la terre decore,
Et que mon œil peu sagement adore,
    Vint en ce beau seiour.

    Le ciel d'amour ateint
Ardãt de voir tant de beautez l'admire,
Et se courbant dessus sa face, mire
    Tout l'honneur de son taint.

    Car les diuins flambeaux,

Grandeur, vertu, les amours, & la Grace,
A qui mieux mieux embellirent sa face
    De leurs presens plus beaux.

    Afin que par ses yeux
Tout l'imparfait de ma ieunesse folle
Fust corrigé, & qu'elle fust l'idole
    Pour me guider au mieux.

    Heureux iour retourné,
A tout iamais i'auray de toy memoire,
Et d'an en an ie chanteray la gloire
    De l'honneur en toy né.

    Sus page vistement
Donne ma lyre, afin que sur sa corde
D'vn pouce doux en sa faueur i'acorde
    Ce beau iour sainctement.

    Seme par la maison
Tout le tresor des prez & de la plaine,
Le lis, la rose, & cela dont est pleine
    La nouuelle saison:

    Puis crie au temple aussi,
Que le Soleil ne vit oncques iournée
Qui fust de gloire, & d'honneur tant ornée
    Comme il voit ceste cy.

AV REVERENDISSIME
Cardinal du Bellai.
ODE X.

Dedans ce grand monde où nous sommes
  Enclos generalement,
» Il n'y a tant seulement
» Qu'vn genre des Dieux, & des hommes:

» Eux & nous n'auons mere qu'vne,
» Tous par elle nous viuons,
» Et pour heritage auons
» Cette grand' lumiere commune.

» Nostre raison qui tout auise,
» Des Dieux compagnons nous rend:
  Sans plus vn seul different
» Nostre genre & le leur diuise.

» La vie aux Dieux n'est consumée,
» Immortel est leur seiour,
  Et l'homme ne vit qu'vn iour
Fuiant commé vn songe ou fumée.

Mais celuy qui aquiert la grace
  D'vn bien heureux escriuant,
  De mortel se fait viuant,
Et au rang des celestes passe.

Comme toy, que la Muse aprise
  De ton Macrin à chanté,
  Et t'a vn los enfanté

Qui la fuite des ans méprise.

Elle a perpetué ta gloire
    La logeant là haut aux cieux,
    Et a fait égale aux Dieux
L'eternité de ta memoire.

Aprenez donc vous Rois, & Princes
    Les Poëtes honorer,
    Qui seulz peuuent decorer
Vous, vos sugets & vos Prouinces.

Sans plus le grand Prince Alexandre,
    Qui a la terre commandoit,
    Vn Homere demandoit
Pour faire ses labeurs entendre.

La France d'Homeres est pleine,
    Et d'eux liroit-on les fais,
    S'ilz estoient tous satisfais
Autant que merite leur peine.

VOEV AV SOMME.

ODE XI.

Somme, le répos du monde,
Si d'vn pauot plein de l'onde
Du grand fleuue obliuieux
Tu veux arrouser mes yeux,
Tellement que ie reçoiue
Ton doux present qui deçoiue

Le long seiour de la nuit,
Qui trop lente pour moy fuit:
Ie te vouë vne peinture
Où l'efait de ta nature
Sera portrait à l'entour,
S'entresuiuans d'vn long tour
Tous les songes & les formes
Où la nuit tu te transformes
Pour nos espris contenter,
Ou pour les espouanter.

A grand tort Homere nomme
Frere de la mort, le Somme,
Qui charme tous nos ennuis
Et la paresse des nuis,
Voire que nature estime
Comme son filz legitime.

Le soin qui les Rois espoint
L'esprit ne me ronge point,
Toutesfois la tarde Aurore
Me voit au matin encore
Parmy le lit trauailler
Et depuis le soir veiller.

Vien doncque Somme & distile
Dans mes yeux ton onde vtile,
Et tu auras en pur don
Vn beau tableau pour guerdon.

ODE XII.

Mais que me vaut d'entretnir
Si cherement vn souuenir

Qui hoste de mon cœur le ronge,
Et tousiours me fait deuenir
Réueur comme vn homme qui songe!
　Ce n'est pas moy, c'est toy mon cœur
Qui pour alonger ma langueur,
Deloyal enuers moy te portes,
Et pour faire vn penser vainqueur
De nuit tu luy ouures mes portes.
　Tu ne te sçaurois excuser
Que tu ne viennes m'abuser,
Et qu'à tort ne me sois contraire.
Qui veux mon party refuser
Pour soutenir mon auersaire.
　Mais en qui me doy-ie fier!
Quand chetif ie me voy lier
De mes gens qui me viennent prendre,
Pour estre fait le prisonnier
De ceux qui me deuroient defendre!
　Ce penser n'eust logé chez moy
S'il n'eust eu trafique auec toy:
Sors, cœur, de ta place ancienne,
Puis que tu m'as rompu ta foy,
Ie te veux rompre aussi la mienne.
　Sors doncq, si tu ne veux perir
De telle mort qu'on fait mourir
Le soudart, qui rompt sa foy vaine,
Pour aller traistre, secourir
L'eunemy de son capitaine.

ODE XIII.

Quand ie suis vingt ou trente mois
Sans retourner en Vandomois,
Plein de pensées vagabondes,
Plein d'vn remors, & d'vn souci,
Aux rochers ie me plains ainsi
Aux bois, aux antres, & aux ondes.

Rochers, bien que soyez agez
De trois mil ans, vous ne changez
Iamais ny d'estat ny de forme,
Mais tousiours ma ieunesse fuit,
Et la vieillesse qui me suit
De ieune en vieillard me transforme.

Bois, bien que perdiez tous les ans
En l'hiuer vos cheueux plaisans,
L'an d'apres qui se renouuelle,
Renouuelle aussi vostre chef,
Mais le mien ne peut derechef
R'auoir sa perruque nouuelle.

Antres, ie me suis veu chez vous
Auoir iadis verds les genous,
Le corps habille, & la main bonne,
Mais ores i'ay le corps plus dur,
Et les genous, que n'est le mur
Qui froidement vous enuironne.

Ondes, sans fin vous promenez,
Et vous menez & ramenez
Vos flots d'vn cours qui ne seiourne,
Et moy sans faire long seiour

Ie m'en vais de nuit & de iour,
Mais comme vous, ie ne retourne:
　Si esse que ie ne voudrois
Auoir esté ny roc, ny bois,
Antre, ny onde pour defendre
Mon corps contre l'âge emplumé,
Car ainsi dur ie n'eusse aimé
Toy qui m'as fait vieillir, Cassandre

DES ROSES PLANtees prés vn blé.

ODE XIIII.

Dieu te gard l'hōneur du printemps,
　　Qui étans
Tes beaux tresors sur la branche,
Et qui découures au Soleil,
　　Le vermeil
De ta couleur viuement franche.

　D'assés loin tu vois redoublé,
　　Dans le blé,
Ta face du vermillon teinte,
Dans le blé qu'on voit reiouïr
　　De iouïr
De ton image en son verd peinte.

　Pres de toy sentant ton odeur
　　Plein d'ardeur
Ie façonne vn vers, dont la grace

DES ODES.

Maugré mile siecles viura,
    Et suiura
Le long vol des ailes d'Horace.

  Les vns chanteront les œillés
    Vermeillés,
Ou du lis la fleur argentée,
Ou celle qui s'est par les prés
    Diaprés
Du sang des Princes enfantée:

  Mais moy tant que chanter pourray
    Ie louray
Tousiours en mes Odes la Rose,
D'autant qu'elle porte le nom
    De renom
De celle où ma vie est enclose.

A CASSANDRE.

ODE XV.

Nymfe aux beaux yeux, qui souffles de ta bouche
Vne Arabie à qui prés en approuche,
Pour déraciner mon émoy
Cent mile baisers donne moy:

Donne les moy, ça que ie les deuore,
Tu fais la morte, il m'en faut bien encore:
    Redonne m'en deux miliers donc,
    Et sur tous vn qui soit plus long

Que n'est celuy des douces colombelles
Prises au ieu de leurs amours nouuelles:
    Ainsi ma Cassandre, viuons
    Puis que les doux ans nous auons.

Incontinent nous mourrons, & Mercure
Nous voilera d'vne poudriere obscure
    Et guidera nos tristes pas
    Au froid Roiaume de là bas,

Tenant au poin sa verge messagere,
Crainte là bas de la troupe legere.
    Si qu'aussi tôt qu'aurons passé
    Le lac neuf fois entrelassé,

Et que sur nous sa sentence imploiable
Aura getté le iuge inexorable,
    Ne parens, ne déuotions,
    Ne rentes ne possessions

Ne flechiront la cruche ne l'audace
Du nautonnier si bien qu'il nous repasse,
    Du nautonnier qui n'a soucy
    De pauure, ne de riche aussi.

Donc ce pendant que l'âge nous connie
De nous ébatre, égaion nostre vie.
    Ne vois-tu le temps qui s'enfuit,
    Et la vieillesse qui nous suit?

A LA SOVRCE DV LOIR.

ODE XVI.

Source d'argent toute pleine,
Dont le beau cours éternel
Fuit pour enrichir la plaine
De mon païs paternel.

  Soy donc orguilleuse & fiere
De le baigner de ton eau,
Nulle Françoise riuiere
N'en peut lauer vn plus beau.

  Que les Muses eternelles
D'habiter n'ont dedaigné,
Ne Phebus qui dit par elles
L'art où ie suis enseigné.

  Qui dessus ta riue herbuë
Iadis fut enamouré,
De la Nymphe cheueluë
La Nymphe au beau crin doré:

  Et l'atrapa de vistesse
Fuiant le long de tes bords,
Et là rauit sa ieunesse
Au millieu de mille efforts.

  Si qu'auiourd'huy a'elle encores
Immortel est le renom
Dedans vn autre, qui ores
Se vante d'auoir son nom.

  Fuy doncques, heueuse source,
Et par Vandosme passant,

Retien la bride à la courſe
Le beau criſtal effaçant.
 Puis ſaluë mon la Haie
Du murmure de tes flots,
C'eſt celuy qui ne s'eſſaye
De ſonner en vain ton los.
 Si le Ciel permet qu'il viue,
Il conuoira doucement
Les neuf Muſes ſur ta riue
Pleines d'ébaiſſement,
 De le voir ſeul deſſus l'herbe
Rememorant leurs leçons,
Faire aller ton flot ſuperbe
Honoré par ſes chanſons.
 Va doncques & pren ces roſes
Que ie répan au giron
De toy ſource qui arroſes
Mon païs à l'enuiron.
 Qui te ſuply par mes Muſes
De touſiours l'auoir à cœur,
Et que touſiours tu luy vſes
Des faueurs de ta liqueur.
 Ne noyant ſes paſtourages
D'eau par trop ſe repandant.
Ne defraudant les ouurages
Du laboureur atendant:
 Mais fay que ton onde vtile
Luy riant ioieuſement,
Innocente ſe diſtile

Par ses champs heureusement:
Ainsi du Dieu venerable
De la mer, puisses auoir
Vne acolade honorable,
Entré chés luy pour le voir.

LE RAVISSEMENT DE
Cephale, diuisé en trois poses.

ODE XVII.

L'Hyuer, lors que la nuit lente
Fait au Ciel si long seiour,
Vne vierge vigilente
'eueilla deuant le iour:
Et par les antres humides,
Où les Dieux dormoient enclos,
Hucha les sœurs Nereïdes
Qui ronfloient au bruit des flots.
Sus, reueillez vous pucelles:
Le sommeil n'a iamais pris
Les yeux curieux de celles
Qui ont vn œuure entrepris.
Cette parolle mordente
Leur front si honteux a fait,
Que ia chacune est ardente
Que l'ouurage soit parfait.
D'vne soie non commune,
Et d'vn or en Cypre eleu,
Elles brodoient à Neptune

Qui mieux mieux vn manteau bleu,
Pour mener Thetis la belle
Où les Dieux sont ia venus,
Et où son mary l'appelle
Aux doux presens de Venus.
 Au vif traitte y fut la terre
En boule arondie au tour,
Auec la mer qui la serre
De ses bras tout alentour:
Au milieu d'elle vn orage
Mouuoit ses flots d'ire pleins.
Palles du futur naufrage
Les mariniers estoient peins,
 Desarmée est leur nauire
Du haut iusqu'au fondement,
Cà & là le vent la vire
Serue à son commandement:
Le Ciel foudroie, & les flammes
Tumbent d'vn vol écarté,
Et ce qui reste des rames
Vont léchant de leur clarté.
La mer pleine d'inconstance
 Bruit d'vne bouillonnante eau,
Et toute dépite tance
Les flancs du vaincu bateau.
D'vne soie & noire & perse
Cent nués entrelassoient,
Qui d'vne longue trauerse
Tout le serein effaçoient.

Si que

Si que la pluie, & la grelle,
Le vent, & les tourbillons,
Se menaçent pelle-melle
Sur les humides sillons:
Les bords en vois effroiantes
Crient, d'estre trop laués
Des tempestes aboiantes
Autour de leurs piés caués.

Neptune y fut peint luy mesme
Brodé d'or, qui du danger
Tirant le marinier blesme
L'eau en l'eau faisoit ranger.
Les troupes de la mer grande,
Sont leur prince enuironnans,
Palemon, Glauque, & la bande
Des Tritons bien resonnans,

Luy, les brides abandonne
A son char, si qu'en glissant
De sur la mer, ses lois donne
Au flot luy obeissant:
Et se iouant dessus l'onde
Se montre seul gouuerneur,
Et Roy de l'humide monde
Qui s'encline à son honneur

Elles cessoient de portraire
De verd, de rouge, & vermeil,
L'arc qui s'enflamme au contraire
Des sagettes du Soleil,
Quand Nais de sa parolle

Fit ainsi resonner l'air,
Auec sa vois douce & molle,
Le sucre sembloit couler.

Seconde pose.

Reueillés vous belle Aurore,
Lente au lit vous sommeillés:
Et auecque vous encore
Le beau matin reueillés:
Ainsi le dolent Cephale
Vous soit amiable, & doux,
Et laissant sa femme palle
Daigne aller auecque vous.

Le filz de Venus, compaignes,
Ce cruel archer qui peut
Et bois, & eaux, & campaignes,
Genner d'amour quand il veut,
D'vne ruse deceptiue
Nostre Aurore énamoura,
Si bien que d'elle captiue
Ses trophées honora.

Elle qui a de coutume
D'allumer le iour, voulant
L'allumer, elle s'allume
D'vn brandon plus violant:
Passant les portes décloses
Du Ciel, elle alloit deuant
Cà & là versant ses roses
Au sein du Soleil leuant.

Son teint de Nacre, & d'Iuoire

DES ODES.

Le matin embelliſſoit,
Et du comble de ſa gloire
L'Orient ſe rempliſſoit:
Mais amour en ſon courage
N'endura qu'vn ſi beau taint
Ne ſentit vn peu la rage
Dont les hommes il ataint.
   Contre la belle s'efforce,
Et luy tenant les yeux bas,
Luy fit voir d'en-haut par force
Ce que voir ne deuoit pas.
Elle vit dans vn bocage
Cephale parmi les fleurs,
Faire vn large mareſcage
De la pluie de ſes pleurs.
   O Ciel, diſoit-il, ô Parque
Auancés mon iour dernier,
Et m'enuoiez en la barque
De l'auare nautonnier,
Ie hay de viure l'enuie,
Ce monde m'eſt odieux:
Puis que i'ay tué ma vie
A quoy me gardent les Dieux?
   O Iauelot execrable
Tu m'es teſmoin auiourd'huy,
Qu'on ne voit rien de durable
En ce monde que l'ennuy.
Ainſi diſant il ſe paſme
Sur le corps qui trepaſſoit,

Z ij

Et les reliques de l'ame
De ses leures amassoit,
L'Aurore au dueil de sa plainte,
Mal saine perd sa couleur,
Et toute se sent étrainte
Des laz de mesme douleur,
Par vne nouuelle porte
En elle de dard vainqueur
Entra d'vne telle sorte,
Qu'il se fit Roy de son cœur.

Ses mouëlles sont ia pleines
D'vn appetit dereglé,
Et nourrist au fond des veines
Vn feu d'amour aueuglé,
Ia le Ciel elle déprise,
Et plus d'aimer n'a soucy
De Thiton la barbe grise,
Ne les blancs cheueux aussy.

Cephale qui luy retourne
En l'ame pour l'offencer,
Au plus haut sommet sejourne
De son malade penser,
Et dedans l'ame blessée
La fieure luy entretient
Ores chaude, ores glacée,
Selon que l'accés la tient,

En vain elle dißimule
Ne sentir le mal qui croist,
Car la flamme qui la brusle

Claire au visage apparoist:
Au pourpre que honte allume
Par raions dedans son teint,
On voit qu'outre sa coutume
Son cœur est pris & ateint.

 Si tost par la nuit venuë
Les cieux ne sont obscurcis,
Qu'ell' se couche à terre nuë
Sans abaisser les sourcis:
Car l'amour qui l'éguillonne
Ne soufre que le dormir
En proye à ses yeux se donne:
Elle ne fait que gemir:

 Et bien que de loin absente
De l'absent Cephale soit,
Comme s'elle estoit presente
En son esprit l'aperçoit:
Ores prompte en ceci pense,
Et ores pense en cela,
Sa trop constante inconstance
Ondoie deçà & là.

 Mais quand le paresseux voile
De la nuit quite les cieux,
Et que nulle & nulle étoile
Plus ne se montre a nos yeux,
Elle fuit échevelée
Portant bas le front & l'œil,
Et par bois & par vallée
Lasche la bride à son dueil,

D'herbes l'ignorante essaie
De garir le mal enclos,
Mais pour neant, car la plaie
Est ia compaigne de l'os.
Aux augures ell' prend garde,
Aux charmeurs, & à leurs vers,
Ou bien en beant regarde
Le fond des gesiers ouuers:
 Pour voir si en quelque sorte
Pourra tromper sa douleur,
Mais nulle herbe tant soit forte
N'a diuerti son malheur:
Car le mal qui plus s'encherne
Et moins veut estre donté,
Les vagues brides gouuerne
Du cœur par luy surmonté.
 Amour qui causa la peine
De telle ardante amitié,
La voiant d'ennuy si pleine
En eut luy mesme pitié,
Et guidant la foible Aurore
La meine où Cephale étoit,
Qui sa femme morte encore
A long souspirs regretoit.
 L'éhontée maladie
La vierge tant pressa là,
Qu'à la fin toute hardie
A Cephale ainsi parla:
Pourquoy pers-tu de ton âge

Le printemps à lamenter
Vne froide & morte image
Qui ne te peut contenter?
　Elle à la mort fut sugette,
Non pas moy le sang des Dieux,
Non pas moy Nimphe qui iette
Les premiers raions aux cieux:
Reçoy moy donques, Cephale,
Et ta basse qualité,
D'vn étroit lien égale
A mon immortalité.
Luy dedaignant sa priere
Fuit la supliante vois,
Et tout dépit en arriere
S'écarta dedans les bois:
　Elle comme amour la porte
Vole apres, & çà & là,
Le presse, & ia sa main forte
Dedans ses cheueux elle a.
　Puis le souleuant, le serre
Comme vn prisonnier donté,
Et luy faisant perdre terre
Par force au Ciel l'a monté,
Où, auecques luy encores
Est maintenant à seiour,
Et bien peu se soucie ores
De nous allumer le iour.
　　　　Tierce pose.
Ainsi l'vne de la bande

Mettoit fin à son parler,
Quand le Dieu marin demande
Sa robe pour s'en aller:
D'elle richement s'abille
S'agençant de mains, & d'yeux,
Pour mener en point sa fille
A l'assembleé des Dieux,

 Où Themis la grand prestresse
Pleine d'vn esprit ardant,
La tirant hors de la presse
Luy dist en la regardant:
Bien qu'Inon soit ta compaigne,
Reçoy pourtant doucement
Ton mary, & ne dédaigne
Son mortel embrassement.

 Ains que soit la lune entiere
Dix fois, tu dois enfanter
Vn qui donnera matiere
Aux Poëtes de chanter.
Le monde pour vn tel homme
N'est pas assés spaticux,
Ses vertus reluiront comme
Les étoiles par les cieux.

 Il passera de vitesse
Les lions, & nul soudart
Ne trompera la rudesse
De son homicide dard:
Pront à suiure comme foudre
Sa main au sang souillera

De Telephe & sur la poudre
Mile Rois depouillera.
  Et si fera voir encore
Tant ses coups seront pesans,
Au noir enfant de l'Aurore
Les enfers deuant ses ans:
Et apres auoir de Troie
Le fort rampart abatu,
Ilion sera la proie
Des Grecs & de sa vertu.

ODE XVIII.

MA douce Iouuance est passée,
Ma premiere force est cassée,
I'ay la dent noire, & le chef blanc,
Mes nerfs sont dissous, & mes venes
Tant i'ay le corps froid, ne sont plenes
Que d'vne eau rousse, en lieu de sang.
  Adieu ma Lyre, adieu fillettes,
Iadis mes douces amourettes,
Adieu, ie sen venir ma fin,
Nul passetemps de ma ieunesse
Ne m'acompaigne en la vieillesse,
Que le feu, le lit, & le vin.
  I'ay la teste toute élourdie
De trop d'ans, & de maladie,
De tous costés le soin me mord:
Et soit que i'aille ou que ie tarde
Tousiours derriere moy regarde

Si ie verray venir la mort,
  Qui doit ce me semble à toute heure
Me mener là bas où demeure
Ie ne sçay quel Pluton, qui tient
Ouuert à tous venans vn antre
Où, bien facilement on entre,
Mais d'où iamais on ne reuient.

ODE XIX.

POurquoy chetif laboureur
  Trembles tu d'vn Empereur,
Qui doit bien tost, legere ombre,
Des mors acroistre le nombre?
„ Ne sçais tu qu'a tout chaqu'vn
„ Le port d'enfer est commun,
„ Et qu'vne ame imperiale
„ Aussi tost là bas deuale
„ Dans le bateau de Charon,
„ Que l'ame d'vn Bucheron?
  Courage, coupeur de terre!
Ces grans foudres de la guerre:
Non plus que toy n'iront pas,
Armez d'vn plastron là bas,
Comme ilz alloient aux batailles:
Autant leur vaudront les mailles,
Les lances, & leur estoc,
Comme à toy vaudra ton soc.
  Car le iuge Rhadamanne
Asseuré, ne s'espouante

Non plus de voir vn harnois
Là bas, qu'vn leuier de bois,
Ou voir vne fouquenie,
Qu'vne cape bien garnie,
Ou qu'vn riche acoutrement
D'vn Roy mort pompeusement.

ODELETTE XX.

Les espics sont à Cerés,
Aux Cheurepieds les forés,
A Chore l'herbe nouuelle,
A Phebus le verd laurier,
A Minerue l'oliuier,
Et le beau pin à Cybelle.
  Aux Zefires le dous bruit,
A Pommone le dous fruit,
L'onde aux Nimphes est sacrée,
A Flore les belles fleurs,
Mais les soucis & les pleurs
Sont sacrez à Cytherée.

ODE XXI.

Le petit enfant amour
Cueilloit des fleurs à l'entour
D'vne ruche, où les auettes
Font leurs petites logettes.
  Comme il les alloit cueillant
Vne auette sommeillant'
Dans le fond d'vne fleurette,

Luy piqua la main tendrette.
　Si tost que piqué se vit,
Ah, ie suis perdu (ce dit)
Et s'encourant vers sa mere
Luy montra sa plaie amere.
　Ma mere voyez ma main
Ce disoit amour, tout plein
De pleurs, voiez qu'elle enflure
M'a fait vne égratignure.
　Alors Venus se sourit,
Et en le baisant, le prit,
Puis sa main luy a souflée
Pour guarir sa plaie enflée.
　Qui t'a, dy moy, faux garçon
Blessé de telle façon,
Sont-ce mes Graces riantes
De leurs aiguilles poignantes?
　Nenny, c'est vn Serpenteau,
Qui volle au printemps nouueau
Auecque deux ailerettes
Cà & là sus les fleurettes.
　Ah! vraiement ie le connois
(Dit Venus) les Villageois
De la montaigne d'Hymette
Le surnomment vne auette.
　Si doncques vn animal
Si petit, fait tant de mal
Quand son halesne espoinçonne
La main de quelque personne:

Combien fais-tu de douleurs
Au pris de luy, dans les cœurs
En qui pour butte tu iettes
Tes amoureuses sagettes?

A RENE D'VRVOL.
ODE XXII.

IE n'ay pas les mains apprises
Au metier muet de ceux,
Qui font vne image assise
Sur des piliers paresseux.

Ma peinture n'est pas mue
Mais viue, & par l'vniuers
Guindée en l'air se remue
Dessus l'engin de mes vers.

Auiourd'huy faut que i'ateigne
Au parfait de mon art beau,
Vruol m'a dit que ie peigne
Ses vertus en ce tableau.

Muses, ouurez moy la porte
De vostre cabinet saint,
Afin que de là i'apporte
Les traits dont il sera peint.

Si ma boutique estoit riche
De vaisseaux labourez d'or,
Vers toy ie ne seroy chiche
Des plus beaux de mon tresor.

Et si te seroye encore

D'vne main large baillant,
Le prix dont la Grece honore
Le Capitaine vaillant.

Mais ie n'ay telle puissance,
Tu n'en as aussi besoing:
Ta contente sufisance
Les repousseroit bien loin.

Les vers sans plus t'éiouissent,
Mes vers doncq ie t'ofriray,
Les vers seulement iouissent
Du droit que ie te diray

Ne les Pointes esleuées,
Ne les marbres imprimez
De grosses lettres grauées,
Ne les cuiures animez.

Ne font que les hommes viuent
En images contrefais,
Comme les vers qui les suiuent
Pour tesmoins de leurs beaux fais.

Si la plume d'vn Poëte
Ne fauorisoit leur nom,
La vertu seroit muette,
Et sans langue le renom,

Du grand Hector la memoire
Fust ia morte, si les vers
N'eussent empané sa gloire
Voletant par l'vniuers.

De mile autres l'excellence,
Et l'honneur fust abatu:

Toujours l'enuieux silence
S'arme contre la vertu.
 Les plumes doctes & rares
Iusque au ciel ont enuoyé
Arraché des eaux auares
Achile presque noyé.
 C'est la Muse qui engarde
Les bons de ne mourir pas,
Et qui noz talons retarde
Pour ne deualer la bas.
 La Muse l'enfer defie,
Seule nous esleue aux cieux,
Seule nous donne la vie
Et nous met aux rang des Dieux.

AVX MVSES, A VENVS,
aux Graces, aux Nymphes, &
aux Faunes.

ODE XXIII.

Chaste troupe Pierienne,
Qui de l'onde Hippocrenienne
Tenez les riues, & le mont
D'Heme, & les verdoians bocages
De Pinde, & les antres sauuages
Du saint Parnasse au double front.
 Vous de l'eau poissonneuse fille,
Qui dans les creux d'vne coquille
Vintes à Cypre, & qui Cnidon
Gouuernez, & Paphe, & Cythere,

IIII. LIVRE

Venus la fiere-douce mere
De ce bon enfant Cupidon.

Vous Graces d'vne escharpe ceintes,
Qui dessus les montaignes saintes
De Colche, ou dans le fond du val
Soit d'Amathonte, ou soit d'Erie
Toute nuit sur l'herbe fleurie
En vn rond demenez le bal.

Et vous Dryades, & vous Fées
Qui de ionc simplement coifées
Nagez par le cristal des eaux,
Et vous qui les prenez à force
Faunes, viuans dessous l'écorce
(Comme l'on dit) des Arbrisseaux.

Ornez ce liure de lhierre,
Et bien loing par dessus la terre
Ignorante, enleuez ma vois :
Et faites que tousiours ma Lyre
D'âge en âge s'entende bruire
Du More, iusques à l'anglois.

ODE XXIIII.

NAguere chanter ie voulois
Comme Francus au bord Gaulois
Auecq' sa troupe vint descendre,
Mais mon Lut pincé de mon doy
Ne vouloit en despit de moy
Que chanter Amour, & Cassandre.

Ie pensoy pource que tousiours

J'auoy dit sur luy mes amours,
Que ses cordes par long vsage
Chantoient d'amour, & qu'il faloit
En mettre d'autres, s'on vouloit
Luy aprendre vn autre langage.
Et pour ce faire, il n'y eut fust,
Archet, ne corde, qui ne fust
Echangée en d'autres nouuelles:
Mais apres qu'il fut remonté,
Plus haut que deuant a chanté
De Venus les flammes cruelles.

  Or adieu doncq' pauure Francus,
Ta gloire sous tes murs vaincus
Se cachera tuusiours pressée,
Si à ton neueu, nostre Roy,
Tu ne dis qu'en l'honneur de toy,
Il face ma Lyre crossée.

ODE XXV.

CHere Vesper, lumiere dorée
De la belle Venus Cytherée,
Vesper, dont la belle clarté luit
Autant sur les astres de la nuit
Que reluist par-dessur toy la Lune:
O claire image de la nuit brune,
En lieu du beau Croissant, tout ce soir
Donne lumiere, & te laisse choir
Bien tard dedans la marine source.
  Ie ne veux larron ouster la bourse

A quelque amant, ou comme vn meschant
Voleur, deualizer vn marchant:
Ie veux aller outre la riuiere
Voir m'amie: mais sans ta lumiere
Ie ne puis mon voyage acheuer.
Sors donque de l'eau pour te leuer,
Et de ta belle nuitale flamme
Eclaire au feu d'amour qui m'enflamme.

ODE XXVI.

Dieu vous gard messagers fidelles
Du printemps, gentes Arondelles,
Huppes Coqus, Rossignolets,
Tourtres, & vous oyseaux sauuages
Qui de cent sortes de ramages
Animez les bois verdelets:
 Dieu vous gard belles Paquerettes,
Belles Rozes, belles fleurettes
De Mars, & vous boutons connuz
Du sang d'Aiax & Narcisse:
Et vous Thyn, Anis, & Melisse,
Vous soyez les bien reuenus.
 Dieu vous gard troupe diaprée
De Papillons, qui par la prée
Les douces herbes suçotez:
Et vous nouuel Essain d'abeilles,
Qui les fleurs iaunes & vermeilles
Sans difference baisotez.
 Cent mille fois ie resaluë

Vostre belle & douce venuë
O que i'ayme cette saison,
Et ce doux caquet des riuages,
Au prix des vens & des orages,
Qui m'enfermoient en la maison!
  Sus, page, à cheual, que l'on bride:
Ayant ce beau printemps pour guide,
Ie veux Ma-dame retrouuer,
Pour voir en ces beaux mois, si elle
Autant vers moy sera cruelle
Qu'elle me fut durant l'hyuer.

ODE XXVII.

BEl Aubepin verdissant,
Fleurissant
Le long de ce beau riuage,
Tu es vestu iusqu'au bas
De longs bras
D'vne lambrunche sauuage.

  Deux camps drillants de fourmis
Se font mis
En garnison sous ta souche:
Et dans ton tronc mi-mangé,
Arangé
Les Auettes ont leur couche.

  Le gentil Rossignolet
Nouuelet,
Auecque sa bien aimée,
Pour ses amours aleger

Vient loger
Tous les ans en ta ramée:
   Sur ta cime fait son ny
Tout garny
De laine, & de longue soye,
Où ses petits s'eclorront,
Qui seront
De mes mains la douce proye.
   Or vy, gentil Aubepin,
Vy sans fin,
Vy sans que iamais tonnerre,
Ou la congnée, ou les vens,
Ou les temps,
Te puissent ruer par terre.

ODE XXVIII.

DV grand Turc ie n'ay soucy,
Ny du grand Soldan aussy:
L'or ne maistrise ma vie,
Aux Rois ie ne porte enuie,
I'ay soucy tant seulement
De parfumer cointement
Ma barbe, & qu'vne couronne
De fleurs le chef m'enuironne.
Le soin de ce iour me point,
Du demain ie n'en ay point:
Qui (bons dieux!) pourroit connoistre
Si vn lendemain doit estre?
   Vulcan, en faueur de moy,

Ie te pry, depesche toy
De me tourner vne tasse,
Qui de profondeur surpasse
Celle du vieillard Nestor.
Ie ne veux qu'elle soit d'or,
Sans plus fay la moy de Chesne
Ou de lhierre, ou de fresne:
　Ne m'engraue point dedans
Ses grans panaches pendans,
Plastrons, morions, ny armes:
Qu'ay-ie soucy des alarmes,
Des assaux, ou des combas?
　Aussy ne m'y graue pas
Ny le Soleil ny la Lune,
Ny le iour, ny la nuit brune,
Ny les astres radieux:
E quel soin ay-ie des cieux?
De leurs Ours, de leur Charette
D'Orion, ou de Boëte?
　Mais peins moy ie te suply,
D'vne treille le reply
Non encore vandangée:
Peins vne vigne chargée
De grappes & de raisins,
Peins y des fouleurs de vins,
Le nez & la rouge trongne
D'vn Silene, ou d'vn yurongne.

Aa iij

ODE XXIX.

LOrs que Bachus entre chez moy
Ie sen le soin, ie sen l'esmoy
S'endormir, & rauy me semble
Que dans mes cofres i'ay plus d'or
Plus d'argent, & plus de thresor
Que Mide, ny que Crœse ensemble.

Ie ne veux rien sinon tourner
Par la dance, & me couronner
Le chef d'vn tortis de lhierre,
Ie foule en esprit les honneurs:
Et les estats des grands Seigneurs
A coups de pied i'écraze à terre.

Verse moy doncq' du vin nouueau
Pour m'aracher hors du cerueau
Le soin, par qui le cœur me tombe.
Verse doncq' pour me l'aracher:
Il vaut mieux yure se coucher
Dans le lit, que mort dans la tombe.

A MELIN DE SAINT
Gelais.

ODE XXX.

TOusiours ne tempeste enragée,
Contre ses bords la mer Ægée,
Et tousiouss l'orage cruel
Des vens, comme vn foudre ne gronde

Elochant la voute du Monde
D'vn souflement continuel:
 Tousiours l'hyuer de neiges blanches
Des Pins n'enfarine les branches:
Et du haut Apennin, tousiours
La gresle le dos ne martelle.
Et tousiours la glace eternelle
Des fleuues ne bride le cours:
 Tousiours ne durent orgueilleuses
Les Pyramides sourcilleuses,
Contre la faux du temps vainqueur:
Aussi ne doit l'ire felonne
Qui de son fiel nous empoisonne.
Durer tousiours dedans vn cœur.
„ Rien sous le ciel ferme ne dure:
Telles loix la sage Nature
Arresta dans ce monde, alors
Que Pyrrhe espandoit sus la terre
Noz ayeux conceuz d'vne pierre
S'amolissante en nouueaux cors.
 Maintenant vne triste pluie
D'vn air larmoyant nous ennuie,
Maintenant les Astres iumeaux
D'émail enfleurissent les plaines,
Maintenant l'Esté boit les veines
D'Ide gazouillante en ruisseaux
 Nous aussi, Melin, qui ne sommes
Immortelz, mais fragiles hommes,
Suyuant cét ordre, il ne faut pas
  Aa iiij

Que nostre ire soit immortelle,
Balançant sagement contre elle
La raison pour iuste compas.
 N'as tu point leu dedans Homere,
Lors que plus l'ardante colere
Achille enfloit contre son Roy,
Que Pallas la sage guerriere
Luy happant les cheueux derriere
Tout grommelant l'arresta coy?
 Desia la dague auoit tirée,
Pour tuer l'heritier d'Atrée
Tant le courroux l'aiguillonnoit,
Sans elle, qui dans son nauire
L'enuoya digerer son ire
Dont tout le fiel luy bouillonnoit.
 Combien de fois ce Peleide
Refusa les presens d'Atride
Pour apointer, combien encor
De prisonnieres Lesbiennes,
Et de citez Myceniennes
Et combien de cheuaux & d'or?
 Tandis Hector armoit la rage
L'horreur, & le Troien orage
Contre les Grecs, & d'vne part
D'vn grand caillou froissa la porte,
De l'autre part, du feu qu'il porte
Darda le foudre en leur rampart.
 De quelque costé qu'il se tourne,
Bellone autour de luy seiourne

Faisant couler Xanthe tout rous
Du sang des Grecs, qui par la plaine
Enduroient, innocens, la peine
De ce dommageable courrous.

O monde heureux, si Promethée
D'argile en ses doigt retatée
Le cœur ne nous auoit fermé!
Le trempant dans l'eau Stygienne,
Et dans la rage Lybienne
D'vn cruel lion affamé.

Certainement la vierge Astrée
N'eust point quitté nostre contrée,
Et les foudres tombez du ciel
N'eussent accablé les montaignes:
Tousiours fussent par les campagnes
Glissez les doux ruisseaux de miel.

Le cheual au milieu des guerres
N'eust point ronflé, ny les tonnerres
Des canons n'eussent point tonné,
Ny sus les bornes des Prouinces
Le choc armé de deux grans princes
N'eust point le Pasteur étonné.

On n'eust point emmuré les villes
Pour crainte des guerres ciuiles,
Ny des étranges legions,
Ny le coutre de Pharsalie
N'eust heurté tant d'os d'Italie,
Ny tant de vuides morrions.

L'Ire cause que les batailles

Iusqu'au font razer les murailles
De maint palais audacieux,
Et que les buissons & les herbes
S'égaient sur les tours superbes
Qui souloient voisiner les cieux.

 L'Ire cause des Tragedies
Les vois chetiuement hardies
Des Rois tremblans sous le danger:
Et que les execrables meres
Presentent les fils à leurs peres
Sur la table pour les manger.

 L'Ire qui trouble le courage,
Ne differe point de la rage
Des vieux Curetes forçenez,
Ny des Chastrez de Dindimene,
Quand en hurlant elle les meine
Au son du Buis espoinçonnez.

 L'Ire qui les hommes manie
Changeant la raison en manie
Rien qu'vn remors ne fait sentir,
Et pour tout fruit ne nous apporte
Apres que son ardeur est morte,
Sinon vn triste repentir.

 Las! ce monstre, ce monstre d'Ire
Contre toy me força d'escrire,
Et m'eslança tout irrité,
Quand d'vn vers enfielé d'Iambes
Ie vomissoy les aigres flambes
De mon courage despité.

Pource, qu'à tort on me fit croire
Qu'en fraudant le pris de ma gloire
Tu auois mal parlé de moy,
Et que d'vne longue risée
Mon œuure par toy mesprisée,
Ne seruit que de farce au Roy.
Mais ore, Melin, que tu nies
En tant d'honnestes compagnies
N'auoir mesdit de mon labeur,
Et que ta bouche le confesse
Deuant moy mesme, ie delaisse
Ce despit qui m'ardoit le cœur.

Chatouillé vrayement d'vn grand aise
De voir morte du tout la braise
Qui me consumoit, & de voir
Creuer ceux, qui par vne enuie
Troublant le repos de ma vie,
Souloient ma simplesse émouuoir.

Dressant à nostre amitié neuue
Vn autel, i'atteste le fleuue
Qui des pariures n'a pitié,
Que ny l'oubly, ny le temps mesme
Ny faux raport, ny ma mort blesme
Ne desnouront nostre amitié.

Car d'vne amour dissimulée
Ma foy ne sera point violée,
(De faux visages artisan)
Croyant seurement que tu n'vses
Vers tes amis, des doubles ruses

Dont se diguise vn courtisan.

Ne pense donc que le temps brise
L'acord de nostre foy promise,
Bien qu'vn courroux l'aye parfait,
" Souuent vne mauuaise cause
" Contraire à sa nature cause
" Secrettement vn bon effect.

Les lis naissent d'herbes puantes,
Les roses d'espineuses plantes,
Et neantmoins la France peint
De l'vn ses armes, & encore
De l'autre, la vermeille Aurore
Emprunte le fard de son teint.

Bien que l'vn des fils d'Iocaste,
La nuit sous le portail d'Adraste,
Et Tydé, enflez de courroux,
D'vne main horriblement dure,
Pour vn petit de couuerture
Se fussent martelez de cous:

Toute-fois apres ces alarmes
Amis iurez prindrent les armes,
Et l'vn pour l'autre s'employa,
Quand deuant Thebes, le Prophette
Vif englouty dans sa charette
Tout armé Pluton effroya.

ODELETTE XXXI.

Venus est par cent mille noms,
  Et par cent mille autres surnoms

DES ODES.

Des pauures amans outragée:
L'vn la dit plus dure que fer,
L'autre la surnomme vn enfer,
Et l'autre la nomme enragée.

L'vn l'appelle soucis & pleurs,
L'autre tristesses & douleurs,
Et l'autre la desesperée:
Mais moy, pource qu'elle a tousiours
Esté propice à mes amours,
Ie la surnomme la sacrée.

ODE XXXII.

T'Oseroit bien quelque Poëte
Nier des vers, douce Alouëtte?
Quant à moy, ie ne l'oserois:
Ie veux celebrer ton ramage
Sur tous oyseaux qui sont en cage,
Et sur tous ceux qui sont és bois.

Qu'il te fait bon ouyr! à l'heure
Que le bouuier les champs labeure
Quand la terre le printemps sent,
Qui plus de ta chanson est gaye,
Que courroucée de la playe
Du soc, qui l'estomac luy fend.

Si tost que tu es arrousée
Au point du iour, de la rosée,
Tu faits en l'air mille discours:
En l'air des ailes tu fretilles,
Et penduë au ciel tu babilles,

Et contes aux vents tes amours.
  Puis du ciel tu te laisses fondre,
Dans vn sillon vert, soit pour pondre,
Soit pour esclorre, ou pour couuer,
Soit pour aporter la béchée
A tes petis, ou d'vne achée,
Ou d'vne chenille, ou d'vn ver.
  Lors moy couché dessus l'herbette
D'vne-part i'oy ta chansonnette:
De l'autre sus du poliot,
A l'abry de quelque fougere
I'escoute la ieune bergere
Qui degoise son lerelot.
  Lors ie dy, tu es bien-heureuse
Gentille Alouëtte amoureuse,
Qui n'as peur ny soucy de riens,
Qui iamais au cœur n'as sentie
Les dédains d'vne fiere amie,
Ny le soin d'amasser des biens:
  Ou si quelque soucy te touche,
C'est, lors que le Soleil se couche
De dormir, & de réueiller
De tes chansons auec l'Aurore
Et Bergers & passans encore,
Pour les enuoyer trauailler.
  Mais ie vis tousiours en tristesse
Pour les fiertez d'vne maistresse
Qui paye ma foy de trauaux,
Et d'vne plaisante mensonge,

DES ODES.

Menſonge, qui touſiours alonge
La longue trame de mes maux.

ODE XXXIII.

I'Auoy les yeux & le cœur
Malades d'vne langueur
L'vne à l'autre differente:
Touſiours vne fieure ardente
Le pauure cœur me bruſloit,
Et touſiours l'œil diſtiloit
Vne pluye catarreuſe,
Qui s'eſcoulant dangereuſe
Tout le cerueau m'eſpuiſoit.
Lors mon cœur aux yeux diſoit:

Le cœur.

C'eſt bien raiſon que ſans ceſſe
Vne pluye vengereſſe
Laue le mal qu'auez fait:
Car par vous entra le trait
Qui m'a la fieure cauſée.

Lors mes yeux pleins de roſée,
En diſtillant mon ſoucy
Au cœur reſpondoyent ainſy.

Les yeux.

Mais c'eſt vous qui fuſtes cauſe
Du premier mal, qui nous cauſe
A vous l'ardante chaleur,
Et à nous l'humide pleur.

Il est bien vray que nous fusmes
Auteurs du mal, qui receusmes
Le trait qui nous a blessé,
Mais il fut si tost passé,
Qu'à peine tiré le vismes
Que ia dans nous le sentismes:
Vous deuiez comme plus fort
Contre son premier éfort
Faire vn peu de resistence,
Mais vous printes acointance
Tout soudain auecques luy,
Pour nous donner tout l'ennuy.

 O la belle emprise vaine !
Puis que vous soufrez la peine
Aussi bien que nous, d'auoir
Voulu seuls nous deçeuoir,
„ *La chose est bien raisonnable,*
„ *Que le trompeur miserable*
„ *Reçoiue le mal sur luy*
„ *Qu'il machinoit contre autruy,*
„ *Et que pour sa fraude il meure.*

 Ainsi mes yeux à toute heure,
Et mon cœur contre mes yeux,
Quereloient sedicieux:
Quand vous, ma douce maistresse,
Ayant soin de ma destresse
Et de mon tourment nouueau.
Me fistes present d'vne eau,
Qui la lumiere perdue

A mes

A mes deux yeux a rendue.
  Reste plus à secourir
Le cœur qui s'en-va mourir,
S'il ne vous plaist qu'on luy face
Ainsi qu'aux yeux quelque grace.
Or pour esteindre le chaut
Qui le consomme, il ne faut
Sinon qu'vne-fois ie touche
De la mienne vostre bouche,
A fin que le doux baiser
Aille du tout apaiser
Par le vent de son haleine
La flamme trop inhumaine,
Que de ses aisles Amour
M'esuente tout à l'entour,
Depuis l'heure que la fléche
De vos yeux luy fit la bréche
Si auant, qu'il ne pourroit
En guarir s'il ne mouroit,
Ou si vostre douce haleine
Ne le tiroit hors de peine.

ODE XXXIIII.

LEs Muses lierent vn iour
De chaisnes de Roses, Amour,
Et pour le garder le donnerent
Aux Graces & à la beauté,
Qui voyans sa desloyauté
Sus Parnasse l'emprisonnerent,

Bb

Si tost que Venus l'entendit,
Son beau Ceston elle vendit
A Vulcan, pour la deliurance
De son enfant, & tout soudain
Ayant l'argent dedans la main,
Fit aux Muses la reuerence.
  Muses Deësses des chansons,
Quand il faudroit quatre rançons
Pour mon enfant, ie les aporte,
Deliurez mon fils prisonnier :
Mais les Muses l'ont fait lier
D'vne autre chaisne bien plus forte.
  Courage doncques Amoureux,
Vous ne serez plus langoureux,
Amour n'oseroit par ses ruses
Plus faillir à vous presenter
Des vers, quand vous voudrez chanter,
Puis qu'il est prisonnier des Muses.

ODE XXXV.

POurtant si i'ay le chef plus blanc
  Que n'est d'vn Lys la fleur esclose,
Et toy le visage plus franc,
Que n'est le bouton d'vne Rose :
Pour cela, cruelle il ne faut
Fuyr ainsi ma teste blanche :
Si i'ay la teste blanche en haut,
I'ay en bas la queuë bien franche.
  Ne sçais-tu pas, toy qui me suis,

DES ODES.

Que pour bien faire vne couronne
Ou quelque beau bouquet, d'vn Lys
Tousiours la Rose on enuironne?

ODE XXXVI.

LA terre les eaux va boyuant,
L'arbre la boit par sa racine,
La mer esparse boit le vent,
Et le Soleil boit la marine.
  Le Soleil est beu de la Lune:
Tout boit, soit en haut ou en bas:
Suyuant cette reigle commune
Pourquoy donc ne boiron-nous pas?

ODE XXXVII.

SI tu me peux conter les fleurs
Du printemps, & combien d'arene
La mer trouble de ses erreurs
Contre le bord d'Afrique ameine:
  Si tu me peux conter des cieux
Toutes les estoilles ardantes:
Et des vieux chesnes spacieux
Toutes les fueilles verdoyantes:
  Si tu me peux conter l'ardeur
Des amans, & leur peine dure,
Ie te feray le seul conteur,
Magny, des amours que i'endure.
  Conte d'vn rang premierement
Deux cens que ie pris en Toureine,

De l'autre rang secondement
Quatre cens que ie pris au Meine.
  Conte, mais iette pres à pres,
Tous ceux d'Angers, & de la ville
D'Amboise, & de Vandosme apres,
Qui se montent plus de cent mille.
  Conte apres six cens à la fois,
Dont à Paris ie me vy prendre,
Conte cent millions, qu'à Blois
Ie pris dans les yeux de Cassandre.
  Quoy? tu faits les contes trop cours:
Il semble que portes enuie
Au grand nombre de mes amours,
Conte les tous, ie te suplie.
  Mais non, il les vaut mieux oster:
Car tu ne trouuerois en France
Assez de getons pour conter
D'amours vne telle abondance.

ODE XXXVIII.

PLusieurs de leurs corps desnuez
  Se sont veus en diuerses terre
Miraculeusement muez,
L'vn en Serpent, & l'autre en pierre:
  L'vn en fleur, l'autre en Arbrisseau,
L'vn en Loup, l'autre en Colombelle,
L'vn se vit changer en ruisseau,
Et l'autre deuint Arondelle.
  Mais ie voudrois estre miroir.

DES ODES.

A fin que touſiours tu me viſſes:
Chemiſe ie voudrois me voir,
A fin que touſiours tu me priſſes.
　Volontiers eau ie deuiendrois,
A fin que ton corps ie lauaſſe:
Eſtre du parfum ie voudrois,
A fin que ie te parfumaſſe.
　Ie voudrois eſtre le riban
Qui ſerre ta belle poitrine:
Ie voudrois eſtre le carquan
Qui orne ta gorge yuoirine.
　Ie voudrois eſtre tout autour
Le coural qui tes leures touche,
A fin de baiſer nuit & iour
Tes belles leures & ta bouche.

ODE XXXIX.

Pourquoy comme vne ieune Poutre
　De trauers guignes tu vers-moy?
Pourquoy farouche fuis-tu outre
Quand ie veux aprocher de toy?
　Tu ne veux souffrir qu'on te touche:
Mais ſi ie t'auoy ſous ma main,
Aſſeure toy que dans la bouche
Bien toſt ie t'aurois mis le frain.
　Puis te voltant à toute bride
Soudain ie t'auroy faitte au cours,
Et te piquant ſerois ton guide
En la carriere des Amours.

Mais par l'herbe tu ne fais ores
Que suiure des prez la fraicheur,
Pource que tu n'as point encores
Trouué quelque bon cheuaucheur.

ODE XL.

HA si l'Or pouuoit alonger
D'vn quart d'heure la vie aux hommes,
De soin on deuroit se ronger
Pour l'entasser à grandes sommes :
  A fin qu'il peust seruir de pris,
Et de rançon à nostre vie,
Et que la mort en l'ayant pris
De nous tuer n'eust plus enuie.
  Mais puis qu'on ne la peut tarder
Pour don, ny pour or qu'on luy ofre.
Que me seruiroit de garder
Vn tresor moisi dans mon cofre?
  Il vaut doncques mieux s'adonner
A fueilleter tousiours vn liure,
Qui plustost que l'Or peut donner
Maugré la mort vn second viure.

ODE XLI.

PIpé des ruses d'Amour,
  Ie me promenois vn iour
Deuant l'huis de ma cruelle,
Et tant rebuté i'estois,
Qu'en iurant ie prometois

DES ODES.

De ne rentrer plus chef elle.

Il sufist d'auoir esté
Neuf ou dix ans arresté
Es cordes d'Amour, disoy-ie,
Il faut m'en déueloper
Ou bien du tout les couper
Afin que libre ie soye.

Et pour-ce faire ie pris
Vne dague que ie mis
Bien auant dedans la Lesse:
Et son noud i'eusse brisé
Si lors ie n'eusse auisé
Deuant l'huis vne Deesse.

Mais incontinent que i'eu
Son dos garny d'aisles veu,
Sa robbe & sa contenance,
Et son roquet retroussé,
Incontinent ie pensé
Que c'estoit dame Esperance.

Ie m'aproche, elle me prit
Par la main dextre, & me dit.

Esperance.

Ou vas-tu pauure Poëte?
Tu auras auec le temps
Tout le bien que tu pretens,
Et ce que ton cœur souhaitte,
Ta maistresse auoit raison

De tenir quelque saison
Rigueur à ta longue peine:
Elle le faisoit expres,
Pour au vray connoistre apres
Ton cœur & ta foy certaine.

Mais ores qu'elle sçait bien
Par seure espreuue, combien
Ta loyalle amitié dure:
D'elle-mesme te prira,
Et benigne guarira
Le mal que ton cœur endure.

Ronsard.

Alors ie luy respondis:
Hé qu'esse que tu me dis!
Veux-tu rabuser ma vie?
Apres me voir eschapé
De celle qui m'a trompé,
Veux-tu que ie m'y refie?

Dix ans sont que ie la suis,
Et que pour elle ie suis
Comme vne personne morte:
Mais en lieu de luy ployer
Son orgueil, pour tout loyer
Ie muse encor à sa porte.

Non-non, il vaut mieux mourir
Tout d'vn coup, que de perir
En langueur par tant d'années:

Ores ie veux de ma main
Me tuer, pour voir soudain
Toutes mes douleurs finées.

L'esperance.

Ah, qu'il te feroit bon voir
De tomber en desespoir,
Quand l'Esperance te guide:
Laisse-laisse ton esmoy,
Laisse ta dague, & suy-moy
Là haut chez ton homicide.

Disant ces mots ie suiuy
Ses pas, tant que ie me vy
Dans la chambre de Cassandre.

Tien, dist l'Esperance, tien:
Tout expres icy ie vien
Pour ton fugitif te rendre.

Il t'a seruy longuement,
C'est raison que doucement
Ses angoisses tu luy ostes:
Il te faut bien le traitter,
Craignant ce grand Iupiter,
Puis qu'il est l'vn de tes hostes.

A-tant elle s'eslança
Dans le Ciel, & me laissa
Seul en ta chambre, m'amie.

Là, doncque par amitié

Là, Maistresse, pren pitié
De ton hoste, qui te prie.
Si i'ay quelque mal chés toy,
Iupiter le iuste Roy
Foudroyra ta chere teste:
Car il garde ceux qui sont
Hostes, & tous ceux qui font
En misere vne requeste.

ODE XLII.

Tv me fais mourir de me dire
Qu'il ne faut sinon qu'vne Lyre
Pour m'amuser, & que tousiours
Ie ne veux chanter que d'amours:
Tu dy vray, ie te le confesse,
Mais il ne plaist à la Déesse,
Qui mesle vn plaisir d'vn soucy,
Que ie viue autrement qu'ainsy.

Car quand Amour vn coup enflame,
De son feu quelque gentille ame,
Impossible est de l'oublier,
Ny de ses retz se délier.

Mais toy Pasquier, en qui Minerue,
A tant mis de biens en reserue,
Qui as l'esprit ardant & vif,
Et né pour n'estre point oysif,

Eléue au Ciel par ton histoire
De noz Rois les faits & la gloire,
Et prens souz ta diserte voix

DES ODES.

La charge des honneurs François:
Et desormais vivre me laisse
Sans gloire au sein de ma maistresse,
Et parmy ses ris & ses ieux
Laisse grisonner mes cheueux.

ODE XLIII.

Celuy qui n'ayme est malheureux,
Et malheureux est l'amoureux,
Mais la misere la plus grande,
C'est quand l'amant (aprés auoir
En bien seruant fait son deuoir)
Ne reçoit point ce qu'il demande.

La race en amours ne sert rien,
Ne beauté, grace, ne maintien,
Sans honneur la Muse gist morte,
Les Amoureuses du iourd'huy,
En se vendant, ayment celuy
Laid ou beau qui le plus aporte.

Puisse mourir méchantement
Qui l'or trouua premierement:
Par luy le frere n'est pas frere,
Le pere n'est pas pere seur,
Par luy la sœur n'est pas la sœur,
Et la mere n'est pas la mere.
Par luy la guerre & le discord,
Par luy les glaiues & la mort,
Par luy viennent mille tristesses,
Et qui pis est nous receuons

La mort par luy, nous qui viuons
Amoureux d'auares maistresses.

ODELETTE XLIIII.

IAne, en te baisant tu me dis
Que i'ay le chef à demy gris,
Et tousiours me baisant tu veux
De l'ongle oter mes blancs cheueux:
Comme s'vn cheueul blanc ou noir
Pour baiser eust quelque pouuoir.
Mais Iane tu te trompe fort,
Vn cheueul blanc est assés fort
Au seul baiser, pourueu que point
Tu ne vueilles de l'autre point.

ODE XLV.

VErson ces Roses prés ce vin,
Prés de ce vin verson ces Roses,
Et boyuon l'vn à l'autre, afin
Qu'au cœur noz tristesses encloses,
Prennent en boyuant quelque fin.
La belle Rose du printemps,
Aubert, amoneste les hommes,
Passer ioyeusement le temps:
Et pendant que ieunes nous sommes,
Esbatre la fleur de noz ans.
Tout ainsi qu'elle défleurist
Fanie en vne matinée,
Ainsi nostre âge se flestrit,
Las! & en moins d'vne iournée

Le printemps d'vn homme perist.
Ne vey-tu pas hyer Brinon
Parlant, & faisant bonne chere,
Qui las au-iourd'huy n'est sinon
Qu'vn peu de poudre en vne Biere,
Qui de luy n'a rien que le nom?

Nul ne dérobe son trespas,
Charon serre tout en sa nasse,
Rois & pauures tombent là bas:
Mais ce pendant le temps se passe,
Rose, & ie ne te chante pas.

La Rose est l'honneur d'vn Pourpris,
La Rose est des fleurs la plus belle,
Et dessus toutes a le prix,
C'est pour ce-là que ie l'appelle,
La violette de Cypris.

La Rose est le bouquet d'Amour,
La Rose est le ieu des Charites,
La Rose blanchist tout au-tour
Au matin de perles petites
Qu'elle emprunte du point du iour.

La Rose est le parfum des Dieux,
La Rose est l'honneur des pucelles,
Qui leur sein beaucoup ayment mieux
Enrichir de Roses nouuelles,
Que d'vn or tant soit precieux.

Est il rien sans elle de beau?
La Rose embellist toutes choses,
Venus de Roses a la peau,

Et l'Aurore a les doigts de Rose,
Et le front le Soleil nouueau.

Les Nymphes de Rose ont le sein,
Les coudes, les flancs, & les hanches,
Hebé de Roses a la main,
Et les Charites tant soyent blanches
Ont le front de Roses tout plein.

Que le mien en soit couronné,
Ce m'est vn laurier de victoire:
Sus, appellon le deux fois né,
Le bon pere, & le faison boyre,
De ces Roses enuironné.

Bachus espris de la beauté
Des Roses aux fueilles vermeilles
Sans elles n'a iamais esté,
Quand en chemise souz les treilles
Boit au plus chaud de l'Esté.

ODE XLVI.

L'Vn dit la prinse des murailles
De Thebe: & l'autre les batailles
De Troye: mais i'ay entrepris
De dire comme ie fus pris:

Ny Nef, Pieton, ny Cheualier
Ne m'ont point rendu prisonnier.
Qui donc a perdu ma franchise?
Vn nouueau scadron furieux,
D'amoureaux, armé des beaux yeux
De ma Dame, à causé ma prise.

ODE XLVII.

IE suis homme né pour mourir,
Ie suis bien seur que du trespas
Ie ne me sçaurois secourir
Que poudre ie n'aille là bas.

Ie connois bien les ans que i'ay,
Mais ceux qui me doiuent venir
Bons ou mauuais, ie ne les sçay,
Ny quand mon âge doit finir.

Pour-ce, fuiés vous-en esmoy,
Qui rongés mon cœur à tous coups,
Fuiés vous-en bien loin de moy,
Ie n'ay que faire auecque vous.

Aumoins auant que trespasser
Que ie puisse à mon aize vn iour,
Iouër, sauter, rire, & dancer,
Auecque Bachus, & Amour.

ODE XLVIII.

BElleau, s'il est permis aux hommes d'inuenter
Cela que les plus vieux n'ont pas osé chanter,
Ie dirois volontiers que l'amour n'a point d'aisles.
Helas! s'il en auoit, s'ébranlant dessus elles
De mon cœur quelques-fois se pourroit absenter.
Il n'a point d'arc aussi, & le feint-on ruër
Des fléches à grand tort: il a voulu muër
Son arc en Harquebouze, on le sent à l'épreuue:
Car pour le coup d'vn trait si grãd feu ne se treuue
Au tour du cœur blessé, qu'il le puisse tuer.
Donques, ou ie me trompe, ou l'amour n'est archer,

Il est harquebouzier: & qui voudra chercher
Côme il tire, aille veoir les beaux yeux de Cassãdre.
Tout soudain de cent pas il luy fera comprendre
Si d'vn plomb ou d'vn trait les cœurs il viẽt toucher.

Il fait de ses beaux yeux son plombet enflammé,
Sa poudre de sa grace, & en ce point armé
Se iette à la campagne à l'entour de sa bouche,
Dans ses cheueux frisez il dresse l'écarmouche,
Et du sein d'elle il fait son rempart emfermé.

ODE XLIX.

Cinq iours sont ia passez, Denizot mon amy,
Que Cassandre malade en repos n'a dormy:
Tu sçais combien son mal de douleur me consomme,
Allon dedans les prez de ta Sarte, & du Loir,
Et d'vne triste main faison nostre deuoir
De cueillir des pauots, qui sont sacrez au Somme.

Ha mon Dieu que i'en voy, ces prez en sont tou
 pleins!
Chargeõs-en nostre sein, nos manches, & nos mains,
Nous-en auons assez: aporte du lierre,
Puis de gazons herbus maçonne vn autel vert,
Trois fois tourne a-lentour & d'vn chef découuert
Dy ces mots aprés moy, regardant contre terre.

Somme filz de la Nuit, & de Lethe oublieux,
Pere, Alme, nourrissier des hommes & des Dieux,
De qui l'aisle en volant espend vne gelée
Sur l'humide cerueau, & bien qu'il fust remply
D'Amour & de procés, tu l'assoupis d'oubly,

Et char-

Et charme pour vn temps sa tristesse sillée.

Tu enserres les yeux de tous les animaux
D'vn lien fait d'airain: de tous ceux qui des eaux
Douces, & de la mer coupent l'humide voye,
Et de ceux empennez apris à bien voler,
Et de tous ceux qu'on laisse en pasturage aller,
Et de ceux qui aux bois se nourrissent de proye.

Sans tō secours mourroit tout ce grand mōde icy:
C'est pource qu'on t'appelle, Alme, dély-soucy.
Donne-vie, oste-soing: ton pouuoir amonneste
De cōtempler la mort, quand tu nous viens toucher
Du bout de ton pauot les yeux, pour les boucher,
Et quand d'vn flot Lethé tu nous baignes la teste.

Tu es du vueil des Dieux prophete & messager:
C'est toy qui en dormant à l'homme fais songer
Son sort bon ou mauuais, & si nous estions sages,
Sages non seulement, mais aussi gens de bien,
Rien ne nous auiendroit que nous ne sçeussiōs bien
Lon-temps deuant le fait, instruits de tes présages.

O Somme, ô grand Daimon, ô l'vtile repos
De toute ame qui vit: pren à gré ces pauots,
Cét encens, cette manne, & vien dessous ton aisle
Couuer vn peu les yeux, les temples & le front
De Cassandre malade, & d'vn sommeil profond,
Toutes-fois reueillable, alege le mal d'elle.

C'est assez, Denizot, exaucé ie me sens,
Le feu de son bon gré a pris dedans l'encens,
Et ne sçay quel Daimon a la manne léchée:
Retournōs au logis, le cœur me bat d'espoir,

Cc

Qui prophete me dit, que nous la pourrons voir,
Sinon du tout garie, au moins bien allegée:

ODE L. EN DIALOGVE
des Muses & de Ronsard.

RONSARD.

Pour auoir trop aimé vostre bande inégale,
Muses qui défiez (ce dittes vous) les temps,
I'ay les yeux tous batus, la face toute pale,
Le chef grison & chauue, & si n'ay que trente ans.

MVSES.

Au Nocher qui sans cesse erre sur la marine
Le teint noir appartient: le soldat n'est point beau
Sans estre tout poudreux, qui courbe la poitrine
Sur nos liures, est laid, s'il n'a pale la peau.

RONSARD.

Mais quelle recompense auray-ie de tant suiure
Voz dances nuict & iour, vn laurier sur le front?
Et cependant les ans, ausquels ie deusse viure
En plaisir & en ieux, comme poudra s'en vont?

MVSES.

Vous aurés en viuant vne fameuse gloire,
Puis quand vous serez mort vostre nom fleurira:
L'âge de siécle en siécle aura de vous memoire,
Seulement vostre corps au tombeau pourrira.

RONSARD.

O le gentil loyer! que sert au vieil Homere,
Ores qu'il n'est plus rien sous la tombe là bas,
Et qu'il n'a plus ny chef, ny bras, ny iambe entiere
Si son renom fleurist, ou s'il ne fleurist pas?

MVSES.

Vous estes abusé: le corps dessous la lame
Pourri ne sent plus rien, aussi ne luy en chaut:
Mais vn tel accident n'arriue point à l'ame
Qui sans matiere vit immortelle là haut.

RONSARD.

Bien ie vous suyuray donc d'vne face plaisante,
Deussé-ie trespasser de l'estude veincu,
Et ne fust-ce qu'à fin que la race suiuante
Ne me reproche point qu'oysif i'aye vescu.

MVSES.

,, Vélà sagement dit: ceux, dont la fantasie
,, Sera religieuse, & deuote enuers Dieu,
,, Tousiours acheueront quelque grand' poësie,
,, Et dessus leur renom la Parque n'aura lieu.

LE CINQVIEME LIVRE

DES ODES DE P. DE RONsard Vandomois, au Roy Henry sur les ordonnances faictes l'an 1550.

ODE I.

HE quelles loüanges egales
A ton merite souuerain,
Te rendroient tes Gaules loiales,
Fust par memorables Annales,
Ou par viues lettres d'airain!
O Prince le plus redoutable
DeDe tous les Princes ordonnés
Pour regir les sceptres donnés
A nôtre partie habitable!
  N'est-ce pas toy qui nous raportes
La paix, & qui de toutes pars
As verrouillé de tes mains fortes
Le temple béant par cent portes
Où forcenoit l'horrible Mars?
Par toy, iusques aux Indes se ruë
La nauire franche de peur,
Par toy, d'vn paisible labeur
Le bœuf fume sous la charuë.

Par toy, l'Abondance aiant pleine
Sa riche corne iusque aux bors,
A couuert la Françoise plaine:
Par toy la plus legere peine
Suit les pechés de piés non tors:
Par toy par l'horreur de ta destre,
La France voit ses étendars,
Iadis trahis par nos Soudars,
Toy n'étant point encor leur maistre.

Mais ores que tu les, qui est-ce
Qui pallira craignant l'Anglois,
Ou l'Espagnole hardiesse,
La Flandre, ou la blonde ieunesse
Du Rhin, indocile à nos lois?
Et puis que ta police sainte,
Qui saintement nous veut guider,
A sceu si saintement brider
Les tiens d'vne iuste contrainte,

Tes pietons, ta Gendarmerie,
Qui violoient au parauant
Les sains drois de l'hostelerie,
Riblant les biens par pillerie
Comme vn blé moissonné du vent:
Si bien que tes terres suiétes
N'enduroient moins d'affliction,
Que la rebelle nation
Où les feux ennemis tu iétes.

Mais or' ta loy, mais vn tonnerre,
Les effroie plus étonnés,

Que lors qu'vn camp Anglois les serre,
Ou quand au millieu de la guerre
Cesar les presse enuironnés:
Si qu'humble tu fais aparoistre
Vne si grande legion,
Comme gens de religion
Qui vont muets dedans vn cloistre.

Le velours trop commun en France
Sous toy reprent son vieil honneur,
Tellement que ta remontrance
Nous a fait voir la difference
Du valet & de son seigneur:
Et du Muguet chargé de soie,
Qui à tes princes s'égaloit,
Et riche en cramoisy alloit,
Faisant flamber toute la voie.

Les Tusques mains ingenieuses,
Ia de trop velouter s'vsoient
Pour nos femmes delicieuses,
Qui souz robes trop precieuses
Du rang des nobles abusoyent:
Mais or',la laine déprisée
Reprent son premier ornement,
Tant vaut le graue enseignement
De ta parolle autorisée.

Ceux qui par vn auare outrage
Epoins d'vne méchanceté,
Te pinçoient ore le visage,
Ore le nés, ore l'image

De ta commune maiesté:
Maintenant oyans ta défence
Tiennent leurs mains sans plus cogner,
Et ton argent saus le rogner,
Tremblans de t'auoir fait offence.

Non épris d'vne peur si grande
De sentir tous nuz vn feu chaud,
D'estre bouilliz, ou d'vne amande,
Que de ta loy qui leur commande
De reconnoistre leur defaut.
O grand Prince, les grans polices
Et les grans fais que tu conçois
Te feront nommer des François
L'Hercule qui purge les vices.

Ton œil vigilant qui contemple
Tes vassaus en diuers contés
A contemplé de Dieu le temple,
Que nos Banquiers par faux exemple
Combloient de larrons eshontés:
Et doctes en chiquaneries
N'enduroient en vn seul cartier,
Qu'vn benefice fust entier
Troublé de mille tromperies.

Mais or' Bulles & Signatures,
Et Dattes leués par auant,
Mandats, faux titres, Escriptures,
Depraués par leurs impostures
Sront certains dorénauant:
Si bien que le Moine, & le Prestre

Cc iiij

Possedans en paix leurs maisons,
Feront pour toy des oraisons
Et pour les lois que tu fais naistre.
  Lesquelles l'odieuse Espaigne
Ne pourra corrompre, ny ceux
Que la Tamise Angloise baigne,
Ny les nourrissons d'Alemaigne
A la guerre non paresseux,
Ny l'Italie coniurée
A briser leur diuinité:
Tant aura ton eternité
Plus que leurs armes de durée.
  Et nous aians de toy memoire,
Comme les Grecs de leur Castor,
Ou d'Hercule, ferons ta gloire
Par nos vers plus claire & notoire
Que la leur ne s'apparoit or:
Au iour de feste, ou iour ouurable
Suans à l'œuure, ou reposés,
Nous serons tousiours disposés
A chanter ton nom venerable.
  Auec la lyre dépenduë,
Nous t'auourons pour immortel,
Dessus sa corde bien tenduë,
Et d'vne liqueur répanduë
Sacrifirons à ton autel:
Eternizant d'vn vœu prospere,
Nous, nos femmes, & nos enfans,
Quatre nouueaus Dieux trionfans,

Toy, ton Fils, ton Frere, & ton Pere.

A MADAME MARGVERI
te à present Duchesse de sauoye,

ODE II.

Vierge dont la vertu redore,
Cét heureux siecle qui t'adore,
Non pour estre fille de Roy,
Pour estré Duchesse, ou pour estre
Si proche en sang du Roy mon maistre
Qu'il n'a point autre sœur que toy :
 Mais bien pour estre seule en France,
Et la colonne, & l'esperance
Des Muses la race des Dieux,
Que ta sainte grandeur embrasse,
Suiuant le naïf de ta race,
Qui d'Astres a peuplé les cieux.
 Les Muses d'vne sage enuie
Tu suis pour guides de ta vie,
Et non les vers tant seulement :
Mais bien tu ioins à leur science,
Et l'innocente conscience,
Et leurs beaux dons également.
 Que sert à la Princesse d'estre
A toutes sciences adestre,
Et mille fois Platon reuoir,
Si par l'estude tout sus l'heure
Sa vie n'est faite meilleure,

Mariant les meurs au sçauoir?

Les meurs au sçauoir tu maries,
Et le sçauoir aux meurs tu lies,
Assemblez d'vn neud Gordien:
T'égarant loin du populaire,
Et de son bruit qui ne peut plaire
Aux filles de l'Olympien.

Les riches maisons sumptueuses,
Les grans villes presumptueuses
Par l'orgueil d'vn mur s'éleuant,
Ne sont les lieux, où elles dansent,
Et leurs piedz tiennent ou auancent
Le Cynthien sonnant deuant:

Mais sur les riues reculees,
Ou dessous l'abry des vallées,
Ou dessous des tertres bossus
Ou entre les forets sauuages,
Ou par le secret des riuages,
Ou dans les antres bien moussus.

Point ou peu ne hantent la table,
Des dieux d'Homere, delectable,
Pour les vins versez de la main
Du Troien, fuians les viandes
Delicieusement friandes,
Qui ne font qu'irriter la faim.

Quand quelqu'vn de Pallas deuise,
Les Muses appreuuent l'emprise,
De filer, de tistre, & d'ourdir,
D'imposer nouueaux noms aux villes,

DES ODES.

Et sous les polices ciuiles,
Ne laisser les loix engourdir.
 Mais d'aller horrible à la guerre.
De pousser les citez par terre,
Et vierge hanter les combas,
Coiffer d'vn morrion sa teste,
Et l'ombrager d'vne grand creste:
Les Muses ne l'apprennent pas.

 Aussi vaut il mieux que la gloire
Des femmes, viue en la memoire
Par autres trauaux plus duisans
Que par ceux-la des Amazones:
Auquel iugement tu t'adonnes
Dés le premier fil de tes ans.

 Et bien que ta royalle vie
Soit de delices assouuie,
Pourtant, Vierge, si fraudes-tu
Les haims qui la ieunesse appâtent,
Et iamais ta bouche ne gâtent,
Rebouchez contre la vertu.

 Car ta raison bien atrempée
Ne veut souffrir estre trompée
De leur mignard assolement,
Ne ta prudence non commune,
Que nulle change de fortune
Ne peut esbranler nullement.

 Aussi ces maisons tant prisées
D'vn or esmaillé l'ambrissées,
Fontainebleau, Chambour, ne sont

*Les seiours où tant tu t'amuses,
Que parmy les antres des Muses,
Compaigne des sauts qu'elles font.*

*Estimant trop meilleur de viure
Coye & tranquille, que de suiure
Cét orgueil par toy reietté:
Et loin du populaire, escrire
Ie ne sçay quoy qui puisse dire
Que quelquefois tu as esté.*

*O des Princesses la lumiere,
De quelle louange premiere
Commenceray-ie à te vanter,
Et de mille dont tu abondes,
Quelles dernieres ou secondes
Clorront la fin de mon chanter?*

*Diray-ie comme en ton visage,
Tu portes engraué l'image
De ta mere en mille beautez:
Et de François ton pere encores,
Et de ton frere qui vit ores,
Les deux esgales roiautez?*

*Diray-ie que tes yeux enchantent
Les plus constans qui se presentent
Deuant ta face, & vistement
Auec ta voix nompareille,
Tires les ames par l'oreille
D'vn vertueux enchantement?*

*Diray-ie que la France toute,
Volontiers à son gré n'escoute,*

Que les chansons de ton renom,
Qui de si pres le cœur luy touche,
Qu'elle n'anime dans sa bouche
Autres parolles que ton nom?

 Diray-ie si quelqu'vn souhaite
De se feindre nouueau poëte,
Il ne doit sinon espreuuer
Quelle est ta vertu, sans qu'il songe
Dessus Parnasse, ou qu'il se plonge
Es flots menteurs pour s'abreuuer?

 Diray-ie comme tu rabaisses
La pompe des autres Princesses
Les balançant d'vn iuste pois,
Entre lesquelles, ta prudence
Flamboie en pareille euidence
Que ton Frere par-sus les Rois?

 Diray-ie que les ans qui tournent,
De pas qui iamais ne seiournent,
N'ont rien veu de semblable encor
A la grandeur de ton courage,
Ny ne verront bien que nostre aage
Change son fer au premier or?

 C'est toy Princesse qui animes
Les fredons de nos basses rymes,
Pour les esleuer iusque aux cieux,
Et qui fais noz chants poëtiques
Egaler les vers des antiques
Par vn oser ingenieux.

 C'est toy qui portes sus tes ailes

Le saint henneur des neuf pucelles
Obeissantes à ta loy,
C'est toy seule qui ne dedagnes
De les auouër pour compagnes
Filles d'vn prince comme toy.

N'est-ce pas toy docte Princesse
Ainçois ma mortelle Déesse,
Qui me donnas cœur de chanter?
Et qui m'ouuris la fantasie,
De trouuer quelque poësie
Qui peust tes graces contanter?

Mais que feray-ie à ce vulgaire
A qui iamais ie n'ay sceu plaire,
Ny ne plais, ny plaire ne veux:
Porteray-ie la bouche close
Sans plus animer quelque chose
Qui puisse étonner noz neueux?

L'vn crie que trop ie me vante,
L'autre que le vers que ie chante
N'est point bien ioint ne maçonné:
L'vn prend horreur de mon audace,
Et dit, que sur la Greque trace
Mon œuure n'est point façonné.

Ie leur fais respence au contraire
Comme l'aiant bien sceu portraire
Dessus le moule des plus vieux,
Et comme cil qui ne s'égare
Des vers repliez de Pindare,
Inconnus de mes enuieux.

DES ODES.

L'étable du grand Roy d'Elide,
Nette par les trauaux d'Alcide,
Fonda pres les champs Eleans
D'Olympe les ioustes illustres,
Qui retournoient par chacuns lustres
Anoblir les bords Piseans.

Là, s'amonceloit la ieunesse
Des plus belliqueux de la Grece
Studieuse à rauir l'honneur
De l'estrange fueille honorée,
Que de la terre Hyperborée,
Apporta de Thebain veneur.

Ceux qui suans par la carriere,
Laissoient leurs compaignons derriere,
Et ceux qui de Courges plombez
Meurtrissoient la chair empoullée,
Et ceux qui par la lutte huillée,
Contre-tenoient les bras courbez.

Ceux, qui à leurs fléches soudaines
Commandoient d'estre plus certaines,
Et ceux qui en rouänt tournoient
Vn grand caillou d'horrible masse,
Outre-volant le long espace
Du but où les coups se bornoient.

Ceux qui en limons ou en selle,
Deuant la Gréce vniuerselle,
Par douze fois rasoient le tour
De la course douze fois torte,
Et d'vne rouë entiere & forte,

S'achetoient vn braue retour.

    Vainqueurs, de cette fueille heureuse
Laçoient leur perruque poudreuse,
Et craignans perdre les labeurs
Pour qui leurs vertus trauaillerent,
Auec la victoire esueillerent,
Le métier des premiers harpeurs.

    Lesquelz au soir par l'assemblée,
Quand l'œil de la Lune doublée
Ardoit le voile obscur des cieux,
Auec les flutes doux-sonnantes
Et les trompettes haut-parlantes
Celebroient les victorieux.

    Archilocq premier osa dire,
D'vn refrain simple sur sa lyre
Les honneurs d'Hercule en ses vers,
Vers qui long temps chantez seruirent
A tous les vainqueurs qui rauirent
L'oliue par combas diuers.

    Apres comme vne eau débordée,
Ou comme la foudre guindée
Sur la nuë au mois le plus chaut,
S'ouït tonner la voix Dircée
Qui par l'air s'est si bien dressée,
Que nulle n'a bondy plus haut.

    Elle, par les terres étranges,
Cria des vainqueurs les loüanges,
Et plutost les fut esleuant
Que l'air n'est froissé par la Vire,

Où l'eau ronflante du navire
Soufleté des gorges du vent.

 Aussi nul chant ne s'acompare
Au chant courageux de Pindare,
Que la honte ne coloroit
D'entre-mesler ses propres gloires,
Auec les fameuses victoires
Des batailles qu'il honoroit.

 Et tout ensemble les sceut vendre,
Au marchant qui les vouloit prendre:
Plus cherement qu'on n'achetoit
Vne statue feinte en cuiure,
Que le vainqueur pour mieux reuiure,
Au plus haut d'Olympe métoit.

 Tant la Grece estoit studieuse
De sa Muse laborieuse,
Et tant son art eut de bon heur,
Que ses paroles honorées
Escrites en lettres dorées
Aux temples pendoient en honneur.

 Auecq' Hieron Roy de Sicile
Trafiqua maint vers dificile,
Où des broquars iniurieux
De Bacchilide son contraire,
Fut moqué, comme chez ton frere,
M'ont moqué ceux des enuieux.

 Ne son chant, ne la connoissance
Des Muses, n'eurent la puissance
De tromper l'enuie, qui suit

Dd

Non pas vne obscure personne,
Mais la conuë qui foisonne
Par ses vertus en fameux bruit.

Que pleust à Dieu, qu'à sa hautesse
Fust égale ma petitesse,
Et mes vers à saschans nerueux,
Par ta sainte grandeur ie iure,
Que i'entonneroy céte iniure
Aux oreilles de noz Neueux.

Mais quoy Madame? ie n'ay faute
Sinon d'auoir ta faueur haute,
Sinon d'estre auoué de toy,
Afin que nostre France estime
Que quelque fois ma basse rime
Sçait contenter la sœur d'vn Roy.

S'ainsi auenoit, leur médire
Grondant ne m'oseroit rien dire:
Qui (bons dieux) oseroit penser,
Tant fust la langue audacieuse,
Et la nature vicieuse,
De vouloir les tiens offenser?

Là donc, Madame, pren la charge
De m'enueloper sous ta targe,
Que de Teucre les bras archers
Ne percero_ent tant elle est forte,
Ne celuy qui d'vne autre sorte
Dardoit les membres des rochers.

Lors me voiant en asseurance,
Ie publiray parmy la France

DES ODES.

Le los de ta diuinité
Tes vertus, bontez, & doctrine,
Les vrais boucliers de ta poitrine,
Blanchissante en virginité.

  Afin qu'aprés ma voix fidele,
Les meres tard à la chandelle
Pirouëtant les fuseaux pleins
Content tes vertus precieuses,
A leurs filles non ocieuses,
Pour tromper le temps, & leurs mains.

  Peut estre aussi, alors que l'âge
Aura tout brouillé ton lignage,
Le peuple qui lira mes vers,
Abreuué d'vne gloire telle,
Ne te dira femme mortelle,
Mais seur de Pallas aux yeux vers.

  Et te fera des edifices
Tous enfumez de sacrifices,
Si bien, que le siecle auenir,
Ne connoitra que Marguerite,
Immortalizant ton merite
Par vn immortel souuenir.

ODE IIII.

*Q*vand les filles d'Achelois,
    Les trois belles chanteresses,
Qui des hommes par leur vois,
Estoyent les enchanteresses,
Virent iaunir la toison,

Et les soudars de Iason,
Ramer la barque Argienne
Sur la mer Sicilienne.

Elles d'ordre flanc à flanc,
Oisiues au front des ondes,
D'vn peigne d'iuoire blanc
Frisotoient leurs tresses blondes:
Et mignotant de leurs yeux
Les attrais delicieux,
Aguignoient la nef passante
D'vne œillade languissante.

Puis soupirerent vn chant
De leurs gorges nompareilles,
Par douce force alléchant
Les plus gaillardes oreilles:
Afin que le son pipeur,
Fraudast le premier labeur
Des Cheualiers de la Grece
Pipez de telle caresse.

Ia ces demi-dieux étoient
Pres de tomber en seruage,
Et ia charmez se ietoient
Dans la prison du riuage:
Sans Orphée, qui soudain
Prenant le Luth en la main,
Opposé vers elles iouë
Loin des autres sur la prouë.

Afin que le contre-son
De sa repoussante Lyre,

Perdit au vent la chanson
Premier qu'entrer au nauire:
Et qu'il tirast des dangers
Ces demi-dieux passagiers
Qui deuoient par la Lybie
Porter leur mere affoiblie.

 Mais si ce Harpeur fameux
Oyoit le chant des Serenes,
Qui sonne au bors escumeux
Des Albionnes arénes:
Sa lyre payenne fendroit,
Et disciple se rendroit
Dessous leur chanson Chrétienne,
Dont la voix passe la sienne.

 Car luy enflé de vains mots
Deuisoit à l'auenture,
Ou des membres du Chaos,
Ou du sein de la Nature:
Mais ces Vierges chantent mieux
Le vray Manouurier des cieux,
Et sa demeure eternelle,
Et ceux qui viuent en elle.

„ Las! ce qu'on voit de mondain
„ Iamais ferme ne se fonde,
„ Ains fuit, & refuit soudain
„ Comme le branle d'vne onde,
„ Qui ne cesse de rouler,
„ De s'auancer & couler,
„ Tant que rampant il arriue

D'vn grand heurt contre la riue.
    La science au parauant
Si long-temps orientale,
Peu à peu marchant auant
S'aparoist occidentale :
Et sans iamais se borner
N'a point cessé de tourner,
Tant qu'elle soit paruenuë
A l'autre riue inconnuë.
    Là de son graue sourcy
Vint afoler le courage
De ces trois vierges icy,
Les trois seules de nostre aage :
Et si bien les sçeut tenter,
Qu'ores on les oit chanter
Maint vers iumeau qui surmonte
Les nostres rouges de honte.
    Par vous, Vierges de renom,
Vrais peintres de la Memoire,
Des autres Vierges le nom
Sera cler en vostre gloire :
Et puis que le ciel benin
Au doux sexe feminin
Fait naistre chose si rare
D'vn lieu iadis tant barbare.
    Denisot se vante heuré
D'auoir oublié sa terre
Quelquefois, & demeuré
Trois ans en vostre Angleterre,

D'auoir regardé vos yeux,
Où les amours gracieux
Doucement leurs flesches dardent
Contre ceux qui vous regardent.
 Voire & d'auoir quelquefois
Tant leué sa petitesse,
Que sous l'outil de sa vois
Rabota vostre ieunesse:
Vous ouurant les beaux secretz
Des vieux Latins & des Grecz,
Dont l'honneur se renouuelle
Par vostre Muse nouuelle.
 Iō, puis que les espris
D'Angleterre & de la France,
Bandez d'vne ligue ont pris
Le fer contre l'Ignorance:
Et que nos Rois se sont faits
D'ennemis, amis parfaits.
Tuans la guerre cruelle
Par vne paix mutuelle:
 Auienne qu'vne de vous
Noüant la mer passagere,
Se ioigne à quelqu'vn de nous
Par vne noçe estrangere:
Lors voz escris auancez
Se voirront récompensez
D'vne chanson mieux sonnée,
Qui crira vostre Hymenée.

SVR LE TRESPAS DE
la Royne de Nauarre.

ODE IIII.

Ainsi que le rauy Prophete,
Dans vne flambante charette
Haut esleuer en l'air s'est veu,
D'vn bras alumé, par le vuide
Guidant l'étincelante bride
De ses cheuaux aux piés de feu.

Quand du vieillard la cheute robe
Qui du sein brulant se dérobe,
Coula dans les bras atendans
Du ieune Prophete, & glissante
Fut veuë par l'air, rougissante
Loin derriere en replis ardans.

Comme on voit vne étoile esmeuë
Qui tombe, ou qui tomber est veuë
Du ciel, sous vne clere nuit,
Atrainant derriere sa fuite
Par le vague, vne longue suite
De sillons de feu qui la suit:

Ainsi Marguerite fachée
De sa robbe humaine entachée
Du premier vice naturel,
Ruant bas de prompte alegresse,
Et sa someillante paresse,
Et son gros fardeau corporel:

Hautaine, au ciel est arrivée
Sur quatre rouës esleuée,
Foy, Esperance, Charité,
Et Patience dure & forte
Qui courageusement suporte
Toute maligne aduersité.

D'vn tel chariot soutenuë
Faite Déesse elle est venuë
En la troupe du Roy des Rois,
Que maintenant elle contemple,
Roine du monde bien plus ample
Que n'étoit pas son Nauarrois.

HYMNE TRIOMPHAL
d'elle-mesme.

ODE V.

Qvi renforcera ma vois?
Et qui fera que ie vole
Iusqu'au ciel à cette-fois
Sur l'aisle de ma parole?
Or' mieux que deuant il faut
Auoir l'estomac plus chaut
De l'ardeur qui ia m'enflamme
Le cœur d'vne plus grand' flamme:
Ores il faut que le frain,
Qui ia par le ciel me guide,
Peu seruiteur de la bride
Fende l'air d'vn plus grand train.

Assez Pindare a chanté
Les ieux d'Hercule & sa gloire,
Et son Oliuier planté
Pour refrechir la memoire,
D'auoir iustement du Roy
Puny la pariure foy,
Qui par sole hardiesse,
En démentant sa promesse,
Montra qu'vn foible assaillant
En vain fait brauer sa force,
Quand plein d'outrages, s'éforce
D'assaillir le plus vaillant.

 Mais moy hâtant de mes vers,
La vagabonde carriere,
I'anonce par l'vniuers
L'honneur de cette Guerriere,
Laquelle, aprise aux combas
Ses cheueux n'ombragea-pas
D'vne si fresle couronne,
Que celle que Pise donne:
Mais bien les enuironna
De sa despouille dontée,
Lors que par soy surmontée
Soy-mesme se couronna.

 Là doncque mon cher soucy,
Sus, Muse, qu'on s'éuertue
De sonner bien haut icy
Comme elle s'est combatue:
Chante-moy les bataillans,

Les fors, & les moins vaillans:
Et pourquoy s'est animeé
Vne si estrange armeé,
Et quel Camp de rage épris
Vint irriter Marguerite,
Qui par le diuin merite
Se fit maistresse du pris.

  Sa chair tentant le moyen,
D'asseruir l'Esprit son maistre,
Comme vn mutin citoyen
Qui traitre à son Roy veut estre:
Fut celle, de qui l'erreur
Mit aux champs si grande horreur
De gens en armes horribles,
Qui de menaces terribles
Tançoient les murs, & les fors
De l'Esprit qui les défie,
Tant en Dieu se fortifie
Pour mieux forcer les plus fors.

  Là, fut le Monde emplumé
De grans crestes ondoyantes,
Là, fut l'Orgueil enflammé
D'esclairs d'armes flamboyantes,
Là, l'esquadron des plaisirs,
Là, les bandes des desirs,
Là, les bourreaux de la vie,
La, Conuoitise, & l'Enuie,
Male-bouche, & la Rancœur,
Là, la Gloire sumptueuse

Et l'Ire preſumptueuſe,
Qui ne peut brider ſon cœur.
  Là, deſſous les eſtendars
De la Chair ſeditieuſe,
Flotoient d'ordre ces ſoldars
D'vne vague audacieuſe:
Mais par-ſus tous s'eſleuoit
Vne lance qu'elle auoit
D'Impatience ferrée,
Sur la cœux d'Ire acerée,
Que droitte l'on voit flammer
Par la pointe, en meſme ſorte
Que flambe le feu, qui porte
Vn prodige ſus la mer.
  La maille qu'elle veſtoit,
Fut de Pareſſe eſtoffée,
En lieu d'vn armet eſtoit
D'vne Vanité coifée,
Où chanceloit attaché
Le vieil timbre de Peché:
Ainſi l'horrible Guerriere
Preſſoit ſes bandes derriere,
Et les pouſſoit en auant,
Ondoyans de rang comme ondes,
Ou comme les foreſts blondes
Des eſpis, ſouflez du vent.
  Elle adonc qui regardoit
Ses mains colere de rage,
Pleine d'vn feu qui l'ardoit

Se redoubloit le courage:
Par vous(disoit-el') mes mains,
Tant de haineux inhumains
Ce iourd'huy mordront la terre:
Par vous l'honneur de la guerre
Ia, ce dit, mien, & par vous
Martelant plus dru que foudre,
Ie mettray l'Esprit en poudre,
Acablé sous moy de cous.

 Sus, Soldats, il est saison
Qu'ore vn chacun se souuienne
De soy, & de sa maison:
La-donc, de peur qu'il n'auienne
Que nous sentions du vainqueur
La Loy par faute de cœur:
Courage, Enfans, la victoire
Enrichira nostre gloire:
Autant qu'eux n'auons-nous pas
De bras, de iambes, & d'armes,
Pour repousser leurs alarmes,
Par l'éfort de noz combas?

 Si couärs vous estes pris
Rien que la mort ne vous reste:
Ne craignez-donc les peris
D'vn butin tant manifeste:
Et bien s'ils sont plus que nous,
Le gain en sera plus dous
Et les louanges plus grandes
D'auoir meurtri plus de bandes:

De tels mots la Chair flatoit
Les cœurs boüillans de sa bande,
Et d'vne aleure plus grande
A la guerre les hâtoit.

Ia l'Esprit d'vne autre-part
Impatient qu'on l'assaille,
Auoit franchy son rempart
Pour deuancer la bataille:
Luy de raison accoutré,
Horrible à voir s'est montré
Parmy les troupes menues
Comme vn foudre entre les nuës:
Et marchant à pas contez,
Arangeoit sous sa conduite
Vne longue & longue suite
De Cheualiers indontez.

L'amour diuin fut vétu
Du harnois de Resistance,
Tout engraué de vertu,
Et redoré de Constance.
Là l'ardante Charité,
Là, la simple Verité
De pres son maistre acompagne,
Auec sa forte compagne
Qui suit les pas de son Roy:
Là, l'antique Preud'hommie,
Là, la crainte d'Infamie,
Là, l'Esperance & la Foy.

Là, tenoit rang la Pitié

De son guide la plus proche,
Là, s'auançoit l'Amitié
Que chacun doit à son prochez
Là, les Contemplations
Auecques les Passions
Que l'Ame fidele endure
Pour corriger la Chair dure,
A la bataille arriuoient
Queuë à queuë d'vne-tire,
Et mordans leurs leures d'ire
D'vn grand branle se suiuoient.
   L'Esprit ore se tournant
Hate son camp magnanime,
Ores vn peu seiournant
De tels aiguillons l'anime:
   Amis, tentez le labeur,
Et ne palissez de peur
Qu'vne si lasche Canaille
Face entreprise qui vaille,
Qui ia tremble seulement
De voir sans plus vostre face,
Tant nostre premiere audace
L'espouuente horriblement.
   Ces mots finis, dans leur fort
D'vn saut de course s'eslance,
Abatant le Monde mort
Au premier heurt de sa lance,
Du bond en terre donné,
Ses armeures ont sonné:

Apres, l'Orgueil il renuerſe,
Qui trepignant des pieds, verſe
Vn lac rouge de ſon flanc,
Vomiſſant ia froid & bleſme,
Du creux de la playe meſme,
L'ame, le fer, & le ſang.
　　Mortes apres il rua
Contre terre les Delices,
Les Voluptez il tua
Du coup qu'il tua les vices:
Tant de neige ne chet pas
Quand l'air l'eſparpille à bas,
Pour enfariner la plaine,
Comme la terre eſtoit pleine
De Soldats menus greſlez,
Renuerſez ſous tel orage,
Par vn eſtrange meſlage
L'vn ſus l'autre amoncelez.
　　L'Humilité s'atacha
Contre la Gloire mondaine,
Et ſa lance luy cacha
Droit en cette part, ou l'aine
Se ioint auecque le flanc:
Le Peché de crainte blanc
N'atendit la Repentance,
Ains euitant ſa puiſſance
Vint, où Grace l'enſerra
Dedans ſa troupe hardie,
Et d'vne lance brandie

Iusques au cœur l'enferra.
Vn peu plus auant la Foy
Faisant branler son panache,
Les Charnels loin deuant soy
Foudroyoit à coups de hache:
La Loy d'vn grand coup d'espieu
Profendit iusqu'au milieu
L'opiniastre Heresie,
Et la fausse Hypocrisie
En cent morceaux tronçonna:
La Iustice de sa pique
Si auant le Vice pique,
Que mort le desarçonna:
 D'vn autre costé la Chair
Comme vn bras d'vne montaigne,
Que l'orage fait bruncher
Au plus creux de la campagne,
Casse, froisse, tonne, bruit:
En ce point elle destruit
Les forces qu'elle rencontre:
Mais l'Esprit s'opposa contre
Son foudre trop inhumain,
Et de pres se ioignant d'elle
Effroyablement l'appelle
Seule au combat main à main.
Toy, dit-il, apres auoir
Contre mon obeyssance
Sceu tant d'armes émouuoir,
Fuiras-tu bien ma puissance?

Toy, qui as trahy mes loix,
Et l'honneur que tu me dois:
Toy, Citoyenne mutine
Que la volonté diuine
Ore conduit au danger,
Et souflant sur toy sa haine
D'vn bras violent t'atraine
Sous les miens pour la venger?

Ia, ia, la Chair palissant
De peur sillonne la presse
Deuant l'Ennemy puissant
Qui ia l'espaule luy presse,
Et vouloit se repentir,
Quand l'Esprit luy fit sentir
De son homicide pointe
Le coup, où la gorge est iointe
De l'espaule au plus gros os:
Ainsi mit fin aux batailles,
Elle poussant ses entrailles
D'vn long ordre de sanglos.

Alors l'Esprit glorieux
De l'heur de son entreprise,
A d'vn bras victorieux
La serue despouille prise:
Puis Marguerite en orna,
Et de laurier entourna
Tout le beau rond de sa teste,
Luy consacrant la conqueste
De la Chair: car sa vertu

Seule en moyenna la gloire,
Et la fameuse victoire
Que l'Esprit en auoit eu.
  Iesuchrist à cette-fois
Ebranlant dans sa main nuë,
Le grand fardeau de la crois,
Perçoit l'antre d'vne nuë
A l'escart, pour voir çà bas
La fin de ces deux combats :
Ayant ferme souuenance
D'vne fatale ordonnance,
Que l'Ame au ciel monteroit
Par vne nouuelle porte,
Dont la main saintement forte,
Sa Chair propre donteroit.
Et lors l'Ange il appella
Qui front à front des vents vole,
Nageant par l'air çà & là
Où le soufle sa parole :
Poste, dit-il, marche, fuy,
Huche les vents & les suy,
Laisse ramer tes aisselles,
Et glisse dessus tes aisles,
Tant que bas tu te sois veu
Dedans les champs qu'enuironne
La tortueuse couronne
Des monts surnommez du feu :
  Là, de ta parole endors
Cette Guerriere, & le voile

De son victorieux corps
Trans-forme au ciel en estoille:
En apres laisse rouler
Son Idole parmy l'air,
Afin qu'en terre elle tumbe,
Et desdaignante la tumbe,
Volle en France sans repos
Par la bouche de maint-homme,
Sans que iamais l'an consomme
Son voler vague & dispos.

L'Ange adoncques s'est lié
Pour mieux haster sa carriere,
Al'vn & à l'autre pié
L'vn & l'autre talonniere,
Dont il est porté souuent
Egal aux soupirs du vent,
Soit sus la terre, ou sus l'onde,
Quand sa roideur vagabonde
L'auale outre l'air bien loing:
Puis sa perruque diuine
Coifa d'vne Capeline,
Prenant sa verge en son poing.

De celle, il est defermant
L'œil de l'homme qui sommeille,
De celle il est endormant
Les yeux de l'homme qui veille,
De celle en l'air soustenu
Noua tant qu'il fust venu
Se percher sus la montaigne,

Qui fend la France & l'Espagne!
Mont que l'orage cruel
Bat tousiours d'vne tempeste,
Tousiours en-glaçant sa teste
D'vn frimas perpetuel.

 De ià se laissant pancher
A corps eslancé, grand erre,
Fondoit en bas pour trancher
Le vent qui raze la terre,
Deçà & delà vagant,
A basses rames vogant,
Ore coup sur coup mobiles,
Ore coyes & tranquilles,
Comme vn oyseau qui pend bas,
Et l'aisle au vent ne desplie,
Quand pres des eaux il espie
Le hazard de ses apas.

 Ainsi l'humble Messager
Volant d'vne aisle subite
Glissa bassement leger
Iusqu'au corps de Marguerite:
D'elle les yeux il a clos,
Puis la chargeant sur le dos
(Comme fut l'Athenienne
Sur l'eschine Thracienne)
Haut dans l'air se surpendit
Loin-loin de la terre basse,
Et d'vn long chemin repasse
Par où mesme il descendit.

Lors atacha dans les cieux
De ce corps la masse entiere,
Il luy agrandit les yeux
De rondeur & de lumiere:
Ses cheueux furent changez
En nouueaux rais alongez,
Ses deux bras & ses deux iambes
En quatre iumelles flambes:
Bref, ce fut vn Astre ardant,
Lequel de là haut encores
De son aspect benin, ores
La France va regardant.

Si qu'elle auecques les feux
De l'estoille de son frere,
Et des Princes ses neueux,
Bien tost oubliant sa sphere
Viendra flamer sus l'armet
De Henry, droit au sommet,
Où l'espouuentable creste
Luy flote desur la teste
Pour le guider aux dangers,
Soit de l'onde ou de la terre,
Quand les foudres de sa guerre
Perdront les Rois estrangers.

L'Ange apres dans l'vniuers
Chassa son errante Idole,
Pour voler dessus mes vers,
De l'vn iusque à l'autre pole:
Puis chargeant l'Ame à son col

DES ODES.

L'emporta d'vn roide vol
(Toute pure & toute nette
Mieux luisant que sa planette)
Sus le ciel, iusques au lieu,
Où les ans fermes demeurent
Entre ceux qui plus ne meurent
Incorporez auec Dieu.

Là, le droit chemin tenant
Tu es, ô Princesse, alée,
Où sous tes pieds maintenant
Tu vois la terre aualée,
Tu vois sous tes pieds saillir
Le iour pour naitre & faillir,
Tu vois la mer & ses voiles,
Tu sçais le nom des estoilles:
Le froid, le vent, & le chaut
Ne te donne plus de crainte,
Toy faitte nouuelle Sainte
Par les troupes de là haut.

Là, sous tes pieds, les saisons
Eternellement cheminent:
Là, tu connois les raisons
Des astres qui nous dominent:
Tu sçais pourquoy le Soleil,
Ore pale, ore vermeil
Predit le vent & la pluye,
Et le serain qui l'essuye:
Tu sçais les deux trains de l'eau,
Ou si c'est l'air qui seiourne,

Où si la Terre qui tourne
Nous porte comme vn bâteau.

Tu sçais dequoy se refont
Les deux cornes renaissantes
Que la Lune ente à son front,
Et qui les fait descroissantes:
Tu vois ce grand Animal,
Son rond & son nombre égal
Discordant en mélodie.
Où tu es, la maladie
Ne defleure la santé,
On n'y voit rien qui desplaise,
Chacun y vit à son aise
De nul ennuy tormenté.

Mais nous pauures & chetis,
Icy n'auons connoissance
Non-plus qu'enfans abortis
Du lieu de nostre naissance:
Ains desireux de gesir
Dessous l'alechant plaisir
Des Serenes de la vie,
Iamais ne nous prend enuie
(Comme au Grec) de voir vn iour
La flamme en l'air proumenée
Sauter sur la cheminée
De nostre antique seiour.

Si plus-tost ie n'ay sacré
Tes cendres à la Memoire,
Ne m'en sçaches mauuais gré,

Plus viue en sera ta gloire.
,, *Les arbres qui sont tardifs*
,, *Demeurent plus long-temps vifs:*
,, *Les fleurs tost espanouies,*
,, *Tost s'en-vont esuanouies:*
Et le Colosse esleué
Qui ores le ciel menasse,
En vn mesme trait d'espace
Ne se vit point acheué.

 Mais quel plus riche Tombeau
Blanc de neige Parienne,
Iadis t'eust dressé plus beau
Cette vefue Carienne?
Quel rocher eslabouré,
Ou quel Temple redoré
Pressera la renommée
De cette Tumbe animée,
Laquelle non vne fois
Au iour de ses rais publiques,
Redonra l'ame aux reliques
Du saint Astre Nauarrois?

 Ie te salue ô l'honneur
De mes Muses, & encore
L'ornement & le bon-heur
De la France qui t'honore:
Ecarte loin de mon chef
Tout malheur, & tout meschef:
Preserue moy d'infamie,
De toute langue ennemie

Teinte en venin odieux:
Et fay que deuant mon Prince,
Desormais plus ne me pince
Le caquet des enuieux.

A ELLE MESME, ODE
Pastorale VI.

Bien heureuse & chaste Cendre,
Que la Mort à fait descendre
Dessous l'oubly du tombeau:
Tombeau qui vrayment enserre
Tout ce qu'auoit nostre terre
D'honneur de grace & de beau.

Comme les herbes fleuries
Sont les honneurs des prairies,
Et des prés les ruisselets,
De l'orme la vigne aimée,
Des bocages la ramée,
Des champs les blés nouuelets:

Ainsi tu fus,ô Princesse,
(Ainçois plustost ô Deesse)
Tu fus certes tout l'honneur
Des Princesses de nostre âge,
Soit en force de courage,
Ou soit en royal bon-heur.

Il ne faut point qu'on te face
Vn sepulchre qui embrasse
Mille Termes en vn rond,

DES ODES.

Pompeux d'ouurages antiques,
Et braue en piliers Doriques
Eleués à double front.
» L'ærain, le marbre, & le cuiure
» Font tant seulement reuiure
» Ceux qui meurent sans renom:
» Et desquels la sepulture
» Presse sous mesme clôture
» Le corps, la vie, & le nom:
   Mais toy, dont la renommée
Porte d'vne aile animée
Par le monde tes valeurs:
Mieux que ces pointes superbes
Te plaisent les douces herbes,
Les fontaines, & les fleurs.
   Vous Pasteurs que la Garonne
D'vn demy tour enuironne,
Au milieu de vos prés vers
Faites sa tumbe nouuelle,
Et graués l'herbe sus elle
Du long cercle de ces vers.
   Icy la Royne sommeille
Des Roynes la nompareille,
Qui si doucement chanta:
C'est la Royne Marguerite,
La plus belle fleur d'élite
Qu'onque l'Aurore enfanta.
   Puis sonnés vos Cornemeuses,
Et menés au bal les Muses

En vn cerne tout au-tour:
Soit aux iours de la froidure,
Ou quand la ieune verdure
Fera son nouueau retour.

Aux rais cornus de la Lune
Assemblés sous la nuit brune
Vos Naiades & vos Dieux,
Et auecques vos Dryades
Donnés luy dix mille aubades,
Du flageol melodieux.

Tous les ans soit recouuerte
De gazons sa tumbe verte,
Et qu'vn ruisseau murmurant
Neuf fois recourbant ses ondes
De neuf torses vagabondes
Aille sa tumbe emmurant.

Dites, à vos brebiétes,
Fuiés vous en camusétes
Gagnés l'ombre de ce bois:
Ne broutés en céte prée,
Toute l'herbe en est sacrée
A la Nymphe de Valois.

Dites qu'a tout iamais tumbe
La manne dessus sa tumbe,
Dittes aux filles du Ciel,
Venés mouches ménagéres,
Pliés vos ailes legéres,
Faites icy vostre miel.

Dites-leur, troupes mignonnes,

DES ODES. 445

Que vos liqueurs seroient bonnes,
Si leur douceur égaloit
La douceur de sa parole!
Lors que sa vois douce & mole
Plus douce que miel couloit.

Dittes, que les mains auares,
N'ont pillé des lieux barbares
Telle MARGVERITE encor:
Qui fut par son excellence
L'Orient de nostre France,
Ses Indes & son tresor.

Ombragés d'herbes la terre,
Tapissés-la de lierre,
Plantés vn cyprés aussi:
Et notés dedans à force
Sus la nouailleuse écorce
Derechef ces vers icy.

Pasteurs, si quelqu'vn souhaite
D'estre fait nouueau poete,
Dorme au frais de ces rameaux:
Il le sera, sans qu'il ronge
Le laurier, ou qu'il se plonge,
Soubz l'eau des tertres iumeaux.

Semés aprés mille roses,
Mille fleurétes décloses,
Versés du miel & du lait:
Et pour annuel office,
Répandés en sacrifice
Le sang d'vn blanc agnelet.

Faites encor' à sa gloire,
(Peur alonger sa memoire,)
Mille ieux & mille ébas:
Vostre Royne sainte & grande
Du haut Ciel vous le commande,
Pasteurs, n'y faillés donc pas.
 Iö Iö MARGVERITE,
Soit, que ton esprit habite
Sur la nuë, ou dans les champs
Que le long oubly couronne,
Oy ma Lyre qui te sonne,
Et fauorise mes chants.

A ROBERT DE la Haye.

ODE VII.

Ceux qui semoient outre le dos,
De nostre grand' Mere les os
Par le desert des vuides terres,
Pour ranimer le genre humain:
Tousiours ne versoient de leur main
La dure semence des pierres.
 Mais bien aucunefois ruöient
Des diamans qui se muoient,
Changeant leur dur en la naissance
D'vn peuple rare & precieux,
Qui encore de ses ayeux,
Donne auiourd'huy la connoissance.

Ton beau raion qui brille icy,
Montre qu'vn diamant ainsi
Muant en toy sa forme claire,
L'estre semblable t'a donné:
Car des pierres tu n'es point né
Comme fut ce gros populaire

 Il a l'esprit dur & plombé,
Tousiours vers la terre courbé,
Iamais au beau ne dresse l'aile:
Le tien s'eleue saintement,
Balancé d'vn vol hautement
Tout autour de la chose belle.

 Aussi le bruit impetueux
De ton palais tumultueux,
Forçant ton destin, ne t'amuse
Si bien, que quelquefois le iour
Tu ne trauailles au seiour
De l'oyseux trauail de la Muse.

 Qu'est-il rien aussi de plus doux?
A quel sucre égalerons nous
Le doux miel de ta poësie?
Il surmonte les doux apas
Et du miel, & du doux repas
Du Nectar & de l'Ambrosie.

 Les Amours n'aiment tant les pleurs,
La mouche ne suit tant les fleurs,
Ne les vainqueurs tant les couronnes,
La Haye, comme tu poursuis
Les doctes Muses que tu suis,

Comme tes plus cheres mignonnes.
　Nul mieux que toy parmy les bois,
Ne contrefait leur belle vou,
Et nul par les roches hautaines
Ne les va mieux acompaignant,
Ne mieux pres d'elles se baignant,
Sous le cristal de leurs fontaines.
　Nul mieux sous les rais de la nuit,
Quand la Lune en son plein reluit,
Sus l'herbe auec elles ne dance,
Suiuantes le pouce diuin
De ce grand Alcée angeuin,
Qui deuant sonne la cadance.
　Toy lors couronné du lien
Que donne l'arbre dafnien,
Ore tu prens plaisir d'élire
Le premier ranc, or' le milieu,
Entre elles marchant comme vn Dieu
Que s'égaie au son de la Lyre.
　Et toutesfois estant ainsi
De ces pucelles le soucy,
Tu veux bien faire vn contr'-échange
De tes vers Latins qui sont d'or,
Aux miens moindres qu'ærain encor,
Indignes de telle loüange.
　Car bien que nostre âge ait loüé
Le premier vers que i'ay ioüé,
Pourtant ie n'eusse pris l'audace
De te répondre, ou de tanter

Ma Lyre

Ma Lyre, qui ne sçait chanter
Pour toy qu'vne chanson trop basse.
 Mais ce bon Pere au double chef,
Qui l'an ramene derechef
D'vne inconstance coutumiere,
M'a commandé de la sonner
Telle qu'elle est, pour étrener
La foy de nostre amour premiere.
 Si i'auoy les butins heureux
Que le marchant auantureux
Arrache du sein de l'Aurore,
Tu les aurois: & les sablons
Qui roulent luysantement blons
Dans l'eau que la Phrygie honore.
 Ou, si i'étois assés sutil,
Pour animer par vn outil
La toile muete, ou le cuiure,
Mon art t'ofriroit ses presens,
Mais ces dons-la contre les ans
Ne te s'auroient faire reuiure.
 Pren-donc mes vers qui valent mieux,
Et les reçoy comme les Dieux
Reçoiuent par leur bonté haute
Les humbles presens des mortels,
Qui de dons chargent leurs autels,
Et si n'en eurent iamais faute.

ODE VIII.

QVi par gloire, ou par mauuaitié,
Ou par nonchalante paresse,

Aura tranché de l'amitié
Le neud qui les amitiés presse:
A celuy d'vne loy expresse.
Ie deffens qu'en nulle saison,
Ne s'heberge dans ma maison:
Et qu'auec moy sus le riuage
Compaignon d'vn mesme voyage,
Polu, ne coupe le lien
Qui tient l'hôteliere nauire:
Car Iupiter le Philien
Quelquefois auecque le pire
Punist le iuste, & peu souuent
On voit la vengeresse Peine,
Souffrir comme boyteuse & vaine,
Le méchant s'enfuir deuant.

 Que sert à l'homme de piller
Tous les printemps de l'Arabie,
Et de ses moissons dépouiller
Soit la Sicile, ou la Lybie,
Ou desrober l'Inde annoblie
Aux tresors de son bord gemmé,
S'il n'aime, & s'il n'est point aimé?
Si tout le monde le dédaigne,
Si nul second ne l'acompaigne
Soliciteux de son amy,
Comme vn Patrocle pitoiable
Suiuoit Achille, fust parmy
La nuë la plus éfroiable
Des Lyciens, lors qu'odieux

Contre Priam soufloit son ire,
Fust quand paisible, sus la Lyre
Chantoit les hommes & les Dieux.

Le temps qui a commandement
Sus ces grans Masses sourcilleuses,
Qui deualent leur fondement
Iusques aux ondes sommeilleuses,
Ne les menaces orgueilleuses
Des fiers Tyrans, ne sçauroient pas
Ecrouler ne ruer en bas
La ferme amour que ie te porte,
Tant elle est en ta force, forte
Et si auec toy librement
Ie ne puis franchir les montaignes,
Qu'Hanibal cassa durement
Haineux des Latines campaignes :
Pour-tant ne méprise ma foy,
Car l'âpre soin qui m'encheuestre
Seul m'alante, & m'engarde d'estre
Pront à voler auecque toy.

Mais s'il te plaist de retenir
Ta fuite disposte & legere,
Iusqu'au temps qu'on voit reuenir
L'Aronde des fleurs messagere :
De pronte iambe voyagere
Ie te suiuray, fust pour trouuer
L'onde où Phebus vient abreuuer
Ses cheuaux suans de la course,
Ou du Nil l'incertaine source :

Mais si le desir courageux
Te picque tant, qu'il t'importune
De forçer l'hyuer outrageux,
Et la saison mal oportune,
Marche, fuy, va legerement:
L'oyseau menalien, Mercure,
Le Dieu qui des passans a cure,
Te puisse guider dextrement.

 Ces meurtriers pelottons volans,
Que l'orage par les mons boule,
Ne te soient durs & violens,
Et l'eau qui par rauines coule
Du iust de la neige qui roule,
Demeure coie sans bruncher
Quand tu voudras en aprocher:
La froide gorge Thracienne,
Et la pluuieuse Lybienne,
Serrent leurs vens audacieux:
Que rien sus les mons ne resonne
Fors vn Zefire gracieux,
Imitant ton Lut quand il sonne:
Phebus aussi qui à connu
Combien son Poëte te prise,
Clair, par les champs te fauorise,
Et sa sœur au beau front cornu.

 Quand tu te seras aproché
Des belles plaines d'Italie,
Vy, Lignery, pur du peché
Qui l'amitié premiere oublie:

DES ODES.

N'endure que l'âge délie
Le noud que les Graces ont ioint.
  O temps où l'on ne souloit point
Courir à l'onde Hyperborée!
Telle saison fut bien dorée,
En laquelle on se contentoit
De voir de son tect la fumée,
Lors que la terre on ne hantoit
D'vn autre Soleil alumée.
Et les mortels heureux alors
Remplis d'Innocence naïue,
Ne connoissent rien que la riue
Et les flancs de leurs prochains bors.
  Tu me diras à ton retour
Combien de lacs & de riuieres,
Leschent les murs d'vn large tour
De tant de grosses villes fieres:
Quelles citez vont les premieres
En braue nom le plus vanté,
Et par moy te sera chanté
Ma Franciade commencée,
Si le Roy meurist ma pensée:
Tandis sus le Loir ie suiuray
Vn petit toreau que ie vouë
A ton retour, qui ia seuré
Tout seul par les herbes se iouë,
Blanchissant d'vne note au front,
Sa marque imite de la Lune
Les feux courbez, quand l'vne & l'vne

De ses deux cornes se refont.

ODE IX.

Bien que le reply de Sarte
Qui laue ton Alsinois,
En serpentant ne s'écarte
De mon fleuue Vandomois:
Et que les champs de ton estre
Que les Graces ont en soin,
Des champs qui me virent naistre
Ne se bornent pas de loin:

   Cela pourtant n'auoit force
De m'alecher, sans auoir
Premier engoulé l'amorce
Qui pendoit de ton sçauoir:
Et non ta Sarte voisine,
Ny ton chant voisin au mien,
Nostre amitié n'estoit digne
D'vn si vulgaire lien.

   La vertu fut en partie
La corde qui nous ioignit,
Et la mesme sympathie
Celle qui nous étraignit:
C'est donc l'heureuse folie
Dont le ciel folastre en nous,
Non le pays qui nous lie
D'vn afolement si dous.

   Quoy? celuy que la Nature
A des enfance animé

De poësie & peinture,
Ne doit-il pas estre aimé?
Puis que celle fureur double,
Tel double present des cieux
Volontiers les hommes trouble,
Qui sont les mignons des Dieux?
 Mais où est l'œil qui n'admire
Tes tableaux si bien portrais,
Que la Nature se mire
Dans le parfait de leurs trais?
Où est l'oreille bouchée
De telle indocte épesseur,
Qui ne rie estant touchée
De tes vers plains de douceur?
Cesse donc, & ne souhéte
De t'enrichir plus de rien,
Toy qui es peintre & poëte,
Fuy l'autre troisiéme bien:
Car si l'ardante Musique
(En t'ornant de sa vertu)
Iointe aux deux autres te pique,
Bons dieux que deuiendrois-tu!
 Ton ame fuyant la peine
Dont tu serois agité,
S'échaperoit, las! trop pleine
De tant de diuinité:
Et ses passions nouuelles
Aux deux flans luy bouteroient,
Pour la mieux haster des ailes

Qui par l'air l'emporteroient.
　　Vrayment Dieu qui tout ordonne
Sans estre forcé d'aucun,
Le beau present qu'il te donne
Ne donne pas à chacun:
Aussi sa sainte pensée
Désignant ce monde beau,
A sa forme commancée
Sus le dessein d'vn tableau:
　　Le variant en la sorte
D'vn portrait ingenieux,
Où maint beau trait se raporte
Pour mieux reiouïr les yeux:
Soy donque seur pour ne craindre
Que la Mort en te pressant,
Puisse ton renom éteindre
Auec le corps perissant.
　　Vaines seroient ses alarmes.
En vain l'arc elle band'roit,
Toy, tenant au poin les armes
A t'en seruir si a-droit:
Car le pincel & la plume,
A qui les sçait bien ruër,
Ont vsurpé la coutume
De la mort mesmes tuër.
　　Ian Second, de qui la gloire
N'yra iamais défaillant,
Eut contre elle la victoire
Par ces armes l'assaillant:

DES ODES.

Dont la main industrieuse,
Animoit ioyeusement
La carte laborieuse,
Et la table également.

Et duquel les baizers ores
Pour estre venus du Ciel,
En ses vers coulent encores
Plus dous que l'Attique miel:
Mais, ô Denizot, qui est-ce
Qui peindra les yeux traitis
De Cassandre ma Deësse,
Et ses blons cheueux tortis?

Lequel d'entre vous sera-ce,
Qui pourroit bien colerer
La maiesté de sa grace,
Qui me force à l'adorer?
Et ce front dont elle abuse
Ce pauure Poëte amant,
Son ris (ains vne Meduse)
Qui tout me va transformant!

Amour, qui le cœur me ronge
Pour redoubler mon émoy,
Céte nuit trois fois en songe
L'a faite aparoitre à moy,
Mais la suitte accoustumée
De me tromper si souuent
S'enfuit comme vne fumée
Qui se iouë auec le vent.

ODE X.

Sur toute fleurette déclose
J'aime la senteur de la rose,
Et l'odeur de la belle fleur,
Qui de sa premiere couleur
Pare la terre, qui commence
De s'engrosser en sa semence.

 Les autres boutons vermeillets,
La giroflée, & les œillets
Et le bel aimail qui varie
L'honneur gemmé d'vne prérie
En mille lustres s'eclatant,
Ensemble ne me plaisent tant
Que fait la rose pourperette,
Et de Mars la blanche fleurette,
Que pui-ie pour le passetemps
Que vous me donnez au printemps.
Prier pour vous deux autre chose?
Sinon, que toy pourprine rose
Puisses tousiours auoir le sein
En May, de rosée tout plein:
Et que iamais le chaut qui dure
En Iuin, ne te face laidure:

 Ny à toy fleurette de Mars,
Iamais l'hyuer, lors que tu pars
Hors de la terre, ne te face
Pancher morte dessus la place:
Ains tousiours maugré sa froideur
Puisses-tu de ta soiue odeur

DES ODES.

Nous annocer que l'anſe vire
Plus doux vers nous, & que Zefire
Apres le tour du faſcheux temps,
Nous ramene le beau printemps.

ODE XII.

IE veux, Muſes aux beaux yeux,
Muſes mignonnes des Dieux,
D'vn vers qui coule ſans peine
Louanger vne fonteine.
Sus donq, Muſes aux beaux yeux,
Muſes mignonnes des Dieux,
D'vn vers qui coule ſans peine
Louangeon vne fonteine.
C'eſt à vous de me guider,
Sans vous ie ne puis m'aider,
Sans vous, Brunettes ma Lyre
Rien de bon ne ſçauroit dire.
Mais, Brunettes aux beaux yeux,
Brunes mignonnes des Dieux,
S'il vous plaiſt tendre ma Lyre,
Et m'enſeigner pour redire
Les vers que dits vous m'aurez,
Lors, Brunettes, vous m'oyrez
A noz Françoiſes oreilles
Chanter voz douces merueilles.
  O beau cryſtal murmurant,
Que le ciel eſt aſurant
D'vne belle couleur bluë,

Où Cassandre toute nuë
Laua son beau teinct vermeil
Qui retenoit le Soleil,
Et sa belle tresse blonde,
Tresse aux Zefirs vagabonde
Comme Cerés esmouuant
La sienne aux soupirs du vent:
Tresse vrayment aussi belle
Que celle d'amour, ou celle
Qui va de crespes reflos
Frapant d'Apollon le dos.

 C'est toy belle Fontenéte,
Où ma douce mignonnéte
A miré ses deux beaux yeux,
Ainçois deux astres des cieux,
Que la gaye Pasienne,
La brunéte Cyprienne
Sur ceux des Graces louroit,
Et pour siens les auouroit
Tant leur mignotise darde
D'Amours à qui les regarde.

 C'est toy qui dix mille-fois
As relaué les beaux dois
De ma douce Cassendréte,
Dedans ta douce ondeléte:
Doigts qui de beauté vaincus
Ne sont de ceux de Bachus,
Tant leurs branchetes sont pleines
De mille rameuses vénes.

DES ODES. 461

Par où coule le beau sang
Dedans leur iuoire blanc:
Iuoire où sont cinq perlétes
Tresluisantement greslétes,
Ornans les bous finissans
De cinq boutons fleurissans.

 C'est toy douce Fonteléte,
Qui dans ta douce ondeléte
As baigné ses deux beaux piés,
Piés de Tethys desliés:
Et son beau corps qui resemble
Aux lis & roses ensemble:
Corps, qui pour l'auoir veu nu
M'a fait Actéon cornu,
Me transformant ma nature
En sauuagine figure:
Mais de ce mal ne se deut
Mon cœur, puis qu'elle le veut.

 C'est toy, douce Fonteléte,
Dont la mignarde ondeléte
A cent-fois baisé les brins
De ses boutons cinabrins,
De ses leures pourperées,
De ses leures nactarées,
De ses roses de qui sort
Le ris qui cause ma mort.

 C'est toy, qui tâtes sa hanche,
Sa gréue, & sa cuisse blanche,
Et son qui ne fait encor

Que se friser de fils d'or.
 C'est toy, quand la porte-flame
La Chienne du ciel, enflame
Le monde de toutes pars,
Tu vois les membres espars
De ma dame sur ta riue,
Lors que sur l'herbete oisiue
Le somme en ses yeux glissant
Flate son corps languissant:
Et lors que le vent secouë
Son sein, où pris il se iouë,
Et le fait d'vn doux soufler
R'elenter & puis r'enfler:
Elle dessus ton riuage
Resemblant vn bel image
Fait de Porfire veineux:
S'il ne fust que ses cheueux
La descouurent sur ta riue
Estre quelque Nymphe viue:
Et que les oyseaux perchez,
De leurs cols demi-panchez,
En reiergonnant l'espient,
Et de se tenir s'oblient
Sur la branche, tant l'ardeur
De ses yeux brusle leur cœur,
Et trepignans dedans l'arbre,
Font dessus son sein de marbre
Escouler dix mille fleurs,
Fleurs de dix mille couleurs

Qui tombent d'vne eau menuë
Dessus sa poitrine nuë,
Si bien qu'on ne peut sçauoir
A la voir, & à les voir,
Laquelle ou de la fleurête,
Ou d'elle est la plus douillête.

   Vrayment crystal asuré,
Crystal gayment emmuré
D'vne belle herbe fleurie,
Pour auoir fait à m'amie
Vn doux cheuet de ton bord
Quand languissante elle dort,
Ie t'asseure ondette chere
Que iamais, ainsi qu'Homere,
Noire ne t'apelleray,
Mais tousiours ie te lou'ray
Pour clere, pour argentine,
Pour nette, pour crystaline:
Et te suply de vouloir
Ains qu'entrer dedans le Loir
D'vne course serpentiere,
Receuoir l'humble priere
Que ie fay dessus tes flos,
Et receuoir en ton los
Ces lis & ces belles roses
Que ie verse à mains decloses,
Auec du miel & du lait,
Dessus ton sein ondelet:
Et ces beaux vers que i'engraue

Au bord que ton onde laue.

Fille a Tethys deformais
Puisses-tu pour tout iamais
Plus qu'argent estre luisante,
Et que la Chienne cuisante
Iamais dedans ton vaisseau
Ne face tarir ton eau.

Tousiours les belles Naïades,
Oreades, & Dryades
S'entreserrans par les mains,
Iointes auec les Syluains
Puissent rouer leurs caroles
Autour de tes riues moles,
Pan trepignant menu
De son argot mi-cornu,
Guidant le premier la dance,
Au doux son de la cadance.

Iamais le lascif troupeau,
L'aignelet, & le cheureau,
Ne broutent tes riues franches,
Ne iamais fueilles ne branches
Ne puissent troubler ton fond
Tombant d'en-haut sur ton front,
Fond, en qui ma Cytherée
A sa face remirée:
Ne iamais quelque Roland
Espoint d'amour violent
Ne honnisse ta belle onde,
Mais sans cesse vagabonde

Caquetant

Caquetant sur ton grauois
D'vne flo-flotante vois
Toufiours fa courfe verrée
Se ioigne à l'onde Loirée.

   Mais adieu Fonteine, adieu
Treffaillante par ce lieu
Vous courrez perpetuelle
D'vne courfe perennelle,
Viue fans iamais tarir:
Et ie doy bien toft mourir,
Et ie doy bien toft en cendre
Aux champs Elyfés defcendre,
Sans qu'il refte rien de moy
Qu'vn petit ie nefçay quoy,
Qu'vn petit vafe de pierre
Cachera defous la terre.

   Toute-fois, ains que mes yeux
Quitent le beau iour des cieux,
Ie vous pry ma fontelete,
Ma douceléte ondelete,
Ie vous pry n'oubliez-pas
Dés le iour de mon treſpas
Contre voz riues de dire,
Que Ronfard deffus fa Lyre,
N'a voftre nom defdaigné:
Et que Caffandre à baigné
Sa belle peau doucelète
Dans voftre belle ondeléte.

ODE XII.

BOy, Ianin, à moy tour-à tour,
Et ne resembles au Vautour
Qui tousieurs tire la charongne.
„ Tu es vn sot : vn bon yurongne
„ Autant pour vne nopce vaut
„ Qu'vn bon guerrier pour vn assaut.
Car ce n'est moins entre les pots
D'enhardir par vineux propos
Vn homme paresseux à boire,
Que pour gaigner vne victoire,
Rendre à la bataille hardy
Vn Casanier acouhardy.

Boy doncq, ne fay plus du songeard,
Au vin gist la plus grande part
Du ieu, d'Amour, & de la dance.
„ L'homme sot qui laue sa pance
„ D'autre breuuage que du vin
„ Meurt tousiours de mauuaise fin.
A bon droit le ciel a donné
A l'homme qui n'est auiné
Tousiours quelque fortune dure :
Autrement la mordante cure,
Qui nous cuit l'ame à petit feu,
Ne s'en-va qu'apres auoir beu.
Apres le vin on n'a soucy
D'amour ny de la court aussy,
Ny de proces ny de la guerre,
Hé que celu-lafchement erre

Qui faisant ainsi que Penthé,
Bachus en ses vers n'a chanté,
  Boy doncques à moy tour à tour,
Et ne resembles au Vautour
Qui tousiours tire la charogne:
Il vaut mieux voir en peau d'iurongne
Là bas l'infernal passager,
Que de creuer de trop manger.

ODE XIII.

,, Nous ne tenons en nostre main
,, Le temps futur du l'endemain:
La vie n'a point d'asseurance:
Et pendant que nous desirons
La faueur des Rois, nous mourons
Au milieu de nostre esperance.

  L'homme apres son dernier trespas
Plus ne boit ne mange là bas,
Et sa grange qu'il à laissée
Pleine de blé deuant sa fin,
Et sa caue pleine de vin,
Ne luy viennent plus en pensée.

  Hé quel gain aporte l'esmoy?
Va, Corydon, apreste moy
Vn lit de roses espanchées,
Il me plaist pour me défâcher
A la renuerse me coucher
Entre les pots & les ionchées.

  Fay moy venir d'Aurat icy,

Gruiet, Belleau, Bayf auſſy,
Et toute la Muſine troupe:
Depuis le ſoir iuſqu'au matin
Ie veux leur donner vn feſtin
Et cent-fois leur pendre la coupe.

 Verſe doncq, & reuerſe encor
Dedans cette grand' coupe d'or,
Ie vais boire à Henry Eſtienne,
Qui des enfers nous a rendu
Du vieil Anacreon perdu,
La douce Lyre Teïenne.

 A toy gentil Anacreon
Doit ſon plaiſir le biberon,
Et Bachus te doit ſes bouteilles,
Amour ſon compagnon te doit,
Venus & Silene qui boit
L'eſté deſſous l'ombre des treilles.

ODE XIIII.

MOn Choiſeul, leue tes yeux,
Ces meſmes flambeaux des cieux,
Ce Soleil, & cette Lune,
S'eſtoit la meſme commune
Qui luiſoit à noz ayeux.

 Mais rien ne ſe pert là haut
Et le genre humain defaut
Comme vne roſe pourprine,
Qui languiſt deſſus l'eſpine
Si toſt qu'elle ſent le chaut.

Nous ne deuons esperer
De tousiours vifs demeurer,
Nous, le songe d'vne vie:
Qui, bons Dieux! auroit enuie
De vouloir tousiours durer?

Non, ce n'est moy qui veut or'
Viure autant que fit Nestor:
Quel plaisir, quelle liesse
Reçoit l'homme en sa vieillesse,
Eust-il mille talens d'or?

L'homme vieil ne peut marcher,
N'ouyr, ne voir, ny mascher,
C'est vne idole enfumée
Au coin d'vne cheminée,
Qui ne fait plus que cracher.

Il est tousiours en courrous,
Bachus ne luy est plus dous,
Ny de Venus l'acointance:
En lieu de mener la dance,
Il tremblote des genous.

Si quelque force ont mes vœux,
Escoutez Dieux, ie ne veux
Atendre qu'vne mort lente
Me conduise à Rhadamante
Auecques des blancs cheueux.

Aussi ie ne veux mourir,
Ores que ie puis courir,
Ouyr, parler, boire, rire,
Dancer, ioüé de la Lyre,

Et de plaisirs me nourrir.

Ah qu'on me feroit grand tort
De me trainer voir le bord
Ce iourd'huy du fleuue courbe,
Qui là bas reçoit la tourbe
Qui tend le bras vers le port
» Car ie vis: & c'est grand bien
» De viure, & de viure bien,
Faire enuers Dieu son office,
Faire à son Prince seruice,
Et se contenter du sien.
Celuy qui vit en ce point,
Heureux, ne conuoite point
Du peuple estre nommé, Sire,
D'aioendre au sien vn Empire,
De trop d'auarice espoint.

Celuy n'a soucy quel Roy
Tirannise souz sa Loy
Ou la Perse, ou la Syrie,
Ou l'Inde, ou la Tartarie:
Car celuy vit sans émoy.

Ou bien s'il a quelque soin,
C'est de s'endormir au coin
De quelque grotte sauuage,
Ou le long d'vn beau riuage
Tout seul se perdre bien loin.

Et soit à l'aube du iour,
Ou quand la nuit fait son tour
En sa charette endormie,

Se souuenant de s'amie,
Touſiours chanter de l'amour.

ODE XV.

„ MOn Nepueu, ſuy la vertu:
„ Le ieune homme reuétu
„ De la ſcience honorable,
„ Aux peuples en chacun lieu
„ Aparoiſt vn demy-Dieu
„ Pour ſon ſçauoir venerable.

Sois courtois, ſois amoureux,
Sois en guerre valeureux,
Aux petis ne fais iniures,
Mais ſi vn grand te fait tort,
Deſire plus-toſt la mort
Que d'vn ſeul point tu l'endures.

Iamais en nulle ſaiſon
Ne cagnarde en ta maiſon,
Voy les terres eſtrangeres,
Ou fay ſeruice à ton Roy,
Et garde touſiours la Loy
Que ſouloient garder tes peres.

Ne ſois menteur, ne paillard,
Iurongne, ny babillard,
Fay que ta ieuneſſe caute
Soit vieille deuant le temps:
Si bien ces vers tu entens,
Tu ne feras iamais faute.

ODE XVI.

PVis que tost ie doy reposer
Outre l'infernale riuiere,
Hé que me sert de composer
Autant de vers qu'a fait Homere?

Les vers ne me sauueront-pas,
Qu'ombre poudreuse ie ne sente
La main de Rhadamant' là bas
S'elle est bien legere ou pesante.

Ie pose le cas que mes vers
De mon labeur en contre-change,
Dix ou vint ans par l'vniuers
M'aportent vn peu de louänge:

Que faut-il pour la consumer,
Et pour mon liure oster de terre,
Qu'vn feu qui le vienne alumer,
Ou qu'vn esclandre de la guerre?

Suis-ie meilleur qu'Anacreon,
Que Stesichore, ou Simonide,
Ou qu'Antimache, ou que Bion,
Que Philete, ou que Bachylide?

Toutesfois bien qu'ils fussent Grecs,
Que leur seruit ce beau langage?
Puis que les ans venus apres,
Ont mis en poudre leur ouurage?

Donc que moy qui suis nay François,
Composeur de rimes barbares,
Hé! doi-ie esperer que ma voix
Surmonte les siecles auares?

DES ODES.

Non-non, il vaut mieux, Rubampré,
Son âge en trafques despendre,
Ou deuant vn Senat pourpré
Pour de l'argent sa langue vendre:
   Que de suiure l'ocieux train
De cette pauure Calliope,
Qui tousiours fait mourir de faim
Les meilleurs chantres de sa trope.

ODE XVII.

Quand ie veux en amours prendre mes passe-
            temps,
M'amie en se moquât, laid & vieillard me nomme,
Quoy, dit-elle, resueur, tu as plus de cent ans,
Et tu veux contrefaire encore le ieune homme!

   Tu ne faits que hanir, tu n'as plus de vigueur,
Ta couleur est d'vn mort qu'on deuale en la fosse:
Vray est quand tu me vois, tu prens vn peu de cœur:
„Car vn gentil cheual ne deuient iamais rosse.

   Et si tu ne m'en crois, prens ce miroir & voy
Ta barbe en tous endroits de neige parsemée,
Ton œil qui fait la cire espesse comme vn doy,
Et ta face qui semble vne idole enfumée.

   Alors ie luy respons, Quant à moy, ie ne sçay
Si i'ay l'œil chassieux, si i'ay perdu courage,
Si mes cheueux sont noirs, ou si blancs ie les ay,
Car iamais ie n'apris de mirer mon visage:

   Mais puis que le tumbeau me doit bien tost auoir
Certes tu me deurois d'autant plus estre humaine:

» Car le vieil homme doit, ou iamais, receuoir
» Ses plaisirs, d'autant plus qu'il voit sa mort pre-
chaine.

ODE XVIII.

Sitost que tu sens arriuer
La froide saison de l'hyuer,
En Septembre, chere Arondelle,
Tu t'enuolles bien loin de nous,
Puis tu reuiens quand le temps doux
Au mois d'Auril se renouuelle.

Mais Amour en nulle saison
Ne s'en-volle de ma maison,
Et tousiours chez moy ie le trouue :
Il est tousiours de moy veinqueur,
Et fait son nid dedans mon cœur
Et y pond ses œufs & les couue.

L'vn a des ailerons au flanc,
L'autre de duuet est tout blanc,
Et l'autre ne fait que d'esclore,
L'vn de la coque à demy sort,
Et l'autre en a rompu le bord,
Et l'autre est dedans l'œuf encore.

I'entens soit de iour soit de nuit,
De ces petis amours le bruit,
Béans pour auoir la béchée,
Qui sont nourris pour les plus grans,
Et grans deuenus, tous les ans
M'escouuent vne autre nichée.

Quel remede auroi-ie, Brinon,

Encontre tant d'amours, sinon
(Puis que d'eux ie mē desespere)
Pour soudain guarir ma langueur,
D'vne dague m'ouurant le cœur,
Tuer les petis & la mere?

ODE XIX.

TA seule vertu reprend
Le vieil Ascrean qui ment,
Quand il dit que la iustice,
La pitié, le saint amour,
Ont quité ce bas seiour,
Abhorrant nôtre malice.

Car icy bas i'aperçoy
Toutes ces vertus en toy:
I'en ay fait la seure épreuue,
Il n'y a foy n'amitié,
Honneur, bonté, ny pitié,
Qui dedans toy ne se treuue.

Qui dira, donq, Charbonnier,
Que ce vieil siecle dernier
Où de l'ame t'a donnée,
Soit de fer, puis qu'auiourd'huy
Par toy l'on reuoit en luy
La saison d'or retournée?

ODE XX.

LA belle Venus vn iour
M'amena son filz Amour,

Et l'amenant me vint dire:
Ecoute mon cher Ronsard,
Enseigne à mon enfant l'art
De bien iouër de la Lyre.

Incontinent ie le pris,
Et songneux, ie luy apris
Comme Mercure eut la peine
De premier la façonner,
Et de premier en sonner
Dessus le mont de Cyllene.

Comme Minerue inuenta
Le haut-bois, qu'elle getta
Dedans l'eau toute marrie:
Comme Pan le chalumeau,
Qu'il pertuisa du roseau
Formé du corps de s'amie.

Ainsi pauure que i'estois,
Tout mon art ie recordois
A cet enfant pour l'aprendre:
Mais luy comme vn faux garson,
Se moquoit de ma chanson,
Et ne la vouloit entendre:

Pauure sot, ce me dist-il,
Tu te penses bien subtil,
Mais tu as la teste fole,
D'oser t'egaler à moy,
Qui ieune en sçay plus que toy
Ny que ceux de ton escole.

Et alors il me sourit,

Et en me flattant m'aprit
Tous les œuures de sa mere.
Et comme pour trop aymer
Il auoit fait transformer
En cent figures son pere.

 Il me dist tous ses atrais,
Tous ses ieux, & de quelz traits
Il blesse les fantasies
Et des hommes & des Dieux,
Tous ses tourmens gracieux,
Et toutes ses ialousies.

 Et me les disant alors,
I'oubliay tous les acors
De ma Lyre dédaignée,
Pour retenir en leur lieu
L'autre chanson que ce Dieu
M'auoit par-cœur enseignée.

A ANDRE THEVET
Angoumoysin.

ODE XXI.

Hardy celuy qui le premier
Vit au boys le pin montaignier
Inutile sur la racine.
Et qui le tranchant en vn tronc,
Le laissa secher de son long
Dessus le bord de la marine.

 Puis sec des rayons de l'esté,

Le sia d'vn fer bien denté
Le transformant en vne hune,
En mast, en tillac, en carreaux,
Et l'enuoya dessus les eaux
Seruir de charette à Neptune.

Thetys qui tousiours auoit eu
D'auirons le doz non batu,
Sentit des playes inconnuës,
Et maugré les vens furieux,
Argon d'vn art laborieux
Sillonna les vagues chenuës.

Soubz la cousduicte de Typhis
L'entreprise (o Iason) tu fis
D'acquerir la laine dorée:
Auec quarante cheualiers
En force & vertu les premiers
De toute la Grece honorée.

Les Tritons qui s'esbayssoyent
De voir ta nauire, poussoient
Hors de la mer leurs testes bloiides,
Et les Phorcydes, d'vn long tour
En carollant tout à l'entour
Portoyent ta nef dessus les ondes.

Orphé dessus la prouë estoit
Qui des dois son lut pinçetoit,
Et respondit a la nauire,
Laissans des aiguillons ardens
Aux cœurs de ces preux accordans
L'auiron au son de la lyre.

DES ODES.

Or si Iazon a tant reçeu
De gloire pour auoir deçeu
Vne ieune enfante amoureuse,
Pour auoir d'vn dragon veillant
Charmé le regard sommeillant
Par vne force monstrueuse:
   Et pour n'auoir passé sinon
Qu'vn fleuue de petit renom,
Qu'vne mer qui va de Thessale
Iusque aux riuages Medeans,
A merité des anciens
Vn honneur qui les Dieux egalle:
   Combien THEVET au pris de luy
Doibt auoir en France auiourd'huy
D'honneur, de faueur, & de gloire,
Qui a veu ce grand vniuers
Et de longueur & de trauers,
Et la gent blanche & la gent noire?
   Qui de prés a veu le Soleil
Aux Indes faire son reueil,
Quand de son char il prend les brides,
Et la veu de prés sommeiller
Desoubz l'Occident, & bailler
Son char en garde aux Nereides.
   Qui luy a veu faire son tour
En Egypte au plus haut du iour,
Puis la reueu desoubz la terre
Aux Antipodes esclairer,
Quand nous voyons sa seur errer,

Dedans le Ciel qui nous enferre?
  Qui a pratiqué mille portz,
Mille riuages, mille bordz,
Tous sonnans vn diuers langage,
Et mille fleuues tous bruyans
De mille lieux diuers fuyans
Dans la mer d'vn tortu voyage?
  Qui a descrit mille façons
D'oiseaux, de serpens, de poissons,
Nouueaux à nostre connoissance:
Puis en ayant sauué son chef
Des dangers, a logé sa nef
Dedans le beau port de la France.
  Il est abordé dans le port
Du docte BOVRDIN, son support,
Qui comme vn sçauant Ptolomée
A de tous costez amassez
Les liures des siecles passez
Empanez de la renommée.
  Qui garde en son cœur l'equité,
L'innocence & la verité,
Ennemy capital du vice:
Aymé des peuples, & de Dieu,
Et qui du palais au milieu
Paroist l'image de Iustice.
  Qui doit sur tout auoir le pris,
Comme aux trois langues bien apris,
Qui seul faict cas des doctes hommes,
Qui par son sçauoir honoré

Apres-

A presques tout seul redoré
C'est aage de fer où nous sommes.
 Theuet, il te la bien monstré
Si tost que tu l'as rencontré:
Et tu eusses couru peult estre
Non vne fois mais mille fois,
Es cours des Papes & des Roys,
Sans t'acointer d'vn si bon maistre.

ODE XXII.

CErtes par effect ie sçay
Ce vieil prouerbe estre vray:
„ Qu'entre la bouche & le verre
„ Le vin souuent tombe à terre,
„ Et ne faut que l'homme humain
„ S'asseure de nulle chose,
„ Si ia ne la tient enclose
„ Etroitement dans la main.
 On dit que le ciel égal
Donne du bien & du mal
Indifferemment à l'homme:
Mais à moy malheureux comme
Si i'estois conceu d'vn chien,
Ou d'vne fiere Lionne,
Tousiours mal sus mal me donne,
Et iamais vn pauure bien.
 Ainsi, cruel, il te plest
De m'abatre, & qui pis est,
Com' si tu portois enuie
Aux angoisses de ma vie,

Hh

Pour me faire au double chair
En toute misere extreme,
Tu me fais hair moymesme,
Et du tout m'ostes l'espoir.

ODE XXIII.

MA maistresse, que i'ayme mieux
Dix mile fois, ny que mes yeux,
Ny que mon cœur, ny que ma vie:
Ne me donne plus, ie te prie,
Des confitures pour manger,
Pensant ma fieüre soulager:
Car ta confiture, Mignonne,
Tant elle est douce ne me donne
Qu'vn desir de tousiours vouloir
Estre malade, pour auoir
Tes friandises en la bouche.
  Mais biē si quelque ennuy te touche
De me voir ainsi tourmenté
Pour la perte de ma santé,
Et si tu veux que des cette heure,
Pour viure dedans toy, ie meure,
Fay moy serment par Cupidon,
Par ses traitz, & par son brandon,
Et par son arc, & par sa trousse,
Et par Venus qui est si douce
A celles qui gardent leur foy:
Que iamais vn autre que moy,
Fusse vn Adonis n'aura place
En ton heureuse bonne grace.

Lors ton serment pourra guarir
La fieure qui me fait mourir,
Et non ta douce confiture,
Qui ne m'est que vaine pasture.

ODE XXIIII.

AH fieureuse maladie,
Comment és tu si hardie
D'assaillir mon pauure corps
Qu'amour dedans & dehors
De nuit & de iour enflame
Iusques au profond de l'ame!
Et sans pitié prend à ieu
De le mettre tout en feu?
Ne crains-tu point vieille blesme,
Qu'il ne te brule toymesme?
   Mais que cherches-tu chez moy?
Sonde moy par tout, & voy
Que ie ne suis plus au nombre
Des viuans, mais bien vn Ombre
De ceux qu'amour & la mort
Ont conduit delà le port
Compagnon des troupes vaines:
   Ie n'ay plus ny sang, ny veines
Ny flanc, ny poumons, ny cœur,
Long temps a que la rigueur
De ma trop fiere Cassandre
Me les a tournez en cendre.
Doncq', si tu veux m'offencer,
Il te faut aller blesser

Le tendre corps de m'amie:
Car en elle gist ma vie,
Et non en moy qui mort suis,
Et qui sans ame ne puis
Sentir chose qu'on me face.
Non plus qu'vne froide masse
De rocher ou de metal,
Qui ne sent ne bien ne mal.

ODE XXV.

Quand au temple nous serons
Agenouillez nous ferons
Les deuots, selon la guise
De ceux qui pour louer Dieu
Humbles, se courbent au lieu
Le plus secret de l'Eglise.
Mais quand au lit nous serons
Entrelassez, nous ferons
Les lacifs, selon les guises
Des amans, qui librement
Pratiquent folatrement
Dans les dras cent mignardises.
Pourquoy donque quand ie veux
Ou mordre tes beaux cheueux,
Ou baiser ta bouche aimée,
Ou toucher à ton beau sein,
Contrefais-tu la nonnain
Dedans vn cloistre enfermée?
Pour qui gardes-tu tes yeux,

Et ton sein delicieux,
Ta ioüe, & ta bouche belle?
En veux-tu baiser Pluton
Là bas, apres que Charon
T'aura mise en sa nacelle?

Aprés ton dernier trespas
Gresle, tu n'auras là bas
Qu'vne bouchette blesmie:
Et quand mort, ie te verrois,
Aux Ombres ie n'auourois
Que iadis tu fus m'amie.

Ton test n'aura plus de peau,
Ny ton visage si beau
N'aura veines ny arteres,
Tu n'auras plus que les dens
Telles qu'on les voit dedans
Les testes des cimeteres.

Donque tandis que tu vis
Change, Maistresse, d'auis,
Et ne m'espargne ta bouche,
Incontinent tu mourras;
Lors tu te repentiras
De m'auoir esté farouche.

Ah ie meurs! ah baise moy!
Ah maistresse aproche toy!
Tu fuis comme vn Fan qui tremble:
Au moins soufre que ma main
S'esbate vn peu dans ton sein,
Ou plus bas si bon te semble:

ODE XXVI.

Par dialogue.

D'Ou viens-tu douce Colombelle
D'amour messagere fidelle?
Hé d'ou viens-tu? en quelle part
As tu laissé nostre Ronsard?

COLOMBELLE.

D'ou ie vien! qu'en as tu que faire?
Ton Ronsard qui te veut complaire,
De qui tu es le seul émoy
M'envoie icy par devers toy,
M'ayant eu n'aguiere en échange
De Venus pour vne louange.

CASSAN.

Ha colombe vrayment tu sois,
Bien venue cent mille fois,
Mais di moy, di moy, ie te prie,
A til point fait nouuelle amie
Depuis qu'il s'en alla d'icy,
Ou s'il m'a tousiours en soucy?

COLOM.

Plus tost les monts seront valées,
Les riuieres les eaux salées
Que Ronsard te manque de foy
Pour seruir vne autre que toy.

CASSAN.

Amour ne veut que ie te croye.

COLOM.

Tu m'en croiras: car il m'envoie

De Vandomois, & parmi l'air
Iusques icy m'a fait voler
Auecqu' ces vers que ie t'aporte,
Et m'a dict, si ie fais en sorte
Que i'amolisse ta fierté,
Qu'il me donnera liberté,
Mais pour cela ie ne veux estre
Ny libre, ne changer de maistre:
Car que me vaudroit le changer?
Afin d'aller apres manger
Comme au parauant és bocages,
Des glans, & des graines sauuages?
Quand il m'émie de sa main
Tousiours à la table du pain,
Et me fait boire dans son verre?
Apres auoir beu ie deserre
Toutes mes ailes, & luy fais
Sur la teste vn ombrage frais:
Puis ie m'endors dessus la Lyre:
   Mais luy qui iour & nuit souspire
Pour ton amour, à tous les coups
Me faist rompre mon somme doux
De mile baisers qu'il me donne,
En me disant, douce mignonne,
Las! ie t'ayme: car ie te voy
Viure en seruage comme moy.
Vray est que tu pourrois bien viure
De ma cage franche & deliure,
Quand tu voudrois fuyant es bois:

Mais moy chetif ie ne pourrois
Viure franc de la seruitude
Où vne ioliere trop rude
Sans espoir me tient arresté.

 Mais à Dieu, c'est trop quaqueté,
Tu m'as renduë plus iazarde
Qu'vne Corneille babillarde,
Trop longuement icy i'atens,
Baille moy responce il est temps.

ODE XXVII.

EN vous donnant ce portraict mien,
 Dame, ie ne vous donne rien:
Car tout le bien qui estoit nostre,
Amour des le iour le fit vostre
Que ie receu dedans le cœur
Vostre nom & vostre rigueur
Car la chose est bien raisonnable
Que la peinture ressemblable
Au corps, qui languist en soucy
Pour vostre amour, soit vostre aussi.

 Mais voyez comme elle me semble
Pensiue, triste & pasle ensemble,
Portraite de mesme couleur
Qu'amour a portrait son seigneur.

 Que pleust à Dieu que la nature
M'eust fait au cœur vne ouuerture,
Afin que vous eussiez pouuoir
De me connoistre & de me voir:
Car ce n'est rien de voir, Maistresse,

La face qui est tromperesse,
Et le front bien souuent moqueur,
C'est le tout que de voir le cœur,
Vous voyriés du mien la constance,
La foy, l'amour l'obeissance,
Et les voyant, peut estre aussi
Qu'auriés de luy quelque merci,
Et des angoisses qu'il endure:
Voire quand vous seriés plus dure
Que les rochers Caucaseans,
Ou les cruels flos Aegeans,
Qui sourds, n'entendent les prieres
Des pauures barques marinieres.

ODE XXVIII.

LE boyteux mary de Venus,
Auecques ses Cyclopes nus
Ralumoit vn iour les flammeches
De sa forge, à fin d'échaufer
Vne grande masse de fer
Pour en faire à l'amour des fléches.

Venus les trampoit dans du miel,
Amour les trampoit dans du fiel,
Quand Mars retourné des alarmes
En se moquant, les méprisoit.
Et branlant sa hache disoit,
Voicy bien de plus fortes armes.

Tu t'en ris doncq, luy dist Amour
Vrayment tu sentiras vn iour
Combien leur pointure est amere.

Quand d'elles blessé dans le cœur,
Toy qui fais tant du belliqueur,
Languiras au sein de ma mere.

ODE XXIX.

Sitost ma doucette Isabeau
Que l'Aube à tes yeux ressemblable
Aura chassé dehors l'étable,
Parmy les champs nostre troupeau:
 Au marché porter il me fault
(Ma mere Ianne my enuoye)
Nostre grand Cochon, & nostre Oye,
Qui le matin crioit si haut.
 Tu veux que i'achette pour toy
Vne ceinture verdelette,
Et vne bague ioliette
Pour en orner ton petit doy.
 Tu veux l'épingler de velous,
Et vne bourse toute telle
Qu'a Toinon, la sœur de Michele
Qui vient aux champs auecque nous.
 Bien, à mon retour du marché
Tu les auras, pourueu bergere,
Qu'au premier somme de ta mere,
Quand le mâtin sera couché,
 Tu viennes querir tes presens
Dessoubz la coudre où ie t'atens,
Tu sçais ou elle est mignonnette:
Mais vien, mon cœur, toute seulette.

A SA MVSE. ODE XXX.

PLus dur que fer, i'ay fini mon ouurage,
Que l'an dispos à demener les pas,
Que l'eau rongearde ou des freres la rage
L'iniuriant ne ruront point à bas:
Quand ce viendra que le dernier trespas
M'asoupira d'vn somme dur à l'heure
Sous le tumbeau tout Ronsard n'ira pas
Restant de luy la part qui est meilleure.

Tousiours tousiours, sans que iamais ie meure
Ie voleray tout vif par l'vniuers,
Eternizant les champs où ie demeure
De mes lauriers honorez & couuers:
Pour auoir ioint les deux Harpeurs diuers
Au doux babil de ma Lyre d'iuoire,
Qui se sont fais Vandomois par mes vers.

Sus donque Muse emporte au ciel la gloire
Que i'ay gaignée annonçant la victoire
Dont à bon droit ie me voy iouissant,
Et de Ronsard consacre la memoire
Ornant son front d'vn laurier verdissant.

A MONSIEVR DE VER-
dun Secretaire & Conseiller du Roy.
ODE XXXI.

SI i'auois vn riche thresor,
Ou des vaisseaux engrauez d'or,
Tableaux, ou médailles de cuiure,

Où ces ioyaux qui font passer
Tant de mers pour les amasser
Où le iour se laisse reuiure:
 Ie t'en ferois vn beau present,
Mais quoy! cela ne t'est plaisant,
Car aux richesses ne t'amuses
Qui ne font que nous estonner:
C'est pourquoy ie ne veux donner
Le bien que m'ont donné les Muses.

 Ie sçay que tu contes assez
Des biens l'vn sur l'autre amassez,
Qui perissent comme fumée:
Ou comme vn songe qui s'enfuit
Du cerueau, si tost que la nuit
Au second somme est consommée.

 L'vn au matin s'enfle en son bien
Qui au Soleil couchant n'a rien
Par disfaueur ou par disgrace:
Où par vn changement commun,
Ou par l'enuie de quelcun
Qui rauist ce que l'autre amasse.

 Mais les beaux vers ne changent pas,
Qui durent contre le trespas,
Et en deuançant les années
Hautains de gloire & de bon heur,
Des hommes emportent l'honneur,
De sur leurs courses empanées.

 Dy moy, Verdun, qui penses-tu
Qui ait desterré la vertu

D'Hector, d'Achille, d'Alexandre,
Enuoyé Bachus dans les cieux,
Et Hercule au nombre des Dieux,
Et de Iunon l'a fait le gendre?

Sinon le vers bien accomply,
Qui tirant leurs noms de l'obly
Plongez au plus profond de l'onde
De Styx, les a remis au iour,
Les relogeant au grand seiour
Par deux fois de nostre beau monde.

Morte est l'honneur de tant de Rois
Espaignolz Germains & François
D'vn tombeau pressant leur memoire:
» Car les Rois & les Empereurs
» Ne different aux laboureurs
« Si quelcun ne chante leur gloire.

Quand à moy ie ne veux souffrir
Que ton beau nom se vienne offrir
A la mort, sans que ie le vange,
Pour n'estre iamais finissant,
Mais d'age en aage verdissant
Surmonter la mort & le change.

Ie veux maugré les ans obscurs,
Que tu sois des peuples futurs
Connu sur tous ceux de nostre aage,
Pour auoir conseu volontiers
Des neuf pucelles les mestiers,
Qui t'ont enflamé le courage:

Non pas au gaing ny au vil pris,

Mais pour estre des mieux apris
Entre les hommes quell' assemblent
Sur Parnasse au double sourcy:
C'est pourquoy tu aimes aussi
Les bons espritz qui te resemblent.

 Or pour le plaisir quand à moy,
Verdun, que i'ay receu de toy,
Tu n'auras rien de ton Poëte
Sinon ces vers que ie t'ay faitz,
Et auecq'ces vers les souhaitz
Que pour bon heur ie te souhaitte.

 Dieu vueille benir ta maison
De beaux enfans nez à foison
De ta femme belle & pudique:
La Concorde habite en ton lit,
Et bien loing de toy soit le bruit
De toute noise domestique.

 Sois gaillard, dispost, & ioyeux,
Ny conuoyteux ny soucieux
Des choses qui nous rongent l'ame:
Fuis toutes sortes de douleurs,
Et ne prens soucy des malheurs,
Qui sont preditz par Nostradame.

 Ne romps ton tranquille repos
Pour Papaux ny pour Huguenotz,
Ny amy d'eux ny aduersaire
Croyant que Dieu pere tresdoux
(Qui n'est partial comme nous)
Sçait ce qui nous est necessaire:

N'ayes soucy du lendemain,
Mais serrant le temps en la main
Vy ioyeusement la iournée,
Et l'heure en laquelle seras:
Et que sçais tu si tu verras
L'autre lumiere retournée?

 Couche toy à l'ombre d'vn bois,
Ou pres d'vn riuage, où la voix
D'vne fonteine iazeresse
Tressaulte, & tandis que tes ans
Sont encore & vers & plaisans,
Par le ieu trompe la vieillesse.

 Car incontinent nous mourons,
Et bien loing banis nous irons
Dedans vne nasselle obscure,
Où plus de rien ne nous souuient,
Et d'où iamais on ne reuient,
Car ainsi l'a voulu nature.

A SON LIVRE. ODE XXXII.

Bien qu'en toy mon liure on n'oie
Achille és plaines de Troie
Brandir l'homicide dard,
Et qu'vn Hector ny foudroie
L'estomach d'vn Grec soudard.

 Ne laisse pourtant de mettre
Tes vers au iour, car le métre
Qu'en toy bruire tu entens,

T'ose pour iamais promettre
Te faire vainqueur du temps.
  Si la gloire & la lumiere
De Smyrne luist la premiere,
L'honneur sur tous emportant,
Vne muette samiere
N'obscurcist Thebes pourtant.
  Les vers qu'il m'a pleu de dire
Sur les langues de ma Lyre
Viuront, & superieurs
Du temps, on les voirra lire
Des hommes posterieurs.
  Sus doncq' Renommée, charge
Dessus ton espaule large
Mon nom qui tante les cieux,
Et le couure sous ta targe
De peur du trait enuieux.
  Mon nom des l'onde Atlantique,
Iusqu'au dos du More antique
Soit immortel temoigné
Et depuis l'isle erratique
Iusque au Breton esloigné.
  Afin que mon labeur croisse,
Et sonoreux apparoisse
Lyrique par dessus tous,
Et que Thebes se connoisse
Faite Françoise par nous.

FIN.

www.ingramcontent.com/pod-product-compliance
Lightning Source LLC
Chambersburg PA
CBHW071620230426
43669CB00012B/2010